Jörg Baumhauer · Carsten Schmidt

Kleinunternehmen führen und organisieren

Als Dank für die
hilfreiche Unterstützung.

Alles Liebe

Jörg

Jörg Baumhauer · Carsten Schmidt

Kleinunternehmen führen und organisieren

Nachhaltiger Unternehmenserfolg
in Betrieben bis 15 Mitarbeitern

Bibliografische Information der Deutschen Nationalbibliothek
Die Deutsche Nationalbibliothek verzeichnet diese Publikation
in der Deutschen Nationalbibliografie; detaillierte bibliografische
Daten sind im Internet über http://dnb.d-nb.de abrufbar.
ISBN 978-3-86936-733-0

Lektorat: Dr. Michael Madel, Ruppichteroth
Umschlaggestaltung: Martin Zech Design, Bremen | www.martinzech.de
Titelfoto: contrastwerkstatt | Fotolia.com
Satz und Layout: Lohse Design, Heppenheim | www.lohse-design.de
Druck und Bindung: Salzland Druck, Staßfurt

www.gabal-verlag.de
www.facebook.com/Gabalbuecher
www.twitter.com/gabalbuecher

Inhalt

Vorwort von Prof. Dr. Jörg Knoblauch

Klein und fein!

Als Unternehmer, Selbstständige oder freiberuflich Tätige haben wir jeden Tag die Verpflichtung, uns und unser Unternehmen auf den Prüfstand zu stellen. Sind wir noch auf Kurs? Wohin segelt unser Unternehmensschiff und haben wir alle wichtigen Segel gesetzt? Um den Kurs zu halten, benötigen wir neben Konsequenz, Regeln und Mut auch den körperlichen und geistigen Ausgleich. Ist der Teamchef krank, dann muss das Unternehmen trotzdem funktionieren und arbeitsfähig bleiben. Denn im Vordergrund aller unternehmerischen Leistungen steht der Kunde. Er hat Erwartungen und erwartet Lösungen von uns. Wer perfekte Lösungen anbietet, macht seinen Kunden zum Fan. Das geht aber nicht ohne die richtigen Mitstreiter. Die richtigen Mitarbeiter finden und halten ist das Gebot der Zukunft.

Aus diesen Bausteinen entstand die TEMP-Methode®. Ursprünglich für mittelständische Industriebetriebe gedacht, hat sie mittlerweile Einzug in viele Branchen gefunden und wird seit vielen Jahren erfolgreich angewandt.

Besonders Klein- und Kleinstunternehmen stehen im Wettbewerb mit Mittelständlern und Großunternehmen, die mit umfangreichen Sozialleistungen und attraktiven Gehältern um Nachfolger und Fachkräfte buhlen. Wie kann ein kleines Unternehmen da schon dagegenhalten? Dieser Frage haben sich die beiden engagierten Unternehmer Jörg Baumhauer und Carsten Schmidt angenommen. Als TEMP-Lizenznehmer wenden sie die TEMP-Methode seit Jahren erfolgreich an und haben diese im Laufe der Zeit an die speziellen Bedürfnisse der Klein- und Kleinstunternehmer angepasst.

Das vorliegende Werk ist das Ergebnis ihrer Erfahrungen, Ideen und vielen Gespräche mit Unternehmern und Führungskräften. Es entstand ein spannendes und informatives Handbuch, das die Praxisnähe der TEMP-Methode unterstreicht und ein Füllhorn an Anregungen liefert. Es wird ein guter Begleiter für Ihre unternehmerische Entwicklung oder Weiterentwicklung sein.

Viel Spaß und Erfolg damit wünscht Ihnen

Prof. Dr. Jörg Knoblauch

Vorwort der Autoren

Warum dieses Buch? Es gibt doch schon ein gutes Buch über die TEMP-Methode® (Knoblauch; Kurz; Frey 2009). Wer sich jedoch näher mit der TEMP-Methode beschäftigt, wird schnell feststellen: Sie ist für mittelständische Unternehmen konzipiert und entwickelt worden. Klein- und Kleinstunternehmen finden sich oftmals in den Formulierungen und Beschreibungen nicht wirklich wieder. Daher wurde die Methode auch für viele verschiedene Berufsgruppen angepasst. Mittlerweile gibt es Tableaus für Maschinenringe, Apotheken, Schulen, Vereine und vieles mehr. Die Anpassung der Tableaus an die Anforderungen der Klein- und Kleinstunternehmen erschien uns jedoch unzureichend. Die kurzen Beschreibungen der Handlungsfelder lassen viele Interpretationen zu, bieten aber nur wenig Hinweise, Tipps und Anregungen. Ein schneller Überblick, der eines genaueren Blicks und ein paar weitergehender Erläuterungen bedarf.

Da wir, die Autoren, selbst erfolgreich mit der TEMP-Methode arbeiten und die ein oder andere Grenze erleben durften, haben wir uns an die Anpassung der Tableaus an die Anforderungen von Klein- und Kleinstunternehmen gewagt. In die Erläuterungen der einzelnen Handlungsfelder flossen unsere Erfahrungen und die befreundeter bzw. bekannter Unternehmen ein, die mit und ohne TEMP arbeiten. Sie sollen Anreiz und Motivation sein, das eigene Unternehmen zu entwickeln und Spaß an dieser Entwicklungsarbeit zu haben.

Dennoch können und sollen die Handlungsempfehlungen eben nur Empfehlungen sein. Hier und da müssen sie individuell angepasst werden. Sie sind eine Vorlage, eine Hilfestellung zu Ihrer Unternehmensfitness. Erklimmen Sie den Berg nicht alleine, sondern im Team. Manchmal wird es notwendig sein, die eine oder andere steile Wand zu bezwingen. Vielleicht helfen Ihnen unsere Hinweise dabei, Ihre Haken fest in der Wand zu verankern.

Gestatten Sie uns noch einen Hinweis: Wir verwenden im Text zur sprachlichen Vereinfachung den Begriff „Mitarbeiter", meinen damit aber natürlich auch alle Mitarbeiterinnen. Diese Schreibweise ist ausschließlich der leichteren Schreibweise geschuldet. Dies gilt auch für weitere Begriffe wie zum Beispiel „Kunden" und „Unternehmer".

Jörg Baumhauer, Carsten Schmidt

Kapitel 1
Grundlagen für Ihre unternehmerische Weiterentwicklung

Nachhaltiger unternehmerischer Erfolg ist nur durch die Arbeit am gesamten Unternehmen möglich. Bevor Sic erfahren, wie Sie mithilfe einer Methode diese ganzheitliche Arbeit an Ihrem Unternehmen durchführen können, wollen wir gemeinsam mit Ihnen einige Grundlagen klären, die unserer Erfahrung nach für Ihre zielgerichtete, zukunftsorientierte und nachhaltige unternehmerische Entwicklung von großer Bedeutung sind.

Standortbestimmung: Wo genau steht Ihr Unternehmen?

Mit welchen Herausforderungen haben Sie tagtäglich zu kämpfen? Unserer Erfahrung nach sind es bei Klein- und Kleinstunternehmen die Tücken des Alltagsgeschäfts. Sie lassen dem Unternehmer, und je nach Unternehmensgröße auch seinen Führungskräften, kaum Zeit, einmal den Standort des Unternehmens zu bestimmen. Wobei mit Standort natürlich nicht die geografische Lage, sondern die Situation des Unternehmens gemeint ist. Genau da setzt die TEMP-Methode® an. Sie bietet zur schnellen und praxisnahen Einschätzung der Unternehmensfitness vier Tableaus, die sich auf jeweils einen wesentlichen Erfolgsfaktor der Unternehmensentwicklung beziehen – das zeigt die Abbildung 1.

Sie finden die Tableaus zu den vier Erfolgsfaktoren „Teamchef", „Erwartungen des Kunden", „Mitarbeiter" und „Prozesse" im Anhang. Um den größten Nutzen aus diesem Buch und den Tipps ziehen zu können, empfehlen wir

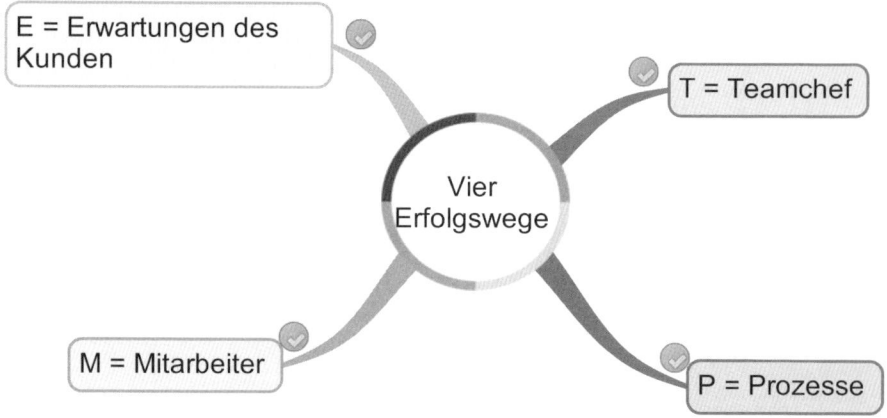

Abbildung 1: TEMP – die vier Erfolgsfaktoren

Ihnen, die Tableaus auf unserer Homepage www.dieentwickler.biz herunterzuladen. Drucken Sie sich die Tableaus dann möglichst in Farbe aus, um sie neben das Buch zu legen. So können Sie den Hinweisen und Anregungen am besten folgen.

Jeder dieser vier Erfolgsfaktoren ist in sieben Handlungsfelder unterteilt. Insgesamt gibt es also 28 Handlungsfelder zu bearbeiten. In den Tableaus können Sie sich für jedes Handlungsfeld eine Schulnote („6" bis „1") geben und sich einer der drei „Fitnesszonen" zuordnen. Wenn Sie sich bezüglich aller 28 Handlungsfelder eine Schulnote gegeben haben, errechnen Sie sich bitte zunächst einmal eine Durchschnittsnote für den jeweiligen Erfolgsfaktor. Am Ende teilen Sie die Gesamtsumme der Erfolgsfaktoren durch vier und haben eine Durchschnittsnote für Ihr Unternehmen – eine Standortbestimmung, die Ihnen zeigt, in welchen Bereichen Sie an der einen oder anderen Stellschraube drehen sollten, um Ihr Unternehmen fit für die Zukunft zu machen. Fangen Sie jetzt damit an. Bestimmen Sie Ihren Standort anhand der Tableaus. Wir geben Ihnen dann in den Kapiteln 2 bis 5 für jeden Erfolgsfaktor und für Ihre jeweilige Fitnesszone Handlungsempfehlungen.

Charakteristika eines Klein- bzw. Kleinstunternehmens

Was verbirgt sich hinter den Begriffen „Klein- und Kleinstunternehmen"? Es gibt unterschiedliche Definitionen. Die Europäische Union definiert sie so:

Kleinunternehmen:
- weniger als 50 Mitarbeiter
- Jahresumsatz oder Jahresbilanzsumme von max. 10 Mio. €

Kleinstunternehmen:
- weniger als 10 Mitarbeiter
- Jahresumsatz oder Jahresbilanzsumme von max. 2 Mio. €

Die oben aufgeführten Schwellenwerte beziehen sich dabei auf den letzten durchgeführten Jahresabschluss. Den Status eines Klein- oder Kleinstunternehmens verliert ein Unternehmen erst, wenn es in zwei aufeinanderfolgenden Jahren die Schwellenwerte überschreitet.

Die Mitarbeiterzahl bezieht sich dabei auf die Zahl der Jahresarbeitseinheiten (JAE), das heißt die Zahl der über das Jahr beschäftigten Vollzeitarbeitnehmer. Auszubildende werden gar nicht, Teilzeitkräfte gemäß ihrem Anteil an den JAE berücksichtigt. Zu den Mitarbeitern zählen Lohn- und Gehaltsempfänger, für das Unternehmen tätige Personen, die nach nationalem Recht Arbeitnehmern gleichgestellt sind, sowie Eigentümer und Teilhaber, die regelmäßig eine Tätigkeit im Unternehmen ausüben.

Was aber gilt für dieses Buch? Für uns definieren sich Klein- und Kleinstunternehmen maßgeblich aufgrund ihrer Mitarbeiterzahl und der daraus resultierenden Herausforderungen. Daher richten sich die Empfehlungen und Hinweise in diesem Buch auch an diese Zielgruppe.

Laut IAB-Forschungsbericht 7/2011 stehen kleine und mittelständische Unternehmen vor enormen personalwirtschaftlichen Herausforderungen:
- Sie beschäftigen viele Mitarbeiter mit durchschnittlich geringem Bruttolohn.

■ Sie beschäftigen überwiegend Beschäftigte mit Berufsabschluss, wenige mit Hochschulabschluss.

■ Sie haben im Vergleich zu Großunternehmen eine höhere Nichtbesetzungsquote bei den Ausbildungsplätzen.

■ Sie haben eine hohe Nichtbesetzungsquote bei Fachkräften (ein bis vier Mitarbeiter: 42 Prozent, fünf bis neun Mitarbeiter: 24 Prozent).

Charakterisieren lassen sich Klein- und Kleinstunternehmen durch unterschiedliche typische Merkmale:

■ selten Massenprodukte, meist einzelkundenbezogene Dienstleistungen und Güter

■ kurze Produktentwicklungs- und Produktlebenszeiten

■ einfache Organisationsstrukturen (44 Prozent mit maximal zwei Hierarchieebenen)

■ flexible Betriebsführung (pragmatisch, schnell, flexibel, situationsbedingt, informell)

■ kurze Entscheidungswege, variable Arbeitszeiten, situative und kurzfristige Material- und Personaldisposition

■ oft inhabergeführt, wobei oft Familienmitglieder mitarbeiten (Familienbetrieb; nur 4 Prozent der KMU mit einem bis vier Mitarbeitern haben einen Manager, bei KMU mit fünf bis neun Mitarbeitern sind es 7 Prozent, bei KMU bis 50 Mitarbeitern 17 Prozent)

■ starke Ausrichtung an persönlichen Werten und hohes Engagement in der Gemeinde, in der das Unternehmen seinen Standort hat

■ hohes Maß an direkter Kommunikation

■ gering differenzierte vertikale und horizontale Arbeitsorganisation

■ kleine soziale Einheiten (WIR-Gefühl kann entstehen)

■ selten langfristige strategische Planungen

■ selten Arbeitnehmervertretungen

■ sehr heterogen im Erscheinungsbild

Bei der näheren Beschäftigung mit dieser Betriebsart fällt auf, dass es eine Tendenz zu Einzelunternehmen gibt, weil besonders in der zweiten Lebenshälfte viele Mitarbeiter den Schritt in die Selbstständigkeit oder Neugründung wagen. Als Gründe werden der Wunsch nach Selbstverwirklichung (Lebenstraum), Selbstbestimmung („Endlich der eigene Chef!") und die deutlich vereinfachten Gründungsbedingungen angegeben. Und aufgrund der Strukturverschiebungen in der Industrie drängen immer mehr externe Spezialisten als selbstständige Dienstleister auf den Markt.

Durch ihre Organisationsstruktur haben Klein- und Kleinstunternehmen große Herausforderungen zu meistern, die sich deutlich von denen mittelständischer Unternehmen unterscheiden. Zudem sind diese Herausforderungen vielfach ein Grund für das Scheitern am Markt. Dazu zählen:

- chronische Knappheit an kritischen Ressourcen (Zeit, kaufmännisches Personal, finanzielle Mittel, kaufmännisches Wissen, Qualifikation, Motivation, Fluktuation)
- keine Unternehmens- und Organisationsstruktur (Strategie)
- fehlende Marktdaten und Absatzforschung
- unzureichende Marktbearbeitungsstrategie (Marketing, Zielgruppe, Mediaplan, Kommunikationsplan)
- kaum Branchenvergleiche und Konsequenzen aus diesen Vergleichen
- erschließen selten neue Kundenkreise, arbeiten oftmals mit Stammkunden oder wenigen Großauftraggebern
- erreichen schlechte Finanzierungsmöglichkeiten, da die Banken durch Basel II deutlich kritischer geworden sind
- verfügen oft über nur geringe finanzielle Ressourcen
- wenig Risikokapital und wenig Förderprogramme (hohe persönliche Haftung des Unternehmers mit dem gesamten Privatvermögen)
- starker Verdrängungswettbewerb (zum Beispiel Preisdruck)
- höhere Fixkosten (bei Wareneinkauf)
- fehlende Organisationsstruktur
- fehlende betriebswirtschaftliche Daten (BWA = betriebswirtschaftliche Auswertung, Bilanz, Monatsbilanz)
- geringe Kooperationsbereitschaft gegenüber Beratern, anderen Unternehmen etc.
- falsche Einschätzung der Risiken und Belastungen für das persönliche (Gesundheit) und familiäre Leben
- keine formelle Nachfolgeregelung (familiäre Probleme führen zu Stress und Überbelastung)
- geringe Flexibilität durch traditionelles Denken („Das haben wir schon immer so gemacht!")

- im Vergleich zu Großunternehmen fehlen gewisse Infrastrukturen
- Führung wird oft nur als fachliche Führung gesehen; fehlende Führungskräfteentwicklung und Führungskultur
- keine oder nur geringe Erfahrung mit Beratern, und wenn, dann meist nur mit Spezialisten (Steuerberater, EDV-Berater)
- hohe Arbeitsbelastung durch geringe Personaldecke
- geringes Budget für Weiterbildung und Beratung
- eine durch Ungeduld geprägte Unternehmenskultur: Änderungen und Beratungen müssen sofort praxisnahe und sichtbare Erfolge zeigen
- Belastung durch steigende bürokratische Auflagen
- ständiger Mangel an Fachkräften oder Auszubildenden

In der Abbildung 2 haben wir die wichtigsten Merkmale zusammengefasst.

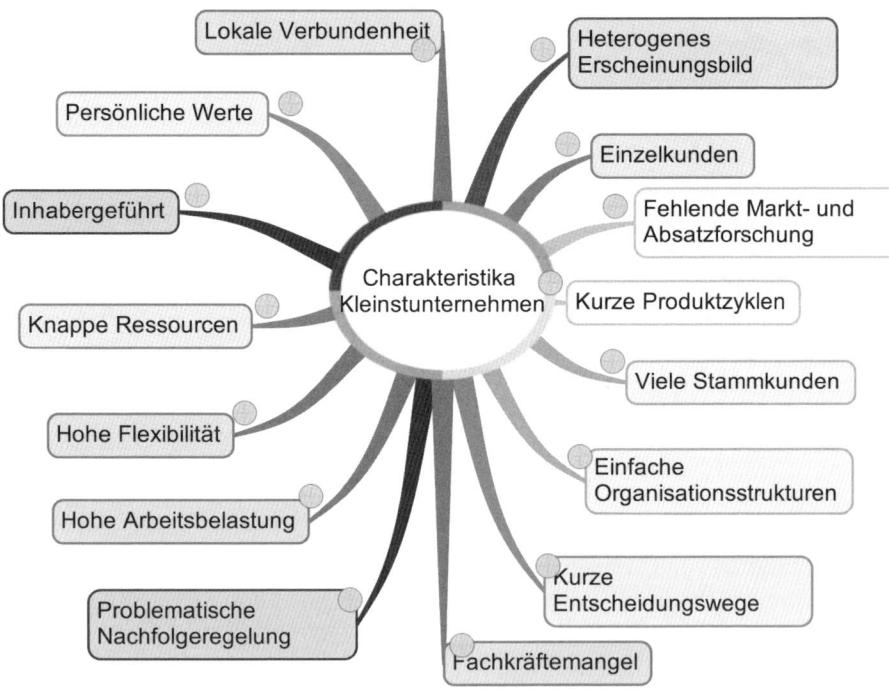

Abbildung 2: Charakteristika von Klein- und Kleinstunternehmen

Gesamtwirtschaftlich gesehen haben die KMU eine starke Position: Rund 70 Prozent aller Beschäftigten arbeiteten 2012 in kleinen und mittelständischen Unternehmen. Sie sind das Rückgrat der Wirtschaft, gestalten und erhalten die regionale Wirtschaft. Leider wird das von der Politik nur selten erkannt – die KMU haben keine Lobby.

So angenehm und kreativ das Arbeiten in einem Kleinunternehmen sowohl für den Unternehmer als auch für den Mitarbeiter sein kann – aufgrund der Gefahren, die durch eine mangelnde strategische Ausrichtung und exzessives Arbeiten im und nicht am Unternehmen entstehen, sind solche Unternehmen oft labil.

Vor dem Hintergrund dieser Fakten soll unser Buch in erster Linie eine Hilfe zur Selbsthilfe sein. Mithilfe der bewährten TEMP-Methode®, die von uns an die Bedürfnisse von Klein- und Kleinstunternehmen angepasst worden ist, möchten wir Ihnen einen gut bestückten Werkzeugkoffer mit praxisnahen Methoden für Ihre unternehmerische Entwicklung an die Hand geben. Diese Methoden sollen zu Ihrer wirtschaftlichen Entwicklung beitragen, Ihnen aber auch zu mehr Zeit und Lebensqualität verhelfen. Am Ende entscheiden Sie, welche Werkzeuge dauerhaft in Ihren Werkzeugkoffer übernommen werden. Manche nutzen sich im Laufe der Zeit ab und werden durch neue Werkzeuge ersetzt. Das ist gut so, denn das bedeutet, dass Sie sich und Ihr Unternehmen weiterentwickeln.

Dann starten wir, frei nach dem Motto des Verkaufstrainers Klaus Schinko: M.U.T. = Machen und Tun!

Im Folgenden verwenden wir in diesem Buch für die Unternehmen, an die wir uns vor allem wenden, den Begriff „Kleinunternehmen". Anders als in der Definition der EU meinen wir damit Unternehmen mit einem bis 15 Mitarbeitern. Die Merkmale eines Kleinunternehmens entsprechen den oben beschriebenen Kriterien.

Die Erfolgsfaktoren moderner Unternehmensführung

„Führen ist die Kunst, den Schlüssel zu finden, der die Schatztruhe des Mitarbeiters aufschließt." Dieser Satz stammt von Anselm Grün (Grün 2004). In der Literatur finden sich zahlreiche weitere Definitionen und Interpretationen. Unserer Ansicht nach geht es darum, in Organisationen oder Unternehmen Rahmenbedingungen zu schaffen, die dazu beitragen, das vorhandene Potenzial nutzen zu können.

Im Kleinunternehmen ist die Führungskraft oftmals der „Chef", also der Unternehmer. Mit wachsender Größe und je nach Struktur kommen neben dem Unternehmer weitere Mitarbeiter hinzu, die ebenfalls Führungsaufgaben übernehmen. Eine gute Führungskraft erkennt das Potenzial von Mitarbeitern, das Potenzial einer bestimmten Situation oder das Potenzial in einem Unternehmen. Sie arbeitet daran, dass sich diese Potenziale entfalten können, und übernimmt dafür – das ist ganz entscheidend – die Verantwortung. Sie verliert das Ziel des Unternehmens nie aus den Augen.

Führung wirkt also gar nicht so sehr in das operative Geschäft hinein, sondern beschäftigt sich mit dem Rahmen außen herum, also mit dem Rahmen, innerhalb dessen das operative Geschäft stattfindet.

Es ist nicht die Führungskraft, die am Morgen die Mitarbeiter auf die Baustellen verteilt oder die mit den Kunden Termine für eine Wartungsarbeit vereinbart. Die Führungskraft schafft eine Struktur, in der die Mitarbeiter diese Aufgaben selbst ausführen können.

Doch wie geht das? Bevor wir die Erfolgsfaktoren moderner Führung bestimmen können, wollen wir einen Blick in die Vergangenheit werfen.

Traditionelles Führungsverständnis im Wandel

Das traditionelle Bild der Unternehmensführung resultiert aus dem Verständnis von Arbeit aus dem Zeitalter der Manufakturen und der Industrialisierung des 18. Jahrhunderts: Es gibt einen Unternehmer („Chef"), der die Richtung vorgibt, die Entscheidungen trifft und seine Mitarbeiter mit „Befehl und Gehorsam" führt. Der Wille des Einzelnen findet kaum Beachtung. Die Strukturen bestehen aus klaren Hierarchien: Allen ist klar, wer die Macht hat. So oder so ähnlich sieht es auch heute noch in vielen Unternehmen aus: Die Mitarbeiter sind nicht oder nur sehr oberflächlich eingebunden, die Terminplanung ist Sache der Führungskräfte, der Mitarbeiter weiß nicht, wo das Unternehmen steht und welche Ziele es verfolgt.

Das moderne Führungsverständnis hat mit den gesamtgesellschaftlichen Veränderungen zu tun. Die Lager der Zukunftsforscher sind gespalten, wenn es um den nächsten Engpass in unserer Gesellschaft und unserer westlichen Wirtschaft geht. Vielleicht betrifft er den nachhaltigen Umgang mit Energie und die Frage, wie wir unseren zukünftigen Energiebedarf decken können. Erik Händeler, Zukunftsforscher aus Deutschland, vertritt die Auffassung, dass der Faktor „Gesundheit und Mensch" von zunehmender Bedeutung sein wird. Demnach sollten wir uns der Frage widmen, wie wir den gesunden Menschen gesund erhalten können, und uns nicht erst mit dem Thema „Gesundheit" beschäftigen, wenn wir schon krank sind.

Der Faktor Mensch wird immer bedeutsamer

Der Mensch mit seinen individuellen Bedürfnissen rückt in den Mittelpunkt der Betrachtung, da er durch seine Fachkompetenz das reichlich verfügbare Wissen bündeln und gezielt einsetzen kann. Dies gelingt umso mehr, je gesünder der Mensch an Körper und Geist ist.

Standardisierte Tätigkeiten, die in einer standardisierten Arbeitsumgebung ausgeführt werden, gehören mehr und mehr der Vergangenheit an. Aufgrund der hohen Spezialisierung und der modernen Technologien wird es projektbezogene Teams geben, die sich organisieren müssen und die geführt werden müssen. Der Faktor „Mensch" und der soziale Umgang miteinander werden für den zukünftigen Erfolg von entscheidender Bedeutung sein.

Das führt uns zu der Frage: Wie müssen Unternehmen und Arbeitsplätze aussehen, damit die dort beschäftigten Menschen gesund bleiben? In einer Zeit, in der immer mehr Menschen unter einem Burn-out leiden, spielt die seelische Gesundheit eine ebenso bedeutende Rolle wie die körperliche Gesundheit.

Menschen sind Individuen und wollen als solche gesehen, behandelt und geführt werden. Dies hat eine grundlegende Auswirkung auf die moderne Führung von Unternehmen, wenn es das Ziel ist, die dort arbeitenden Menschen gesund zu erhalten.

Menschen, die heute in unsere Unternehmen kommen, wollen nicht in alten Strukturen und traditionellen Hierarchien arbeiten. Sie wollen sich einbringen, ernst genommen werden und suchen einen Sinn in der Arbeit. Die „Generation Y" hinterfragt traditionelle Strukturen und hat eigene Ideen und Wertvorstellungen. Die Arbeit ist nicht mehr alles und damit nicht weiter der Hauptbestandteil im Leben. Natürlich ist sie wichtig und zur Sicherung des eigenen Lebensunterhaltes meist unerlässlich – aber sie ist eben nur ein Bereich neben anderen Lebensbereichen wie Familie, Sport, Freizeit, Spaß ... Arbeit soll nicht neben den Bereichen stehen, die zu einem erfüllten Leben gehören, sondern selbst Bestandteil eines erfüllten Lebens sein.

Diesen individuellen Ansprüchen kann ein Unternehmen gerecht werden, wenn es sich entsprechend aufstellt – und das ist Aufgabe der modernen Führungskräfte oder des modernen Unternehmers. Wie und in welchem Umfang dies erfolgt, ist von Unternehmen zu Unternehmen verschieden – und nicht zuletzt auch abhängig von der Branche.

Worauf basiert moderne Führung?

Moderne Führung basiert aus unserer Sicht darauf, den Menschen und dessen Bedürfnisse stärker in den Fokus zu stellen, dessen Potenziale zu entwickeln und damit letztlich die Produktivität des Unternehmens zu steigern. Natürlich sollen harte Fakten wie betriebswirtschaftliche Kennzahlen, Umsatz, Gewinn und Kostenstruktur nicht aus den Augen verloren werden, denn diese sind entscheidend für den Erfolg des Unternehmens. Es nützt wenig, wenn das Betriebsklima sehr gut ist und alle Spaß haben, jedoch Umsatz und Gewinn auf der Strecke bleiben. Das Geheimnis für unternehmerischen Erfolg in der Zukunft liegt darin, stabile und geordnete Strukturen zu schaffen, in denen viel Raum für Individualität, Flexibilität und Gestaltungswille bleibt. Dabei sind die folgenden Führungsfaktoren entscheidend:

Führungsfaktor „Vertrauen"

Gegenseitiges Vertrauen ist die Basis für eine Zusammenarbeit als Team. Jeder muss sich auf den anderen verlassen können, es herrscht ein Bewusstsein über das gemeinsame Ziel, das sich in Jahreszielen, langfristigen Unternehmenszielen und der Formulierung einer Vision niederschlägt. Wie in einer Fußballmannschaft hat jeder der Beteiligten seine Aufgabe und muss sich auf seine Mitspieler verlassen können. Es zählt hier das Vertrauen in die Mitspieler – das betrifft das Vertrauen der Führungskraft in die Mitarbeiter und umgekehrt.

Führungsfaktor „Transparenz"

Um gemeinsam an einem Strang ziehen zu können, müssen alle Beteiligten ausreichend informiert sein. Offene und ehrliche Informationen helfen, dass Entwicklungen erkennbar und messbar sind. Hierzu zählen auch betriebswirtschaftliche Daten. Damit Aufgaben eigenständig und umfassend ausgeführt werden können, benötigen Mitarbeiter alle hierzu notwendigen Informationen. Es ist wenig sinnvoll, im Vorfeld den Informationsfluss zu beschneiden und nur vermeintlich Wichtiges weiterzugeben. Das zieht meistens Rückfragen, Missverständnisse und Konflikte nach sich.

Führungsfaktor „Wertschätzung"

Ein Grundbedürfnis eines jeden Menschen ist Wertschätzung. Nach Abschluss eines Projektes, aber auch im Alltag bedarf es eines Feedbacks – und nicht nur dann, wenn etwas schiefgelaufen ist. Ein ehrliches Lob und eine Anerkennung motivieren mehr als eine Sonderzahlung oder Prämie.

Führungsfaktor „Individualität"

Jeder Mensch hat Vorstellungen davon, wie sein Leben und Arbeitsleben aussehen soll. Vielen sind diese „inneren Bilder" nicht bewusst oder sie beschäftigen sich gar nicht erst damit. In einem funktionierenden Team ist es hilfreich, wenn diese individuellen Vorstellungen aufeinander abgestimmt werden können und es eine gemeinsame Schnittmenge gibt.

Führungsfaktor „Flache Hierarchien"

Traditionelle Unternehmensstrukturen, die oftmals in plakatgroßen Organigrammen niedergeschrieben sind, verlieren zunehmend an Bedeutung. In flachen Hierarchien sind Kompetenzen verteilt und möglichst viele (alle) Mitarbeiter in die Planungsphasen und die unternehmerischen Entscheidungen eingebunden. Jeder Mitarbeiter hat seinen Platz und seine Aufgabe im Unternehmen und kann somit auch am besten (mit-)entscheiden, wenn es um diese Bereiche des Unternehmens geht. Verbesserungsvorschläge und Optimierungsideen werden wertgeschätzt und gefördert und müssen in kurzen Entscheidungswegen umgesetzt werden können.

Das eigenverantwortliche Arbeiten in flachen Hierarchien ermöglicht eine höhere Geschwindigkeit und eine größere Flexibilität als das „Einhalten des Dienstweges". Dies wiederum ist ein Wettbewerbsvorteil und macht sich – richtig umgesetzt – in den Unternehmenszahlen bemerkbar.

Allerdings: Flache Hierarchien sollen nicht mit einer Minderung von organisatorischen Prozessen gleichgesetzt werden. Es geht vielmehr darum, dass flache Hierarchien in gut organisierte Strukturen eingebunden sind.

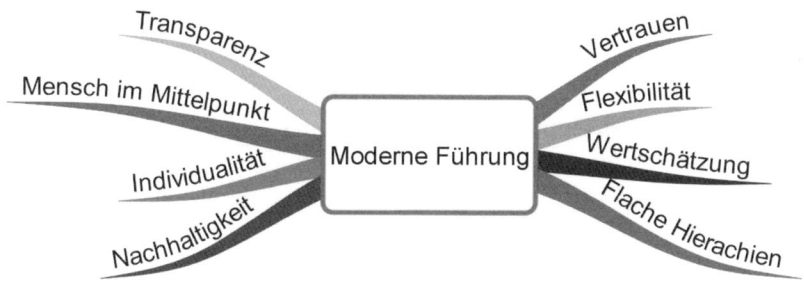

Abbildung 3: Aspekte moderner Unternehmensführung

In diesem Buch gehen wir auf viele der Punkte moderner Führung, die in Abbildung 3 genannt werden, ein. Wir sind allerdings der Auffassung, dass dies ein Prozess ist, der niemals beendet sein wird. Unternehmensführung ist eine sich immer weiter verändernde Aufgabe, bei der die Menschen mit ihren Vorstellungen und Bedürfnissen eine elementare Rolle übernehmen. Und darum gewinnen bei moderner Führung Aspekte wie zum Beispiel die Achtsamkeit und die Nachhaltigkeit an Bedeutung. Aber auch der Einsatz effektiver Arbeitstechniken spielt eine Rolle. Diese und weitere Punkte kommen jetzt im weiteren Verlauf des ersten Kapitels zur Sprache.

Achtsamkeit in der Mitarbeiter- und Unternehmensführung

Der Begriff „Achtsamkeit" erfährt in diesen Jahren eine Renaissance. Noch hängt ihm ein oftmals fader esoterischer Beigeschmack an. Dabei greift der Begriff deutlich weiter, und zwar bis weit in die Unternehmensführung hinein. „Achtsam" können Sie auch gerne mit „aufmerksam" oder „gesund führen" übersetzen. Nur ein aufmerksamer Unternehmensleiter und eine wachsame Führungskraft können zum richtigen Zeitpunkt die richtigen Entscheidungen treffen. Das bedeutet für Sie: Stellen Sie Ihre Wahrnehmungsantennen dauerhaft auf vollen Empfang. Nur wer wachsam ist, ist auch aufmerksam und erkennt die günstigen, aber auch kritischen Zeichen im Unternehmen.

„Achtsamkeit" bedeutet:

- gesunder Umgang mit den anstehenden Belastungen in Beruf und Freizeit
- ein bewusstes Lenken der Aufmerksamkeit auf das, was der Augenblick mit sich bringt – und zwar ohne es zu bewerten
- die Herausforderung, Dinge so sein zu lassen, wie sie sind, damit sie Entscheidungen nicht negativ beeinflussen

Wem oder was gegenüber sollten Sie achtsam sein?

In erster Linie wohl allen Menschen gegenüber, mit denen Sie zusammenarbeiten. Die Zahlen aktueller Statistiken über Fehlzeiten in deutschen Unternehmen müssten eigentlich dafür sorgen, dass viel mehr Unternehmer sich Gedanken um ein betriebsinternes Gesundheitsmanagement machen. Die Realität sieht leider anders aus. Mittlerweile haben bei Mitarbeitern psychische Krankheiten wie Burn-out und Depressionen einen weitaus höheren Anteil an krankheitsbedingten Fehlzeiten als physische Erkrankungen. Denn die Fehlzeiten aufgrund psychischer Erkrankungen sind deutlich höher als die Rekonvaleszenz nach einem gebrochenen Arm. Eine zentrale Rolle bei dem Kampf um die Mitarbeitergesundheit spielen die Führungskräfte. Sind sie unachtsam, führt das auch bei psychisch stabilen Menschen auf Dauer zu Problemen, im besten Fall zur inneren Kündigung. Spitzenleistungen können Sie von missachteten Mitarbeitern kaum noch erwarten. Was ist also zu tun?

Wer oder was sollte achtsam sein?

Jeder von uns weiß, welche Bedeutung die Wertschätzung für die Mitarbeiterzufriedenheit und die Motivation hat. Menschen, mit denen wir achtsam umgehen, sind zu Spitzenleistungen fähig. Wenn Sie als Unternehmer jedoch bisher weder achtsam gegenüber sich selbst noch gegenüber Ihren Mitarbeitern waren („Wo soll ich die Zeit denn auch noch dafür hernehmen?"), dann kommt jetzt die gute Nachricht: Achtsamkeit kann man lernen und delegieren, und sie zahlt sich immer aus. In jeder Hinsicht. Allerdings sollten Sie auch der Gesundheit Ihres Unternehmens Achtsamkeit entgegenbringen.

Das sind unter anderem zentrale Bestandteile des Erfolgsfaktors T (= Teamchef, siehe Abbildung 1).

Achtsamkeit ist ein zentraler Punkt:

- In der Mitarbeiter- und Selbstführung. Am besten funktioniert das mit einem professionell eingeführten Gesundheitsmanagement. Dabei helfen Krankenkassen, Berufsgenossenschaften, spezialisierte Unternehmensberater und Universitäten.
- In der Teamführung. Nur wenn Sie die richtigen Mitarbeiter am richtigen Platz haben, funktioniert ein Team. Dazu müssen Sie auch zwischen den Zeilen der Mitarbeitergespräche lesen können. Ein Beispiel: Sie möchten in Zukunft mehr Strategiearbeit machen und delegieren die Kundenbesuche und Vorträge an einen Mitarbeiter, der bei den Kunden gut ankommt und das auch kann. Allerdings möchte er nicht auswärts übernachten, traut sich aber nicht, dies vor versammelter Mannschaft zu sagen. Schließlich wurde er ja befördert. Ihr Fehler: Sie wussten, dass er gerade ein Haus gekauft und eine Familie gegründet hat.
- In der Erweiterung Ihrer persönlichen Führungskompetenz und im Führungskräftecoaching. Sind Sie aufmerksam und empathisch, haben Sie motivierte Mitarbeiter. Doch jeder Mensch braucht eine andere Art von Aufmerksamkeit. Darum: Beschäftigen Sie sich mit Persönlichkeitsmodellen aus der Psychologie. Mittlerweile sind diese „gebrauchsfertig" aufbereitet, etwa in den DISG- oder persolog-Modellen.
- In der Veränderung der Unternehmenskultur. Unternehmen wandeln sich. Je mehr unterschiedliche Mitarbeiter Sie führen, desto verschiedenere Mentalitäten finden sich unter Ihrem Unternehmensdach. Wissen Sie, welche Spannungen es bei der Zusammenarbeit von Mitarbeitern unterschiedlicher Glaubensrichtungen, Abstammungen, Hautfarben und Ausbildungsniveaus gibt? Von den Spannungen zwischen Alt und Jung mal ganz zu schweigen.

Führen Sie in Ihrem Unternehmen eine Kultur der Achtsamkeit ein. Der Erfolg wird nicht lange auf sich warten lassen.

Abbildung 4: Faktoren der Achtsamkeit

Das bedeutet für Sie als Unternehmer und Führungskraft, dass Wertschätzung, Ihre Gesundheit und die Ihrer Mitarbeiter und die Schaffung der erforderlichen Voraussetzungen dazu oberste Priorität erhalten. Dafür ist eine kontinuierliche Beobachtung der psychischen und physischen Fitness erforderlich. Mithilfe eines professionell geführten Gesundheitsmanagements ist dies relativ unkompliziert möglich. Darum lauten unsere Tipps:

Verschaffen Sie sich Klarheit darüber, was Achtsamkeit ist und wie Sie diese in Ihrem unternehmerischen Alltag leben können.

Nehmen Sie Kontakt mit der Berufsgenossenschaft und/oder der Krankenkasse auf und vereinbaren Sie ein Beratungsgespräch bzgl. der Implementierung eines betrieblichen Gesundheitsmanagements.

Organisieren Sie eine Informationsveranstaltung für alle Mitarbeiter, um über das Gesundheitsmanagement und den achtsamen Umgang miteinander zu informieren.

Übrigens: Wenn Sie einen Blick auf die TEMP-Tableaus im Anhang werfen, sehen Sie: Das Thema „Achtsamkeit" spielt in den Tableaus besonders in den Handlungsfeldern M7 – Mitarbeiter wertschätzen – und T 4 – Mitarbeiter finden – eine große Rolle.

Nachhaltigkeit bei der Unternehmensführung

Der Begriff „Nachhaltigkeit" wird in Deutschland zurzeit sehr strapaziert. In der Regel wird er gleichgesetzt mit dem englischen Begriff CSR, also Corporate Social Responsibility, und beschreibt die unternehmerische Gesellschaftsverantwortung. Gemeint ist ein freiwilliger Beitrag der Unternehmen zu einer nachhaltigen, über die gesetzlichen Vorschriften hinausgehenden Entwicklung. CSR beschreibt das Handeln der Unternehmen in der eigenen Geschäftstätigkeit (dem Markt) sowie bezüglich der Umwelt und des gelebten Umgangs mit den Mitarbeitern und verschiedenen Interessengruppen (Banken, Familienmitgliedern etc.). Für die meisten kleinen Unternehmen ist CSR ein viel zu abstraktes Gebilde, um damit wirklich etwas verbinden zu können. Und wenn, dann schrecken die damit verbundenen Anforderungen viele Unternehmer ab. Denn sie bedeuten einen hohen Verwaltungsaufwand. Dabei ist der Nachhaltigkeitsbegriff seit vielen Jahrzehnten in der deutschen Sprache und im Denken verankert. Unternehmerische Nachhaltigkeit im modernen Sinne umfasst drei Säulen:
- Ökonomie
- Ökologie
- Soziales

Das Ziel dabei: die Bedürfnisse der heutigen Generation zu befriedigen und dafür zu sorgen, dass auch die nächsten Generationen noch ihre Bedürfnisse befriedigen können. Dabei darf kein Bereich ausgelassen werden: Kunden, Mitarbeiter, Gemeinde, Natur, Geldgeber. Nachhaltiges Wirtschaften funktioniert vor allem dann, wenn der Unternehmer es so vorlebt, dass die Mitarbeiter es auch verstehen und übernehmen können.

Abbildung 5: Gründe für nachhaltiges Unternehmertum

Wieso ist es für ein Unternehmen sinnvoll, Nachhaltigkeit zu praktizieren? Die Gründe, zusammengefasst in Abbildung 5, sind so einfach wie einleuchtend.

Dafür sind eine Reihe von Herausforderungen zu bewältigen. Im sozialen Bereich geht es zum Beispiel darum, wie Mitarbeiterfluktuation oder Ausgrenzungen jeglicher Art verhindert werden können. Bei dem heutigen Mitarbeitermangel ist das von großer Bedeutung. Bei der ökonomischen Herausforderung geht es um nachhaltiges Wirtschaften im und außerhalb des Unternehmens. Die ökologische Säule schließlich meint den Einfluss des Unternehmens auf seine Umwelt.

Wir empfehlen, dass Sie bei der Gründung oder der Strategieplanung Ihres Unternehmens die folgenden Fragen beantworten:

- Kennen Sie Ihre gesellschaftliche Verantwortung als Unternehmer?
- Binden Sie Ihre Kunden strategisch nachhaltig an Ihr Unternehmen?
- Kommunizieren Sie Ihre nachhaltige Orientierung so, dass es Ihr Kunde versteht und erkennt?
- Fördern und fordern Sie aktiv Ihre Mitarbeiter und sorgen Sie für ein angenehmes Arbeitsklima?

- Treffen Sie langfristige Maßnahmen zur Erhaltung Ihrer Wettbewerbsfähigkeit?
- Haben Sie eine Übersicht darüber, was bei Ihrer Arbeit alles schiefgehen kann?
- Pflegen Sie Ihre Lieferantenbeziehungen?
- Verfolgen Sie lokale Partnerschaften (Baustoffhändler, Lieferanten, Cateringservice etc.) und fördern die regionale Wirtschaft?
- Handeln Sie umweltbewusst und sparen wo immer möglich Rohstoffe und Ressourcen ein?
- Achten Sie im Einkauf auf qualitativ hochwertige Produkte bzw. Dienstleistungen?
- Achten Sie bei der Erstellung Ihrer Produkte oder dem Erbringen Ihrer Dienstleistung auf hochwertige Qualität?

Nachhaltiges Arbeiten – das ist die Grundlage unternehmerischer Tätigkeit. Das gesamte unternehmerische Tun muss darauf ausgerichtet sein. Aus gutem Grund: Nur wer sein Unternehmen nachhaltig führt, wird auch in Zukunft Mitarbeiter und einen Markt für seine Produkte und Dienstleistungen finden.

Die Bedeutung von Persönlichkeitsmodellen für die Unternehmensführung

„Der Charakter ruht auf der Persönlichkeit, nicht auf den Talenten. Talente können sich zum Charakter gesellen, er gesellt sich nicht zu ihnen, denn ihm ist alles entbehrlich außer die Persönlichkeit." Ob Johann Wolfgang von Goethe schon auf die Bedeutung von Persönlichkeitsmodellen hinweisen wollte? Wohl eher nicht. Trotzdem: Im Verlauf dieses Buches kommen immer wieder Persönlichkeitsmodelle oder Persönlichkeitstests zur Sprache. Unter anderem fallen dabei Begriffe wie DISG oder persolog. Was verbirgt sich hinter diesen Modellen, und welchen Sinn hat es für Unternehmer, sich intensiver mit solchen Modellen zu beschäftigen?

Welche Testverfahren gibt es?

Wir Menschen neigen zu Vereinheitlichungen und streben nach Sicherheit. Beim Umgang mit anderen Menschen geraten wir immer wieder in Situationen, bei denen Charaktere und Typen eine große Rolle spielen. Das Verhalten eines Menschen wird oft mit seiner Psyche oder seiner Persönlichkeit gleichgesetzt. Da diese Beurteilung nie objektiv sein kann, gibt es verschiedene Definitionen der Persönlichkeit. So kann sie zum Beispiel als die Summe der psychophysischen Eigenschaften einer Person, die deren individuelles Verhalten und Erleben bestimmen, definiert werden.

Schon in der Antike haben die Gelehrten erkannt, dass verschiedene Menschen sehr unterschiedlich auf ein und dieselbe Situation reagieren. Als sie nach den Ursachen suchten, kristallisierten sich im Laufe der Zeit bestimmte Persönlichkeitstypen heraus, deren Verhalten man auf unterschiedliche Ursachen zurückführte. Hippokrates benutzte das Temperamente-Modell. Um die Reaktionen und das Verhalten der Menschen vorherzusagen, nutzte das Modell die Zusammensetzung der Körpersäfte (Galle, Schleim, Blut etc.). Im Laufe der Zeit entwickelten sich die Persönlichkeitsmodelle immer weiter. Carl Gustav Jung, Sigmund Freud und Fritz Riemann betrachteten Ängste und Kindheitsstörungen als Hintergrund für die unterschiedlichen Persönlichkeiten und wählten damit einen psychoanalytischen und psychotherapeutischen Ansatz. Andere wählten dagegen motivations- oder bedürfnisorientierte Verhaltensmuster als Grundlage für ihre Persönlichkeitsmodelle (Reiss-Profile, Hirn-Dominanz-Instrument).

Das Ziel ist jedoch immer, die emotionalen und motivatorischen Verhaltensaspekte zu beschreiben und vorherzusagen. Das bis heute ungelöste Problem dabei: Menschliches Verhalten ist nicht starr, sondern ändert sich je nach Situation und persönlichen Erfahrungen dynamisch – auch im Zuge des Alterungsprozesses zum Beispiel verändert sich die Persönlichkeit.

Heute gibt es eine Reihe von verschiedenen Tests, die in der Praxis eingesetzt werden. Zu den bekanntesten zählen DISG, persolog, MBTI, Big Five (FFM) oder Reiss-Profile. Es gibt zwei Arten von Persönlichkeitstests:

Die objektiven oder psychometrischen Verfahren werden nach festen Regeln und Verfahren durchgeführt, die Interpretation der Ergebnisse erfolgt im Vergleich zu einer Normstichprobe. Dazu gehören DISG, NEO-FFI, Insights Discovery, MBTI, BIP und Reiss-Profil.

In den projektiven Tests setzt man Stimuli ein (etwa abstrakte Bilder, Zeichnungen), die verschiedene Interpretationsmöglichkeiten zulassen. Die Testperson bringt ihre Deutung und Ergänzungen ein, der beauftragte Tester interpretiert die Aussagen. Die Gefahr dieser Tests besteht in der stark eingeschränkten Objektivität. Dazu zählt etwa der Rorschachtest.

Wofür sind Persönlichkeitstests oder -modelle hilfreich?

Persönlichkeitstests und -modelle finden etwa im Coaching und in der Personalentwicklung großen Anklang. Ihr Einsatz soll dabei helfen, sich selbst (Unternehmer) und andere (Mitarbeiter/Kunden) besser zu verstehen. Wer sie einsetzt, hofft auf Vorteile im Miteinander, auf eine Verbesserung der Beziehungen und ein tieferes Verständnis der Eigenschaften anderer Menschen und ihrer Charaktere.

Unternehmer setzen diese Tests ein, um den optimalen Arbeitsplatz für einen Mitarbeiter zu finden oder sich noch besser in ihre Kunden hineinversetzen zu können. Allerdings bilden die Tests nur einen sehr vereinfachten Rahmen der realen Persönlichkeiten ab. Sie reduzieren das Komplexe der Psyche auf einfache Verhaltensmuster. Darin liegen auch die größten Gefahren bei der Anwendung dieser Verfahren: Die Modelle bündeln die Eigenschaften von Charakteren und Typen, fassen die typischen Eigenschaften zusammen und fördern so ein Schubladendenken. Die Komplexität der Persönlichkeit wird auf ein überschaubares Maß zusammengeschrumpft und ein „typisches Verhalten" reduziert.

Verlassen Sie sich daher niemals nur auf die Ergebnisse der Persönlichkeitstests, sondern vergleichen Sie die Ergebnisse mit anderen Erfahrungen, Kennzahlen oder Eindrücken.

Die meisten Anwender in Kleinunternehmen sind ungeschult in der Bewertung der Ergebnisse solcher Tests. Trotzdem ziehen sie sie bei Personal- oder Unternehmensentscheidungen heran. Betrachten Sie die Persönlichkeitsmodelle oder -tests darum stets nur als den ersten Schritt zu einer Entscheidung. Seien Sie sich dabei bewusst, dass Persönlichkeitsmodelle und ihre Testformen anfällig für Fehler und unzulässige Verallgemeinerungen sind. Sie können keine psychischen Erkrankungen offenbaren (das wäre fatal) und lassen sich durch erfahrene Testpersonen auch manipulieren. Bei Bewerbungstests sind die Fragen und Antworten oft so gewählt, dass einem aufmerksamen Probanden schnell klar wird, welche Antwort er ankreuzen muss, um zu einem günstigen Ergebnis zu gelangen.

Untersuchungen der Universität Zürich haben ergeben, dass in Großunternehmen viele Personalentscheider Kriterien wie Validität, Ökonomie und Akzeptanz bei Persönlichkeitstests bevorzugen. Die zurzeit aktuellen Persönlichkeitsmodelle beruhen jedoch auf in der Psychologie als veraltet geltenden psychoanalytischen Persönlichkeitsmodellen, die antiquiert und nicht wissenschaftlich validiert sind. Lediglich der BIP-Test gilt als zeitgemäß und wissenschaftlich fundiert.

Trotzdem: Persönlichkeitsmodelle und Persönlichkeitstests sind ein gängiges Instrument im Coaching oder bei der Personalauswahl. Im vorliegenden Buch finden diese Modelle hinsichtlich der Personalfrage oder bei der Betrachtung verschiedener Kundentypen Beachtung. Das soll Sie durchaus ermutigen, auch selbst einmal diese Tests zu durchlaufen. Im Internet und in der Literatur gibt es genügend Schnell- oder auch Langtests, bei denen Sie Ihren Persönlichkeitstyp ermitteln können. Sie finden diese Tests zum Beispiel unter:

- www.psychographen.de
- www.philognosie.de
- www.psychomeda.de

1. Führen Sie eine Selbsteinschätzung durch: Was für ein Persönlichkeitstyp sind Sie? Welche Eigenschaften kennzeichnen Sie?
2. Besorgen Sie sich verschiedene Persönlichkeitstests und führen Sie sie durch. Das geht online und offline. Wie verhält sich das Ergebnis zu Ihrer Selbsteinschätzung? Wo gibt es Widersprüche und starke Abweichungen? Wieso?
3. Sind die Ergebnisse so hilfreich, dass Sie auch mit Ihren Führungskräften so einen Test durchführen sollten?
4. Welchen Nutzen hätte so ein Test oder Verfahren für Ihr Unternehmen? In welchem Bereich wäre der Test hilfreich?

Prioritäten setzen und Entscheidungen richtig treffen

Gleichgültig ob als Gründer oder etablierter Unternehmer – wir sind täglich dazu gezwungen, Entscheidungen zu treffen. Und damit nicht genug: Diese Entscheidungen unterliegen oft noch unterschiedlichen Prioritäten. Zumindest sind wir der Meinung, dass sie das tun. Und so entscheiden wir für oder gegen eine Maßnahme, eine Situation oder gar eine Person. Jeder, der Entscheidungsgewalt hat, beeinflusst zwangsläufig sich und andere Menschen, teilweise mit einer mehr oder weniger gewollten Härte. Und jeder, der Entscheidungen fällt, weiß, wie schwer es ist, die richtige Entscheidung zwischen zwei oder sogar mehreren Auswahlmöglichkeiten zu treffen. Denn welche Wahl ist die bessere? Was beeinflusst die Auswahl und welche Konsequenzen entstehen daraus? Besonders Gründer stehen vor Entscheidungen, deren Konsequenzen sie selten bis ins letzte Detail abschätzen können. Darum lohnt es sich, sich mit den Grundlagen menschlicher und unternehmerischer Entscheidungen zu beschäftigen.

Was beeinflusst eine Entscheidung?

Ein Blick hinter die Kulissen der Entscheidungsfindung und auf Abbildung 6 zeigt, dass es viele Faktoren gibt, die eine Entscheidung beeinflussen.

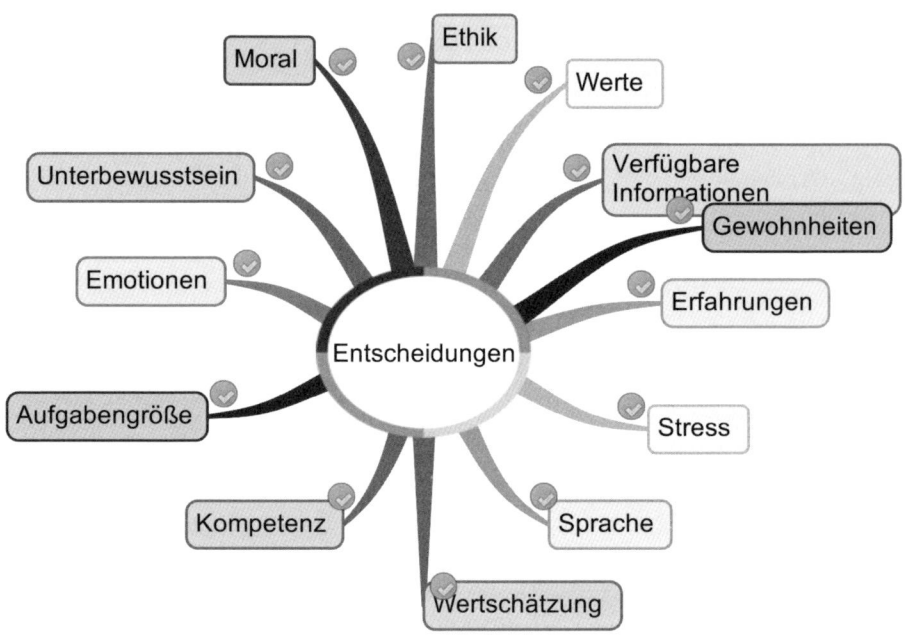

Abbildung 6: Einflussfaktoren bei Entscheidungen

In vielen Managementratgebern steht dann: Bringt Sie die Entscheidung Ihrem Ziel näher, dann ist es die richtige Entscheidung. Doch so einfach ist das leider nicht, da unsere Entscheidungen von vielen Faktoren beeinflusst werden, die sich wiederum von uns nicht beeinflussen lassen. Besonders die Sprache und die Formulierung von Fragen haben einen starken Einfluss auf unsere Entscheidungen. Sprache beeinflusst also unsere Wahl, oft auf eine unbewusste Art und Weise.

Wie funktioniert das? Es beginnt damit, wie wir die Konsequenzen einer möglichen Entscheidung beurteilen. Sehen wir sie als Gewinn oder als Verlust? Entsprechend verläuft unsere Wahl. Deshalb ist es wichtig, die Handlungsoptionen mit möglichst gleichwertigen, positiven oder zumindest neutralen Begriffen zu besetzen. Ansonsten bewerten und entscheiden wir schon im Vorfeld durch die Begriffe, die wir wählen. Oder wir beeinflussen so zumindest die Entscheidung. Stellen wir zum Beispiel einen Mitarbeiter vor die Wahl, sich für Weg A oder B zu entscheiden, und unterlegen den unerwünschten Weg subtil mit negativen Begriffen, wird sich der Mitarbeiter eher für den Weg mit der positiven Formulierung entscheiden.

Dieses Verhalten ließ sich wissenschaftlich mehrfach nachweisen: Mit positiven Begriffen belegte Handlungsoptionen wurden in Studien signifikant häufiger gewählt als die mit negativen Begriffen belegten Optionen. Hört sich einfach und logisch an. Ist es auch. Allerdings ist die Wahrnehmung in diesem Fall sehr emotional und wenig rational. Wir treffen die Auswahl dann oft ohne weitere Prüfung der Sachlage. Erschwerend kommt hinzu, dass wir diese Wahl oft vor dem Hintergrund eines gewissen Rechtfertigungsdrucks fällen müssen. Gegen wen und in welchem Umfang müssen wir unsere Entscheidung verteidigen und vertreten? Das können Mitarbeiter, Vorgesetzte, aber auch Banken oder die Familie sein. Auch das beeinflusst unsere Entscheidung.

Unterschiedliche Entscheidungsstrategien

Die Psychologen wissen, dass Entscheidungen auch aus dem Sammeln und Werten von Informationen und Alternativen entstehen. Allerdings liegt es in der Natur der Dinge, dass niemals alle Informationen und Alternativen vorliegen – es gibt keinen maximalen Nutzen, da uns nie alle Details vorliegen. Wir können uns also nach reiflicher Überlegung und Abwägung zwar für einen Bewerber entscheiden. Wir werden aber nie erfahren, ob es mit den zehn anderen Bewerbern besser oder schlechter gelaufen wäre. Denn dazu hätten wir allen Bewerbern eine Chance geben müssen.

Diese „begrenzte Rationalität", wie sie von Herbert Simon, einem US-Wissenschaftler genannt wurde, führt dazu, dass unsere Ansprüche die Führung bei der Entscheidungsfindung übernehmen: Es wird die Entscheidung gewählt, die unsere Ansprüche am besten erfüllt. Im Vordergrund steht die Nutzenmaximierung. Dafür hat sich der Mensch zwei Strategien zurechtgelegt:

- Bei der *analytischen Strategie* geht es darum, möglichst alle Elemente einer Option zu berücksichtigen: beim Kauf von Maschinen etwa den Anschaffungspreis, die Unterhaltungskosten, die Reparaturkosten, die Laufzeit. Es kann aber auch sein, dass ein besonders wichtiges Element alle anderen aushebelt, zum Beispiel die leichte Bedienbarkeit oder der perfekte Service. Dann darf das Gerät auch teurer als die Alternative sein.
- Auf der anderen Seite gibt es die *nicht analytische Strategie*. Sie gleicht dem Münzenwerfen. Hier spielen Routine und Erfahrung (das Bauchgefühl), Imponiergehabe oder die Orientierung an anderen Menschen eine große Rolle. Im Zweifelsfalle möchte man sich Sympathien sichern. Eine gefährliche Strategie, denn sie ändert sich oft erst unter dem massiven Einfluss von außen. Hier spielen Gewohnheiten eine große Rolle. Die Situation ist bekannt, und es wurde schon immer so entschieden. Der Klassiker lautet: „Das haben wir schon immer so gemacht." Und das, obwohl sich die Rahmenbedingungen seit der ersten Entscheidung dramatisch geändert haben können. Hier bestimmen Gefühle die Entscheidung, nicht der Verstand. Richtig kritisch wird das in emotionalen Ausnahmezuständen wie großer Euphorie oder großer Wut. In diesem Moment ist eine einigermaßen objektive Beurteilung kaum möglich. Oft bereuen wir diese spontanen Entscheidungen zu einem späteren Zeitpunkt und bei nüchterner Betrachtungsweise.

 Treffen Sie möglichst nie eine Entscheidung in emotionalen Ausnahmezuständen. Schieben Sie die Entscheidung lieber auf und beleuchten Sie die Situation mit Abstand noch einmal.

Emotionalität und Rationalität bei Entscheidungen

Wenn Gefühle im Spiel sind, heißt es die Konsequenzen sorgfältig abwägen und den Entscheidungsprozess transparent halten. Das bedeutet auch, einmal über emotionale Sperren (persönliche Aversionen, Ängste, Ekel, Eifersucht) hinwegzugehen. Am Ende sollte immer der Bauch die Entscheidung gegenprüfen: Fühlt sie sich gut an? Grummelt es im Bauch, dann überdenken Sie die Entscheidung am besten noch einmal. Denn das gute, alte Bauchgefühl erzielt nach wissenschaftlichen Untersuchungen eine unerwartet hohe Erfolgsquote.

Natürlich entscheidet auch der Kopf mit. In komplexen Situationen, die einer Struktur bedürfen, wenn Genauigkeit oder Präzision gefragt ist und wenn wir den Eindruck der Voreingenommenheit haben – immer dann ist der Kopf gefragt.

Noch ein Wort zum blinden Fleck. Ist die Entscheidung gefallen und sind ihre Auswirkungen klar und deutlich erkennbar, stellt sich ein sonderbarer Effekt ein: Wir verändern die Vergangenheit so, als ob wir die Konsequenzen schon im Moment der Entscheidung gekannt hätten und hätten vorhersehen können. Das tun wir intuitiv bei positiven wie bei negativen Konsequenzen. Dies führt dazu, dass wir die Vergangenheit den aktuellen Informationen anpassen und dabei alles Zufällige, Ungewisse und Unbeabsichtigte ausblenden. Und zwar teilweise mit fatalen Folgen für zukünftige Entscheidungen, denn wir beginnen uns zu überschätzen und interpretieren die Vergangenheit dann frei nach dem Motto: „Wir wissen ja, was bei der Entscheidung passiert, das letzte Mal ging es ja auch gut." Es findet mithin keine Analyse der Situation mehr statt – die Folge sind riskante Entscheidungen und ein blinder Fleck, der zur Fehleinschätzung neuer Situationen führt.

Prioritäten mit der Prioritätenmatrix setzen

Das Wort „Priorität" kommt aus dem Lateinischen und bedeutet so viel wie „Stellenwert" oder „vorrangig behandeln". Prioritäten setzen heißt Entscheidungen fällen und zwischen zwei oder mehr Alternativen zu wählen – und mit den Konsequenzen zu leben. Das fällt uns mal schwer und mal leicht. Denn unser Gehirn arbeitet nach dem Sparmodus: Je weniger Energie eine Aufgabe erfordert, desto größer ist das Engagement, sie sofort zu erledigen. Das bedeutet: Je kleiner eine Aufgabe ist und desto schneller sie erledigt werden kann, umso höher stuft das Gehirn sie in der Priorität ein. Denn die Belohnung, und darauf steht unser Gehirn, folgt sofort. Eine E-Mail kurz beantwortet und weg damit – super! Dann noch kurz eine Rechnung überwiesen – fertig – klasse!

Lassen Sie sich nicht von leichten Aufgaben dominieren. Nur mit Herausforderungen kommt Ihr Gehirn richtig in Schwung. Ordnen Sie Ihre Prioritäten nach dem Dringlichen und nicht nach dem Wichtigen? Dann bedenken Sie: Dringliches hat meistens mit den Prioritäten anderer zu tun! Es sind andere Menschen, die eine Sache oder Entscheidung dringlich machen.

Erfolgreich ist nur, wer sich auf die wirklich wichtigen Prioritäten konzentriert und konsequent danach handelt.

Wenn Sie so vorgehen, sind Sie in der Lage:
- von kurzfristigen und unmittelbaren Ereignissen im Alltag nicht überrollt zu werden,
- sich auf das Wesentliche zu konzentrieren und nur eine wirklich wichtige Aufgabe zu erledigen und
- unwichtige Arbeiten zu delegieren.

Wie wählen wir zwischen mehreren Optionen die mit der höchsten Priorität aus? Dafür gibt es eine Reihe von Modellen und Vorschlägen. Einige davon haben wir für Sie im Folgenden zusammengefasst.

Das „Eisenhower-Prinzip" als Prioritätenauswahlmodell

Der amerikanische Präsident Eisenhower hatte täglich eine Vielzahl von Entscheidungen zu treffen. Um sie besser beurteilen zu können, ordnete er sie – das zeigt Abbildung 7 – in einem Koordinatenkreuz nach Wichtigkeit und Dringlichkeit:

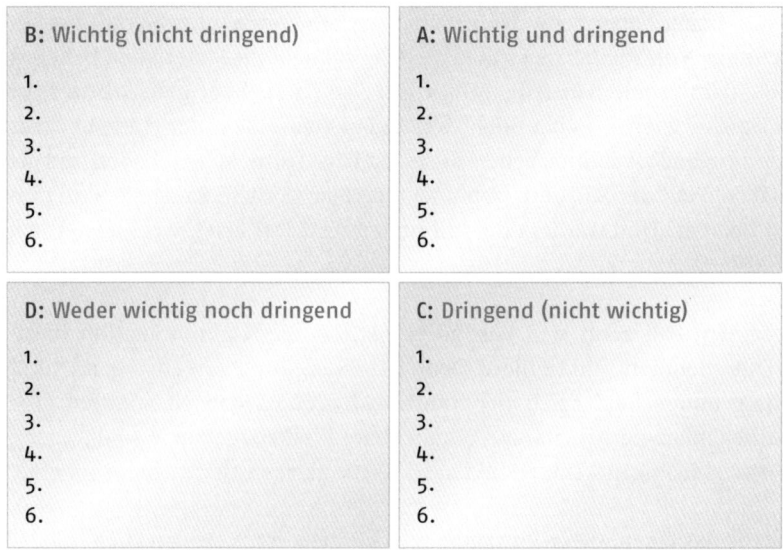

Abbildung 7: ABCD-Prioritäten nach Eisenhower

Allerdings entstehen bei der Anwendung des Eisenhower-Prinzips oft Probleme:

- Wie wird „Wichtigkeit" definiert?
- Im Team gibt es eventuell keine Einigkeit bezüglich der Definition dessen, was wichtig ist.
- Die Unterscheidung zwischen aufwendigen und weniger aufwendigen Arbeiten ist schwierig.
- Die Anpassung des Prinzips an den Arbeitsalltag der Organisation gelingt nicht.

- Es gibt keine Kommunikation darüber, welche Prioritäten vom Einzelnen gesetzt wurden.
- Dominante Personen erklären ihre Prioritäten für allgemeingültig.

In einem kleinen Unternehmen ist es wichtig, die Kriterien für eine Definition der Dringlichkeit und Wichtigkeit zu erfassen und zu kommunizieren. Das Eisenhower-Prinzip lässt sich dafür individuell und einfach ans Unternehmen anpassen. Dazu ein Beispiel: Inhaber, Führungskräfte, Vorarbeiter und Mitarbeiter haben teilweise gänzlich andere Vorstellungen von Prioritäten. Für den Vorarbeiter muss die Baustelle schnell mit Materialien beliefert werden, damit seine Baustelle fertig wird. Dazu braucht er gute Arbeiter vor Ort. Der Chef allerdings hat noch zwei andere Baustellen, nur einen Lkw zur Belieferung und zwei Mitarbeiter, die einen Lkw-Führerschein haben und als Spezialisten auf der Baustelle gebraucht werden. Welche Baustelle wird nun zuerst bedient? Und wer legt die Prioritäten fest? Der Chef, weil er nun mal Chef ist?

In so einem Fall zeigt sich besonders gut, ob die Kommunikation in einem Unternehmen funktioniert. Denn die Beurteilung von „dringend" und „wichtig" unterscheidet sich nicht nur von Mensch zu Mensch, sondern auch von Arbeitsplatz zu Arbeitsplatz. Brauchbare Werkzeuge zur Visualisierung sind etwa eine Prioritätentafel und nach Wichtigkeit sortierte Ablagesysteme.

Damit Sie das Eisenhower-Prinzip nutzen können, ist es ratsam, sich mit der Definition der Eisenhower-Quadranten zu beschäftigen:

- **A: Wichtig und dringend** – die Aufgabe erfordert sofortiges Handeln, um Schlimmes zu verhindern oder Verluste zu begrenzen. Die Angelegenheit ist wichtig und dringend zugleich. Sie muss unverzüglich und in der Regel von Ihnen selbst in die Hand genommen werden. Ansonsten müssen Sie mit unangenehmen Folgen rechnen.
- **B: Wichtig, aber nicht dringend** – Ziele setzen, die Zukunft planen, Werte definieren, Projekte vorbereiten, Aufgaben verteilen, sich und seine Mitarbeiter entwickeln, Beziehungen pflegen – all dies gehört in den Bereich des Wichtigen und sollte durch sorgsames Terminieren und Delegieren gegen das Dringliche verteidigt werden. Es gibt noch keinen bestimmten Stichtag für die Erledigung. Wenn Sie allerdings damit zu lange war-

ten, rutschen B-Aufgaben schnell in den A-Quadranten. Und dann ist Eile angesagt!

■ **C: Dringend, aber nicht wichtig** – handelt es sich um drängende Alltagsgeschäfte, die aber nicht unbedingt wichtig sind? Oft sind es Telefonate, E-Mails, Besprechungen und Routineaufgaben, die Sie zugunsten wichtiger Aufgaben reduzieren können. Es gibt keinen Stichtag, an dem diese Arbeiten erledigt sein müssen, und keine oder nur wenige negative Konsequenzen. Erledigen Sie diese Dinge nicht zu den Tageszeiten, wo Sie Ihr persönliches Leistungshoch haben.

■ **D: Weder wichtig noch dringend** – ist eine Aufgabe weder wichtig noch dringend, kann man sie guten Gewissens dorthin befördern, wo sie hingehört: in den Papierkorb! Sie kann auch delegiert oder erledigt werden, nachdem alle anderen Aufgaben abgearbeitet worden sind.

Versuchen Sie, möglichst viel Zeit von Ihrem Arbeitstag im B-Quadranten zu verbringen.

Das Prioritätenauswahlmodell „ALPEN-Methode"

Den wertvollsten Beitrag leisten Sie im Bereich des Wichtigen, denn hier agieren Sie, statt nur zu re-agieren. Wie aber schaffen Sie es, sicher durch die tägliche Flut von Aufgaben und Anforderungen zu navigieren? Versuchen Sie es einmal mit der A L P E N -Methode:

A – Aufgaben, Aktivitäten und Termine aufschreiben

L – Länge der Aktivitäten einschätzen

P – Pufferzeiten reservieren (nur 60 Prozent der zur Verfügung stehenden Zeit verplanen)

E – Entscheidungen treffen: Prioritäten setzen, Kürzungen und Delegationsmöglichkeiten prüfen (siehe Prioritätenmatrix)

N – Nachkontrolle: Unerledigtes übertragen, Priorität ggf. überprüfen

Die Für-und-wider-Methode

Bei dieser simplen Methode werden alle Pro- und Kontra-Argumente einer Entscheidung aufgeschrieben. Wichtig ist, dass zuerst die Pro-Argumente und erst dann die Kontra-Argumente notiert werden. Ansonsten werden die inneren Widerstände zu groß. Die Liste kann auf Wunsch anschließend von einer neutralen dritten Person ergänzt werden. Sie werden staunen, welche Argumente da plötzlich noch auftauchen. Wer möchte, kann das sehr anschaulich und einprägsam mit einer Mindmap gestalten. Die Frage wird als zentraler Ausgangspunkt formuliert (immer nur ein Wort!). Von dort gehen – siehe dazu die Abbildung 8 – nun die Entscheidungen als einzelne Pfade jeweils mit Pro- und Kontra-Argumenten ab.

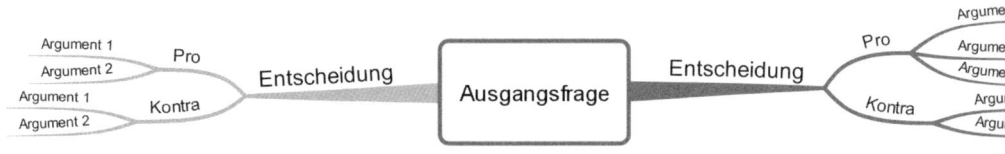

Abbildung 8: Die Für-und-wider-Methode

Im Grunde heißt Prioritäten setzen: Bringt mich die Aufgabe meinem (Fern-)Ziel näher? Wem es schwerfällt, der kann mit einer einfachen Übung anfangen und jeden Abend im Kalender die Aufgaben für den nächsten Tag vermerken, am besten versehen mit einem festen Zeitfenster. Und denken Sie immer daran: Wenn Sie eine Entscheidung getroffen haben, ist sie in diesem Moment auf jeden Fall richtig. Belassen Sie es dabei. Es ist gut und vorbei. Egal ob sich später etwas anderes herausstellt.

Das Business-Model Canvas als Entscheidungshilfe

Mit dem Business-Model Canvas hat der Unternehmer Alexander Osterwalder ein einfaches Werkzeug entwickelt, um ein Geschäftsmodell oder eine Unternehmensgründung zu visualisieren und zu testen, ob sie auch unternehmerisch sinnvoll ist.

Die Idee dahinter: Jede Idee braucht ein funktionierendes Geschäftsmodell, wenn sie sich langfristig halten und möglichst viele Menschen erreichen soll. Dabei gilt: Es ist leichter, eine schlechte Idee mit einem guten Geschäftsmodell zu verwirklichen, als zu versuchen, die beste Idee ohne passendes Geschäftsmodell zu realisieren.

Mit dem Business-Model Canvas werden alle wesentlichen Elemente eines geplanten Geschäftsmodells in ein skalierbares System gebracht und auf einem großen Papierbogen (= Canvas, das heißt Leinwand) visualisiert. Entscheidend sind neun Größen: Schlüsselpartner, Schlüsselaktivitäten, Nutzenversprechen, Kundenbeziehungen, Kundenarten, Schlüsselressourcen, Vertriebs- und Kommunikationskanäle, Kosten und Einnahmequellen.

Ein Gründer, dem sein Geschäftsmodell ja in der Regel noch nicht vollkommen klar ist, kann nun schnell verschiedene Varianten miteinander vergleichen. Auch bestehende Geschäftsmodelle in innovativen Unternehmen lassen sich mit Canvas unkompliziert weiterentwickeln, um Ideen zu generieren, wie das Unternehmen in zwei, fünf oder zehn Jahren funktionieren könnte.

Mit effektiven Arbeitstechniken mehr Zeit für unternehmerische Entscheidungen

„Alles eine Frage der Organisation", das ist leicht gesagt, im Alltag jedoch oftmals schwer umzusetzen. Mit einigen Grundregeln lassen sich Abläufe besser organisieren und die zur Verfügung stehende Zeit effektiver nutzen. Wir möchten Ihnen im Folgenden einige Hilfestellungen, teilweise in Checklistenform, geben, die Sie bei Ihrer täglichen Arbeit unterstützen können. Beginnen wir mit der Zeitplanung.

Optimieren Sie Ihre Zeitplanung

Wie verbringen Sie Ihre Zeit? Sind es vornehmlich Dinge, die Ihnen Spaß machen und die zu Ihrem Aufgabenbereich gehören? Oder sind Sie oft dabei, Brände zu löschen oder regulierend einzugreifen? Führen Sie doch einmal einige Zeit, vielleicht zwei Wochen lang, ein „Zeittagebuch". Nutzen Sie hierzu das Eisenhower-Prinzip mit den vier Quadranten, das Sie soeben kennengelernt haben, und ordnen Sie Ihre Aktivitäten diesen Bereichen und Prioritäten zu. Überlegen Sie selbstkritisch, was zukünftig wegfallen oder delegiert werden kann.

Bei den anstehenden Aufgaben gilt immer: Wichtigkeit vor Dringlichkeit. Bei einer entsprechenden Planung können die meisten Dinge erledigt werden, bevor sie dringend werden. Prüfen Sie darum bei den Punkten auf Ihrer To-do-Liste, ob diese Sie bezüglich Ihrer Zielerreichung weiterbringen. Entscheiden Sie, ob eine Aufgabe:

- direkt erledigt,
- terminiert,
- entsorgt (da sie nicht wichtig ist) oder
- delegiert werden soll.

Entlarven Sie Zeitfresser – diese halten Sie von den wirklich wichtigen Aufgaben ab und bringen Sie Ihren Zielen meist nicht näher. Typische Zeitfresser sind zum Beispiel:

- Störungen
- unnötiger Small Talk
- zu lange Besprechungen
- überflüssige Reisen
- zu langes Surfen im Internet

Planen Sie Pufferzeiten ein und verplanen Sie maximal 60 Prozent der zur Verfügung stehenden Zeit. Der Rest füllt sich automatisch durch Unvorhergesehenes und Verzögerungen oder kann für Ihre persönliche Entwicklung genutzt werden (etwa lesen, planen, Sport, kreative Mußestunden). Es ist wichtig, sich Zeit für sich selbst zu nehmen und auch für die Familie, Hobbys und Sport – oder sich einfach einmal eine Auszeit oder einen „Gammeltag" zu gönnen.

Planen Sie in Ihrem Tagesablauf „ungestörte Zeiten" ein, in denen die Tür verschlossen, das Telefon aus und das E-Mail-Programm geschlossen ist. So finden Sie Zeit und Gelegenheit, an Ihren wichtigen unternehmerischen Aufgaben zu arbeiten.

Eine optimierte Zeitplanung dient nicht dazu, immer noch mehr zu erledigen, noch mehr Dinge an sich zu reißen und noch tiefer im operativen Geschäft zu versinken. Nutzen Sie die geschaffenen Freiräume für Ihre wichtigen unternehmerischen Aufgaben mit hoher Priorität.

Erarbeiten Sie sich ein persönliches Zeit- und Arbeitskonzept

Zu welcher Tageszeit sind Sie besonders leistungsfähig? Eher am frühen Morgen oder spät am Abend? Wann haben Sie Ihre „tote Zeit"?

Versuchen Sie, dies herauszufinden – auch dabei hilft ein „Zeittagebuch", das Sie über einen längeren Zeitraum führen. Sie werden vermutlich feststellen, dass es Zeiten gibt, in denen Ihnen Dinge leicht von der Hand gehen, und andere Zeiträume, in denen nichts richtig vorangeht. Nutzen Sie dies bei der Planung Ihrer Aufgaben. In den Leistungsphasen können Sie sich um wichtige und große Aufgaben kümmern. Die „Durchhängezeiten" reservieren Sie dann für lästige Alltagsarbeiten oder auch für einen Spaziergang, auf dem Sie Ihre Gedanken ordnen.

Beherzigen Sie das Prinzip der Schriftlichkeit

Zwingen Sie sich zur Schriftlichkeit. Wenn Sie etwas schriftlich formulieren, führt dies zu gedanklicher Klarheit und Präzision. Prozesse, Sachverhalte und Strategien müssen zu Ende gedacht werden – erst dann können Sie sie im Detail und nachvollziehbar aufschreiben.

Hinzu kommt: Etwas Geschriebenes bringt deutlich mehr Verbindlichkeit als ein flüchtiger Gedanke oder ein Vorsatz, der „mal eben so" gefasst wird. Alles, was schriftlich fixiert ist, müssen Sie nicht mehr im Kopf behalten. Dies hilft, auch Klarheit in den Gedanken zu haben und den Kopf frei für Wichtiges zu haben. Und Entscheidungsprozesse lassen sich durch das schriftliche Abwägen von Argumenten und das Sammeln von unterschiedlichsten Lösungswegen konstruktiver gestalten.

Bündeln Sie Aufgaben und schaffen Sie Standards

Die wenigsten von uns müssen wirklich rund um die Uhr erreichbar sein oder ständig ihre E-Mails vor Augen haben. Je nach Branche, Aufgabenfeld und Arbeitsalltag lassen sich kleine Alltagsaufgaben bündeln und in entsprechenden Blocks erledigen. Das können sein:

- E-Mails
- Telefonate
- Gesprächszeiten
- Ablage von Dokumenten und Posteingang
- Rechnungsstellung von kleinen Vorgängen
- Erstellen von Angeboten für Kleinaufträge
- Materialbestellungen auf der Baustelle

Versuchen Sie doch einmal, den Tag im Büro wie folgt zu gliedern:

- Morgens als Erstes nicht die E-Mails checken, sondern ein bis zwei Stunden konzentriertes Arbeiten an einer wichtigen Aufgabe
- Von 9 bis 10 Uhr E-Mails checken, direkt beantworten, terminieren und ablegen
- Von 10 bis 11 Uhr gebündelt Telefonate führen
- Setzen Sie die Liste bezogen auf Ihren Arbeitsalltag fort.

Dinge, die in weniger als drei Minuten erledigt werden können, sollten Sie direkt abarbeiten. Dann sind sie „aus dem Sinn" und belasten weder Sie noch Ihre To-do-Liste oder Ihren Posteingang.

Erstellen Sie für immer wiederkehrende Arbeiten Checklisten, die einen Standard beschreiben. So ist eine gleichbleibende Qualität sichergestellt, und zwar unabhängig davon, wer die Aufgabe ausführt. Es wird weniger vergessen und der Kopf entlastet, weil Wichtiges schriftlich fixiert wurde. Typische Bereiche, in denen Checklisten helfen können, sind:

- Packlisten für den Außendienst oder für das Baustellenpersonal, welches zu einer bestimmten Art von Auftrag oder Termin fährt
- Verkaufsgespräch mit Kunden: Was muss abgefragt werden? Welche Hinweise müssen gegeben werden?
- Ordnungsstandards in Büro, Küche, Werkstatt ...

- Materialbestellungen stehen an: Wo muss der Bestand kontrolliert werden (Kopierpapier, Druckerpatronen, Stifte, Ordner ...)?
- Vorbereitung eines Messeauftrittes: Was muss vorbereitet werden? Was muss mitgenommen werden?

Die Checklisten erstellt nicht der Chef oder eine Führungskraft. Das ist denjenigen Mitarbeitern vorbehalten, die mit der Ausführung dieser Arbeiten betraut sind – sie sind viel näher am Geschehen dran und wissen besser als der Chef, worauf es ankommt.

Führen Sie effektive Besprechungen und Telefonate

Ein beliebter Zeitfresser sind Besprechungen, Meetings und Telefonkonferenzen (Telkos). Hierbei wird nicht nur die Zeit eines Einzelnen strapaziert – es sind gleich mehrere Teilnehmer, manchmal ganze Abteilungen, die lahmgelegt sind. Natürlich ist ein Team auf den Austausch über Projekte und Vorhaben und eine interne Abstimmung angewiesen. Schaffen Sie auch hier Standards, die für alle verbindlich sind, beispielsweise:

- Tagesordnung und zu besprechende Punkte werden konkret festgelegt.
- Die Zeiten für die gesamte Besprechung und für die jeweiligen Tagesordnungspunkte werden festgelegt. Die Zeiten sind fix. Es können auch Redezeiten festgelegt werden, etwa maximal drei Minuten je Diskussionsbeitrag.
- Teilnehmer, die nur für einzelne Tagesordnungspunkte wichtig sind, werden auch nur zur Besprechung ebendieser Punkte eingeladen – und nicht für die gesamte Besprechung.
- Jede Besprechung hat einen Moderator. Dieser behält die Zeiten im Blick und kann die jeweils Vortragenden gegebenenfalls unterbrechen oder anhalten, sich zeitlich einzuschränken.
- Zu aufwendigeren Tagesordnungspunkten gibt es Tischvorlagen, damit sich die Teilnehmer vorbereiten können. Dies reduziert die Sitzungsdauer.
- Die Teilnehmer kommen vorbereitet zur Sitzung. Ergeben sich Fragen, die nach einem Studium der Tischvorlage nicht aufgetreten wären, muss der Moderator eingreifen und unterbrechen.
- Eigentlich selbstverständlich: Die Telefone sind aus. Auch der Vibrationsalarm und das Summen von elektronischen Geräten stören die Konzentration. Nebenbei E-Mails checken ist ebenso tabu. Die Aufmerksamkeit

gebührt dem Redenden, das gebieten allein schon die Höflichkeit und die Wertschätzung.

Diese Art der Sitzungsdurchführung wird wahrscheinlich zunächst für Verwunderung und Unbehagen bei den Teilnehmern sorgen, da sie es bisher nicht gewohnt waren. Die Erfahrung zeigt aber: Nach einigen Anläufen wird sich eine neue und effektive Besprechungskultur einstellen. Ähnliches gilt für Telefonkonferenzen, Telefonate oder Besprechungen zu zweit. Bereiten Sie diese vor, schreiben Sie sich die Eckpunkte auf, die Sie klären möchten, und notieren Sie Ihre Ziele, die Sie in der Besprechung erreichen möchten.

Delegieren Sie – aber richtig

„Bevor ich das Ganze einem Mitarbeiter erklärt habe, habe ich es auch selbst erledigt. Außerdem kann ich das ohnehin am besten ..." – es mag vorkommen, dass eine übertragene Aufgabe nicht zu Ihrer Zufriedenheit ausgeführt wird. Aber liegt es immer an dem Ausführenden? Lagen ihm wirklich alle notwendigen Informationen vor? Haben Sie ihm alle Kompetenzen übertragen, die er benötigte, um die übertragene Aufgabe zu erfüllen? Stand ihm ausreichend Freiraum zur Ausführung zur Verfügung?

Abbildung 9:
Die wichtigsten effektiven
Arbeitstechniken im Überblick

An dieser Stelle hilft oftmals eine Portion Selbstreflexion und Selbstkritik weiter, denn: Delegieren will gelernt sein. Dabei sind die folgenden Punkte zu beachten:

- Klare Aufgabenbeschreibung mit Zielvorgabe: Was soll erreicht werden? Das Ziel ist entscheidend, es geht nicht darum, dem Ausführenden den Weg zu diesem Ziel vorzuschreiben.
- Zuständigkeit und Verantwortlichkeit: Wer ist zuständig?
- Bis wann ist die Aufgabe zu erledigen?
- Wann gibt es ggf. eine Zwischenbetrachtung? Wer ist der Ansprechpartner? Wen kann der Ausführende konsultieren, wenn es Fragen gibt?
- Welche Informationen werden benötigt?

Erwarten Sie nicht, dass ein Mitarbeiter eine Aufgabe genau so ausführt, wie Sie es selbst getan hätten. Das Ergebnis muss passen – der Weg dorthin kann anders ausschauen. Ob ein Ergebnis zu 100 Prozent Ihren Vorstellungen entsprechen muss oder ob – frei nach Pareto – auch 80 Prozent reichen, müssen Sie im Zuge der Delegation entscheiden und festlegen.

Halten Sie Ordnung: Produktiv arbeiten lässt es sich nur in einem Umfeld mit gewissen Ordnungsstandards und einem gemeinsamen und einheitlichen Ablage- und Aufbewahrungssystem.

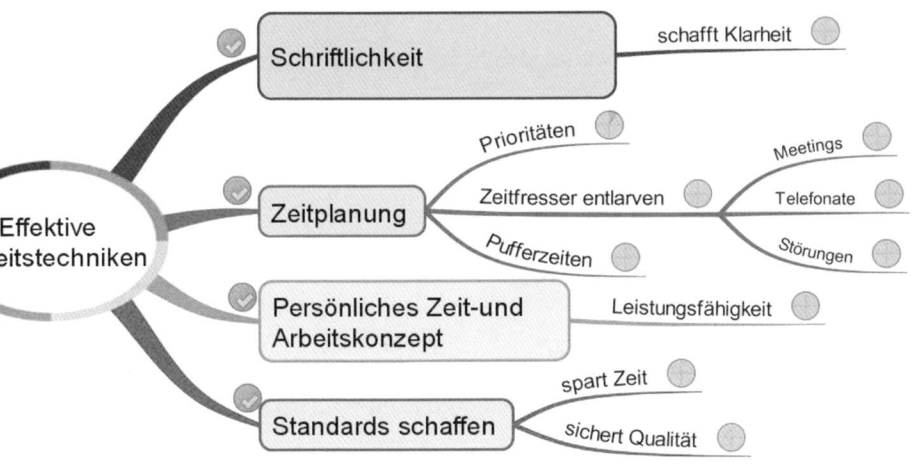

Mit der TEMP-Methode® die unternehmerische Entwicklung planen

Die TEMP-Methode ist über lange Jahre praxiserprobt und hat sich in zahlreichen Unternehmen bewährt. Wir wenden TEMP im eigenen Unternehmen an und haben die Vorgehensweisen und Inhalte im Laufe der Jahre an die eigenen Anforderungen angepasst.

Ursprünglich fand TEMP vor allem Anwendung in größeren Unternehmen (mehr als 50 Mitarbeiter) aus dem Bereich der Industrie. In Kleinunternehmen herrschen andere Rahmenbedingungen, andere Anforderungen und andere Grundlagen für eine Bewertung des eigenen Unternehmens.

Aus unserer Sicht aber ist TEMP ein ideales Werkzeug, um einen Einstieg in die Arbeit am eigenen Unternehmen zu finden.

Im Zuge der Bewertung werden sich Handlungsfelder herauskristallisieren, denen eine höhere Priorität zugeordnet wird als anderen Bereichen. Alle Handlungsfelder bieten Ihnen die Möglichkeit, tiefer in das jeweilige Handlungsfeld einzusteigen. Sie entscheiden, wie Sie TEMP für Ihre unternehmerische Entwicklung einsetzen. Der konkrete Weg dahin ist individuell und abhängig von der eigenen Arbeitsweise, dem Zeitaufwand und der Wichtigkeit, die Sie der eigenen Entwicklung beimessen.

Die TEMP-Methode basiert auf den vier Bewertungstableaus der Bereiche T, E, M und P. Wie gesagt: Sie finden die Tableaus hier im Buch im Anhang. Sie können sie sich aber auch unter www.dieentwickler.biz downloaden und in Farbe ausdrucken.

Jedes Bewertungstableau ist nach dem bekannten Schulnotensystem unterteilt: Die „1" steht für sehr gut, die „6" für ungenügend. In unserem Buch sind die Entwicklungsschritte zu drei Fitnesszonen zusammengefasst, damit Tendenzen deutlicher werden und die Methode anwenderfreundlich aufbereitet werden kann:

Noten 6 und 5 = Fitnesszone III. Diese Fitnesszone erkennen Sie in den
Kapiteln 2 bis 5 und in den Bewertungstableaus an diesem Raster!

Noten 4 und 3 = Fitnesszone II. Diese Fitnesszone erkennen Sie an
diesem Raster!

Noten 2 und 1 = Fitnesszone I. Diese Fitnesszone erkennen Sie an
diesem Raster!

Das heißt also: Wir haben jede Fitnesszone mit einem individuellen Raster
versehen. Auch in den vier Bewertungstableaus finden Sie diese Raster wieder. So lassen sich die drei Fitnesszonen in den Tableaus rasch den im Buch
angesprochenen Fitnesszonen zuordnen.

Das Arbeiten mit den Tableaus und den einzelnen Entwicklungsschritten soll
nicht den Eindruck einer statischen und festgelegten Vorgehensweise erwecken, die für alle Unternehmen gleichermaßen gilt. Oftmals sind die Übergänge zwischen den Entwicklungszonen fließend, in jedem Unternehmen
wird es zu einem höchst individuellen Einsatz der Methode kommen.

Vielleicht sind Sie wie wir begeistert von modernen Unternehmensstrukturen, die ohne Hierarchien auskommen, dem Einbinden der Kunden in
unternehmerische Entscheidungsprozesse, der freien Gehaltswahl und der
Möglichkeit, den eigenen Tätigkeitsbereich und die Arbeitszeiten frei zu gestalten. Bevor jedoch ein Unternehmen diese oder ähnliche Punkte umsetzen kann, bedarf es einer gewissen Reife und einer vorangeschrittenen Entwicklung der Struktur. Unserer Erfahrung nach ist es daher ratsam, den Weg
der soliden Strukturierung und des langsamen Aufbaus dieser offenen Kultur zu gehen.

Zu Beginn dieses Kapitels haben wir gesehen: Unternehmen sind komplexe Organisationen, in denen der Faktor Mensch eine zunehmend bedeutendere Rolle spielt. Es entspricht sicherlich nicht der Realität, dieser Komplexität mithilfe von Checklisten, Prozessbeschreibungen und Standards gerecht zu werden. Diese Instrumente helfen jedoch, Klarheit über das eigene Unternehmen zu gewinnen. Wie Sie dann letztlich Ihre unternehmerische Entwicklung im Detail regeln, ist abhängig von der Branche, der Art und Größe Ihres Unternehmens, der Mitarbeiterstruktur und der Reife Ihrer Organisation.

 Allen zukunftsfähigen Unternehmen gemeinsam ist, dass alle an der Unternehmensentwicklung beteiligten Personen eigenständig (mit-)denken, entscheiden, handeln und Verantwortung übernehmen wollen und können.

Dieser Wille und diese Fähigkeit sind die Voraussetzung dafür, dass Sie die dargestellten Erfolgsfaktoren für Ihre unternehmerische Weiterentwicklung auf eine effektive Art und Weise einsetzen können.

Kapitel 2
Die Erfolgsfaktoren für Ihre unternehmerische Weiterentwicklung – der Teamchef

In Anlehnung an die TEMP-Methode® werden wir in den Kapiteln 2 bis 5 die vier Erfolgsfaktoren Ihres unternehmerischen Wachstums beleuchten. Wir starten mit dem Handlungsfeld „T" – dem Teamchef, also dem Chef und Unternehmer.

Erfolgsfaktor 1:
Der Teamchef und seine Unternehmeraufgaben

In Kleinunternehmen ist mit dem Teamchef oft auch der Inhaber des Unternehmens gemeint. In der Regel wird davon ausgegangen, dass der „Chef" eines Kleinunternehmens auch gleichzeitig der Hauptakteur ist. Im Bereich des Sports würde man sagen, er „schießt die Tore". In einer zukunftsorientierten Unternehmensstruktur ist der Chef aber mehr der „Trainer", der sein Team zusammenstellt, die Ziele vorgibt oder abstimmt und über die Spielstrategie entscheidet.

Nach Stefan Merath („Der Weg zum erfolgreichen Unternehmer") lassen sich die anfallenden Aufgaben in einem Unternehmen in verschiedene Bereiche einteilen:

- F = Aufgaben einer Fachkraft: das operative Geschäft, handwerkliche Ausführung
- M = Aufgaben eines Managers: Organisation und Planung, Terminierung, Schaffen von Systemen und Standards
- U = Aufgaben eines Unternehmers: Arbeit „am" Unternehmen, nicht „im" Unternehmen: strategische Ausrichtung, Zukunftsorientierung, Ziele und Wertebasis eines Unternehmens

Diese Differenzierung ist auch in einem Kleinunternehmen von Bedeutung: Hier kann sich der „Chef" nicht nur den klassischen Unternehmeraufgaben widmen. Er sollte sich aber der Wichtigkeit dieser Arbeit bewusst sein und dafür Freiräume – am besten feste Zeiten – einplanen. So könnte beispielsweise jeder erste Freitag im Monat für unternehmerische Aufgaben reserviert sein: den Arbeitstag entspannt angehen, sich etwas gönnen, die Ausrichtung des Unternehmens überprüfen, Jahres- und Quartalsziele kontrollieren, neue Ideen kreieren, an der Unternehmensvision arbeiten und vieles mehr.

Im Rahmen der Unternehmeraufgaben gilt es, sich zunächst einmal Klarheit über die Bereiche zu verschaffen, die den Erfolgsfaktor „Teamchef" betreffen. Neben der persönlichen Ausrichtung geht es um die Unternehmensstrategie, das Einbinden von Mitarbeitern und das Festlegen von Maßnahmen zur Zielerreichung.

Viele Fragestellungen und Entscheidungen, die in größeren Unternehmen im Rahmen von Strategietagen oder Arbeitskreisen getroffen werden, sind in einem Kleinunternehmen Sache des Chefs. Er prüft fallweise, inwiefern das Einbinden von Mitarbeitern ratsam ist oder der Austausch mit einem externen Berater oder Coach die Arbeit erleichtern kann.

Das „neue" Bild des Chefs hat wenig zu tun mit dem klassischen Bild eines Akteurs, der möglichst viele Aufgaben selbst ausführt. Vielmehr geht es darum, Verantwortung an Mitarbeiter abzugeben, diesen die notwendigen Freiräume und Kompetenzen zu übertragen und eine Kultur des Vertrauens, der Werteorientierung und der Eigenständigkeit vorzuleben und zu ermöglichen. Hierzu bedarf es der geeigneten Mitarbeiter, der entsprechenden Führungswerkzeuge, des gelungenen Auftritts in der Öffentlichkeit und vor allem eines Unternehmers, der offen ist für neue Wege der Unternehmensentwicklung.

Die Aufgaben des Unternehmers beschäftigen sich in erster Linie mit der strategischen Ausrichtung des Unternehmens. Stefan Merath beschreibt in seinem Buch „Der Weg zum erfolgreichen Unternehmer" sieben Unternehmeraufgaben:

1. **Vision und Werte des Unternehmens:** Was ist der Beitrag des Unternehmens für die Gemeinschaft und die Gesellschaft? Nach welchen Grundprinzipien und Spielregeln soll es funktionieren?

2. **Strategie und Positionierung des Unternehmens:** Bei diesen Überlegungen stehen die Kunden im Mittelpunkt, etwa der Kundennutzen, das Erschließen der Zielgruppen, das Finden der geeigneten Zielgruppen, die Kundenbindung.

3. **Externe Energie und Wachstum:** Wie soll das Unternehmen wachsen und was wird dafür benötigt: begeisterte Kunden, motivierte Mitarbeiter, Kapital ...?

4. **Entsorgung von Überflüssigem:** Alles Überflüssige belastet, kostet Geld und bindet Energie. Eine permanente Durchforstung und ein Aussortieren in allen Bereichen helfen: Produkte, Materialien, Prozesse, Kunden, Daten und Informationen, Akten, Mitarbeiter ... Was dauerhaft belastet, wird abgeschafft.

5. **Umsetzung sicherstellen:** Es gilt, Strategien und Visionen umzusetzen. Dazu ist eine Planung auf den verschiedenen zeitlichen Ebenen und eine entsprechende Kontrolle der Pläne und Ziele erforderlich.

6. **Persönlichkeit entwickeln und weiterentwickeln:** Das Unternehmen ist der Spiegel der Unternehmerpersönlichkeit. Soll sich das Unternehmen entwickeln, ist die Voraussetzung dafür eine authentische und wachstumsbereite Unternehmerpersönlichkeit.

7. **Unternehmen für einen potenziellen Nachfolger attraktiv gestalten:** Für wen eigentlich verrichtet der Unternehmer seine tägliche Arbeit? Es braucht hier noch keine konkrete Nachfolgeregelung, aber der Nutzen für den Unternehmensnachfolger muss bei den Planungen und den täglichen Entscheidungen Berücksichtigung finden.

Diese Unternehmeraufgaben stellen eine Auswahl dar; sie können in Abhängigkeit von der Betriebsgröße und der Unternehmensstruktur von den genannten Hauptaufgaben abweichen. Immer aber sind die folgenden sieben Handlungsfelder von Bedeutung.

Handlungsfeld 1:
Sich selbst führen –
Führungspersönlichkeit sein

„Wer sich selbst nicht zu führen versteht, kann auch andere nicht führen."

(ALFRED HERRHAUSEN)

Die Entscheidung, Unternehmer zu werden, ist eine weitreichende. Neben dem eigenen Potenzial und dem Engagement bedarf es des „Ja" des Lebenspartners, der Familie, der eventuell schon vorhandenen Mitarbeiter und des Umfelds – denken Sie nur an die Lieferanten und den Freundeskreis. Und: Der Unternehmer ist nicht derjenige, der täglich die meisten Arbeitsstunden ableisten und den größten Stress haben muss. Vielmehr geht es um die klare Ausrichtung der eigenen und unternehmerischen Aktivitäten und die Ausbalancierung der verschiedenen Lebensbereiche.

Die nachfolgend beschriebenen Fragestellungen und Methodenansätze sollen dabei helfen, dass Sie sich Klarheit darüber verschaffen, wie Ihnen dies gelingt. Die Bearbeitung erfordert Zeit, Ruhe und den nötigen Freiraum. Dies scheint im operativen Alltag vielleicht schwer möglich, die Mühe lohnt sich jedoch. Spätestens wenn die ersten Erfolge eintreten und Entscheidungen aufgrund einer klaren Zielvorstellung leichter getroffen werden können.

Balancieren Sie Ihre Lebensbereiche aus und erstellen Sie Ihre Lebensplanung

Das „Große Ganze" besteht aus mehreren kleinen Bausteinen, die das Gerüst unseres Lebens darstellen. Alle diese Bausteine sind wichtig; es ist wichtig, dass sie miteinander harmonieren. Entscheidend sind die folgenden Lebensbereiche:

- Familie
- Beziehungen und Freunde
- Arbeit (Unternehmen)
- Körperliche Fitness, Gesundheit

- Geist und Spirituelles
- Finanzen
- Gesellschaft (Gemeinde, Kommune, Politik etc.)

Die Gewichtung dieser Bereiche fällt sicher individuell unterschiedlich aus und ist abhängig von der Lebenssituation, dem Alter und den Prioritäten. Ein jeder Bereich sollte aber bei der Lebensplanung berücksichtigt werden, bei der Sie die folgenden Fragen reflektieren sollten:

- „Was will ich am Ende meines Lebens erreicht haben?"
- „Welche Ziele setze ich mir für das kommende Jahr / die nächsten Jahre, die mich meiner Vorstellung von der Zukunft näher bringen?"
- „Wer / Was unterstützt mich auf meinem Weg? Worauf liegen meine Prioritäten? Was ist unwichtig und soll keine weitere Beachtung finden?"

Die Lebensplanung ist weit mehr als eine klassische Zeitplanung. Es geht nicht darum, möglichst viele Termine in kürzester Zeit zu absolvieren. Vielmehr geht es um die „richtigen" Termine und Tätigkeiten. Dabei empfiehlt sich eine Planung in verschiedenen Zeithorizonten:

- Lebensalter/Ruhestand (das „Zielfoto")
- 7-Jahres-Planung: Ein Lebensabschnitt dauert etwa sieben bis zehn Jahre, dann treten neue Aspekte in den Vordergrund und neue Prioritäten entstehen (vgl. Knoblauch; Hüger; Mockler 2009).
- Jahresplanung: Das Jahr ist ein gut planbarer Abschnitt, bei dem konkrete Ziele und Richtungen formuliert werden können.
- Woche: Innerhalb der Wochenplanung sollten die einzelnen Lebensbereiche berücksichtigt werden. Nur so lässt sich Ausgewogenheit herstellen.
- Tag: Neben dem operativen Tagesgeschäft müssen hier Freiräume für Unvorhergesehenes und für die Planung und Strategie Berücksichtigung finden.

Wie weit diese Planung differenziert wird, ob zusätzlich eine Quartalsplanung hilfreich ist oder wie im Detail vorgegangen wird, sollte jeder für sich selbst entscheiden. Sie sollten Ihren eigenen und für Sie besten Weg finden und aus diesen Überlegungen einen Masterplan erstellen – in der Abbildung 10 finden Sie eine entsprechende Vorlage.

Mein Lebensmotto	Motivations-fähigkeiten	Persönliche Stärken	Ideales Umfeld
Mein Zielfoto			
Vision			
Mission			

Persönliche Lebenshüte Hauptaufgaben/ Lebensbereiche	Zielfoto: Was will ich am Ende meines Lebens erreicht haben?	Zielfoto: Was will ich am Ende dieser Periode erreicht haben? Periode von bis	Dieses Jahr Jahr: Alter:

Abbildung 10: Der „Masterplan" als Ergebnis Ihrer Überlegungen (Quelle: XPAND)

Nehmen Sie sich Zeit für Ihre Lebensplanung

Häufig kommt hier ein Einwand wie: „Ich habe ohnehin schon so viele Termine und keine Zeit. Wann soll ich mich denn auch noch mit all diesen Fragen beschäftigen?" Unser Rat: Integrieren Sie die Beschäftigung mit solchen Fragen in Ihren Alltag, legen Sie dafür feste und regelmäßige Termine fest. Eine Wochenplanung, die alle Lebensbereiche berücksichtigt, kann mit etwas Übung in zehn bis 20 Minuten erledigt werden.

Erworbene Kompetenzen	Werte	Wünsche

Nächstes Jahr		Quartale in diesem Jahr			
Jahr:	Alter:	1. Quartal	2. Quartal	3. Quartal	4. Quartal

Um die Lebensplanung und die eigene Ausrichtung im Blick zu haben, haben sich regelmäßige Zeiten ohne Alltagsstress bewährt (Dream-Days, Auszeittage). Das Motto dabei: raus aus dem operativen Alltagsgeschäft und raus aus der gewohnten Umgebung, Zeit und Raum finden für die Arbeit am eigenen Leben. Wie genau und wie häufig dies geschieht, fällt wiederum ganz individuell aus.

Beachten Sie auch hier das Prinzip der Schriftlichkeit. Schriftlichkeit zwingt zu gedanklicher Klarheit und hat gleichzeitig etwas Verbindliches. Notieren Sie die Inhalte und Überlegungen, die Sie anstellen. Es lohnt sich, einen entsprechenden Ordner anzulegen oder ein Notizbuch zu führen.

Vergessen Sie aber auch nicht, sich selbst zu loben. Denn das motiviert. Feiern ist eine tolle Sache und gehört dazu. Also sollten Sie Erfolge und Fortschritte – egal wie groß – gebührend feiern. Das muss kein großes Fest sein. Oft genügt es, dass Sie sich mit etwas belohnen. Oder Ihre Mitarbeiter. Zum Beispiel mit Anerkennung (gerne auch öffentlich) oder einem Familiengutschein fürs Kino. Oft hat es sich bewährt, auch die Erfolge zu notieren. In Zeiten, in denen es dann „nicht so rund läuft", hilft ein Blick in die aufgeschriebenen Erfolge.

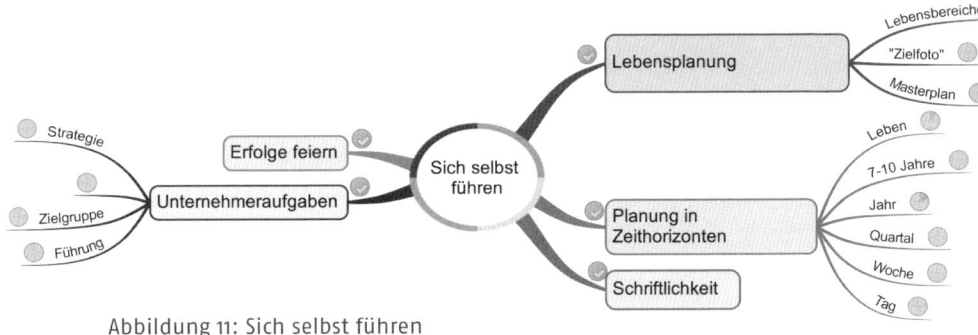

Abbildung 11: Sich selbst führen

Handlungsfeld „Sich selbst führen":
Wie Sie in die Fitnesszone I gelangen

Bevor wir Ihnen zeigen, wie Sie in diesem Handlungsfeld Ihre Fitness verbessern, gestatten Sie uns ein paar allgemeine Anmerkungen zu unserem Fitnessprogramm:

- Im Folgenden lernen Sie bezüglich der vier TEMP-Erfolgsfaktoren je sieben Handlungsfelder kennen.
- Dann zeigen wir Ihnen jeweils, wie Sie sich von einem eher schlechten Zustand (= Fitnesszone III) zunächst in die Fitnesszone II und dann in einen guten Zustand (= Fitnesszone I) bringen.
- Dabei beschreiben wir die einzelnen Zustände und geben Ihnen konkrete To-dos und am Schluss eines jeden Handlungsfeldes Umsetzungstipps, meistens in Form von Umsetzungsfragen, an die Hand.
- Sie haben sich bereits in jedem Handlungsfeld eine Schulnote gegeben und sich einer Fitnesszone zugeordnet. Wenn Sie das bisher noch nicht

gemacht haben, dann sollten Sie dies jetzt tun. Danach können Sie, konkret bezogen auf Ihre Fitnesszone, in der Sie sich nach Ihrer Selbsteinschätzung befinden, unsere Handlungsempfehlungen umsetzen.

FITNESSZONE III

Ich fühle mich persönlich überfordert: Ich bin ausgelaugt, antriebslos, reizbar, soziale Kontakte sind auf ein Minimum beschränkt.
Vieles gelingt, und trotzdem bleibt vieles unerledigt, mit der Begründung: „Keine Zeit".

Das Hamsterrad des Alltags dominiert Ihr Leben. Das bringt die Gefahr mit sich, dass vieles andere zerbricht: Freundschaften, Familie, soziale Kontakte. Der Tagesablauf ist geprägt von einem hohen Einsatz, Zeitdruck und selbst „freie" Zeiten an Abenden und Wochenenden werden für die Arbeit genutzt.

Ihre To-dos:

- Die Einsicht gewinnen: „So geht es nicht!"
- Es bedarf eines grundlegenden Umdenkens. Sie müssen zunächst selbst erkennen, dass „Arbeiten rund um die Uhr" keine Lösung ist und auch andere Lebensbereiche eine hohe Bedeutung haben (Familie, Hobbys, soziale Kontakte).
- Die eigene Organisation und Arbeitstechnik überarbeiten, überdenken und weiterentwickeln.
- Was ist dringend? Was ist wirklich wichtig? Was müssen Sie wirklich unbedingt selbst erledigen, was kann delegiert werden? Welche operativen Arbeiten können zeitsparender und effizienter bewältigt werden (Anrufe, E-Mails, Meetings)?
- Überprüfen Sie Ihre Einstellung: Entscheidend ist das Bewusstsein, dass Dinge planbar sind und wir diese beeinflussen können. Wenn nicht jeder sein eigenes Leben plant – wer soll es dann tun? Der amerikanische Pastor Charles Swindoll hat dazu gesagt: „Ich bin überzeugt, dass mein Leben zu 10 Prozent aus dem besteht, was mit mir geschieht, und zu 90 Prozent aus dem, wie ich

darauf reagiere. Wir können unsere persönliche Einstellung kontrollieren." Das heißt: Wir können nicht kontrollieren, was passiert, aber sehr wohl, wie wir darauf reagieren und welche Konsequenzen das für uns hat.

- Setzen Sie Prioritäten: „Ich habe keine Zeit" ist eine häufige und schnell getroffene Aussage. Zeit haben wir aber alle gleich viel, nämlich 24 Stunden pro Tag. Was in dieser Zeit geschieht, ist eine Frage der Prioritäten, die wir uns setzen. Schaffen Sie Klarheit darüber, was Ihnen wirklich wichtig ist. Für diese Dinge findet sich auch Zeit. Die Dinge, für die sich keine Zeit findet, sind in der eigenen Hierarchie nicht wichtig genug. Treffender als „Ich habe keine Zeit für unseren gemeinsamen Abend" wäre daher die Aussage: „Unser gemeinsamer Abend ist mir nicht wichtig – deshalb bleibe ich im Büro."
- Erkennen Sie Ihre Lebensbereiche: Es ist der erste Schritt, wenn Sie erkennen, dass es unterschiedliche Lebensbereiche gibt. Die große Kunst ist es, diese gleichwertig in der Planung der Woche oder des Monates zu berücksichtigen.
- Nehmen Sie eine Bestandsaufnahme bei sich selbst vor: Welches Potenzial ist da? Es geht darum, dass Sie sich mit Ihrer eigenen Person und Ihren Vorstellungen bezüglich Ihrer Zukunft beschäftigen. Was sind Ihre Stärken? Was treibt Sie an? Was begeistert Sie? Wo fühlen Sie sich wohl?
- Schreiben Sie eine Positivliste: Was läuft gerade gut? Wo sind Sie mit sich zufrieden? Wofür sind Sie dankbar?
- Auch eine Negativliste hilft: Was läuft nicht rund? Was empfinden Sie als unangenehm/schwierig/zäh? Was stört Sie?
- Klären Sie Ihr „Ja" zum Unternehmer: Wollen Sie selbst Unternehmer sein – mit allen Konsequenzen? Entscheidungen treffen, Verantwortung übernehmen, proaktiv sein, Dinge vorantreiben ... Was konkret treibt Sie an?
- Klären Sie, ob Sie die Rückendeckung Ihrer Familie haben.
- Fragen Sie sich: Akzeptieren Ihre Mitarbeiter Sie als Führungskraft und „Chef"? Gewinnen Sie das Vertrauen Ihrer Kunden? Haben Sie Lust auf den Umgang mit Ihren Kunden?

2. Erfolgsfaktor 1: „Der Teamchef"

Meine Rolle im Arbeits- und Privatleben ist geklärt. Ich kann Fragen beantworten wie: „Was kann ich?" „Wohin will ich?"
Die meisten Lebensbereiche sind in guter Balance. Zur Berufung als Führungskraft gibt es ein klares „Ja" von mir selbst, meiner Familie, Freunden, Mitarbeitern und Kunden.

Wenn Sie sich in dieser Zone befinden, gilt: Sie setzen bewusst Prioritäten. Gelegentlich schaffen Sie es, aus dem Arbeitsalltag auszusteigen – es überwiegen aber die Zeiten im operativen Geschäft. Sie sind Ansprechpartner für viele Anliegen Ihrer Mitarbeiter, die wiederum aus deren Alltagsgeschäft entstehen.

Ihnen sind Ihre Stärken und Vorlieben bekannt. Trotz der verantwortungsvollen Aufgabe als Unternehmer kommen die anderen Lebensbereiche nicht zu kurz. Sie schaffen sich regelmäßig Freiräume für die Familie, Freunde und sich selbst. Die Erkenntnis überwiegt, dass es nicht zielführend ist, in einen erfolgreichen Lebensbereich immer weiter zu investieren (oft die Arbeit) und dafür die anderen zu vernachlässigen (Familie, Hobbys, Freizeit).

Ihre To-dos:

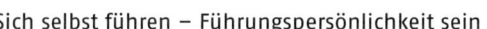

- Prüfen Sie Ihre unterschiedlichen Tätigkeitsbereiche und definieren Sie die Schwerpunkte.
- Was tun Sie alles? Sind alle Ämter, Vereine, Gremien oder ehrenamtlichen Bereiche wirklich wichtig für Sie? Was gibt Ihnen Erfüllung, was ist eher lästig? Entrümpeln Sie Ihren Termin- und Aufgabenplan. Prüfen Sie, was Sie abgeben oder delegieren können. So schaffen Sie Freiräume für sich und Ihre wichtigen Aufgaben.
- Beobachten Sie sich selbst und nehmen Sie sich und Ihr Verhalten wahr.
- Sie erkennen Ihre charakterlichen Eigenschaften und prüfen Ihr Verhalten in Alltagssituationen. Wann haben Sie wie auf eine Situation reagiert? Wie

bewerten Sie dies im Nachhinein? Entspricht es dem, was Sie selbst von sich erwarten?

- Finden Sie heraus, was Ihre Werte und Ihr Antrieb sind.
- Was ist Ihnen wichtig? Was ist für Sie im Umgang mit anderen Menschen und im Alltagsgeschäft wichtig? Was sind Ihre „Spielregeln"?
- Planen Sie konsequent und schriftlich Ihre Lebensbereiche und die jeweiligen Zielvorstellungen.
- Formulieren Sie das, was Sie sich als „großes Ziel" für die einzelnen Lebensbereiche vornehmen.
- Brechen Sie die „großen Ziele" auf greifbare Zeiteinheiten herunter.
- Es geht darum, was Sie in fassbaren Zeiteinheiten tun können, um diese großen Ziele zu erreichen. Was passiert im nächsten Jahr, was in den nächsten zwei bis drei Jahren und was in der nächsten Lebensperiode?

FITNESSZONE I

Lebensziele und Lebensmotto für meine Lebensbereiche sind geklärt und existieren schriftlich. Das meiste gelingt in der Umsetzung. Ich kenne meine eigenen charakterlichen Eigenheiten und entwickle mich weiter. Im Hinblick auf Selbstmanagement, Führungskompetenz und charakterliche Reife habe ich Vorbildfunktion. Auf mein Umfeld wirke ich prägend und inspirierend.

Mithilfe des Prinzips der Schriftlichkeit fixieren Sie Ihre bisher angestellten Überlegungen und schaffen Strukturen. Mit System gehen Sie an Ihre Weiterentwicklung und erkennen mit Leichtigkeit einen Handlungsbedarf. Es bereitet Ihnen Freude, an der eigenen Entwicklung zu arbeiten.

Das eigene Leben, die Lebensbereiche und die Prioritäten zu planen – das braucht Zeit und Freiraum. Diesen verschaffen Sie sich in regelmäßigen Intervallen und können so planen, reflektieren und sich weiterentwickeln (zum Beispiel: Tagesplanung am Vorabend, Wochenplanung am Freitagnachmittag, Jahresplanung, Jahresziele im Dezember, zweimal jährlich eine Auszeit, Dream-Day). Ihre Planung wird von Ihnen stets überprüft und aktualisiert.

Ihre Mitmenschen merken, dass Sie in sich ruhen und ausgeglichen sind. Sie strahlen Gelassenheit und Zufriedenheit aus. Sie selbst zeigen Verständnis für Ihr Gegenüber, helfen gerne, sind aber trotzdem in der Lage, Ihre Ziele und Ihre Vorstellungen zu verfolgen. In Ihrem Verhalten spielt Respekt eine große Rolle. Sie können gut und einfühlsam mit Menschen umgehen, erkennen deren Potenziale und helfen, diese zu entwickeln.

Ihre To-dos:

- Bleiben Sie konsequent und hartnäckig am Ball. Führen Sie sich immer wieder vor Augen, wie wichtig die Zeit für die eigene Orientierung und Lebensplanung ist.
- Reflektieren Sie Ihr Tun und Ihr Verhalten – wo könnte etwas besser laufen? Wo hilft eine Weiterbildung?

Umsetzungsfragen für das Handlungsfeld „Sich selbst führen – Führungspersönlichkeit sein"

1. Was sind Ihre wichtigen Lebensbereiche?
2. Was möchten Sie in diesen Lebensbereichen jeweils erreichen? Versetzen Sie sich in die Lage, an Ihrem 90. Geburtstag zufrieden an einem schönen Ort zu sitzen. Welche Menschen waren Ihnen auf Ihrem Weg wichtig? Welche Erlebnisse? Was macht Sie zufrieden, wenn Sie an Ihr Leben zurückdenken?
3. Was können Sie in diesem Jahr, in diesem Monat und ganz konkret heute tun, damit Sie dieser Wunschvorstellung näher kommen können?
4. Reservieren Sie bewusst Zeiten für sich, in denen Sie über Ihre Lebensplanung und Ihr privates und unternehmerisches Handeln nachdenken.

Handlungsfeld 2:
Werte und Leitbild entwickeln und leben

„Wer den Hafen nicht kennt, in den er segeln will,
für den ist kein Wind der richtige."

(SENECA)

Werte, Vision, Leitbild, Motto – diese Begriffe werden oft als „schwammig" empfunden. Ob die Beschäftigung damit wirklich für ein kleines Unternehmen notwendig ist? Wenn ja, woher soll das Ganze denn kommen?

Wir sagen: Dieses Handlungsfeld ist ein elementarer Bestandteil einer jeden Unternehmensstrategie. Die Werte und das Leitbild stellen das Fundament dar, auf dem das ganze Unternehmen ruht, weil Sie sich hier mit Fragen beschäftigen wie:

- Was ist uns wichtig?
- Wie stellen wir uns unser Unternehmen in der Zukunft vor?
- Welches Bild haben wir (Unternehmer, Inhaber, Führungskräfte, Mitarbeiter) von unserer Firma?
- Was wollen wir in Zukunft tun – und was nicht?

Jeder Mensch hat innere Bilder, die ihm mehr oder weniger bewusst sind. Die inneren Bilder aller Beteiligten müssen miteinander abgeglichen werden, um eine gemeinsame Marschrichtung mit gemeinsamen Spielregeln entwickeln zu können.

Die Arbeit an Leitbildern und Werten ist eine anstrengende, da es sich um einen dynamischen Prozess handelt, der niemals fertig ist. An regelmäßigen (zum Beispiel jährlichen) Planungstagen sind die Werte, das Leitbild und die Vision immer wieder zu überprüfen. Getroffene Entscheidungen und stattfindende Entwicklungen müssen kritisch auf ihre Konformität mit dem Leitbild überprüft werden.

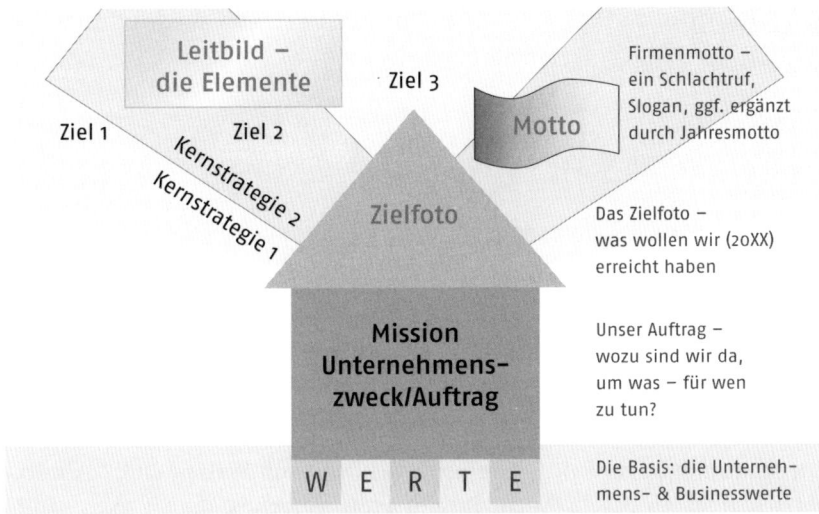

Abbildung 12: Ihre Werte und Ihr Leitbild als „Haus" (Quelle: XPAND)

Gerade in kleinen Unternehmen und bei Existenzgründern haben die Werte des Unternehmens sehr viel mit den Werten, der Haltung und der Einstellung der Unternehmerpersönlichkeit zu tun. Das Unternehmen ist also stark von dieser Persönlichkeit geprägt. Es ist daher wichtig, dass Sie Klarheit über die eigenen Wertvorstellungen und den eigenen Antrieb gewinnen.

Es stellt sich zudem eine grundsätzliche Frage: Was nutzt es genau, Klarheit über die Spielregeln und Werte in einem Unternehmen zu haben? Nun: Ein Großteil (mehr als 80 Prozent) der Motivation eines Menschen kommt daher, dass er einen Sinn in seinen Tätigkeiten sieht. Mitarbeiter, die sich mit den Unternehmenswerten identifizieren können, sehen einen Sinn und eine wertvolle Aufgabe in ihrer täglichen Arbeit.

Das Leitbild und die niedergeschriebenen Spielregeln bieten dem Unternehmer Halt bei den täglichen Herausforderungen und anstehenden Entscheidungen. Ein Unternehmen kann auf aktuelle und schnelle Entwicklungen und Herausforderungen flexibel reagieren, wenn das Fundament und die Basis stabil sind.

FITNESSZONE III

Über Aspekte wie Zielfoto, Mission, Werte und Leitbild haben wir noch nie nachgedacht. Das operative Geschäft dominiert.
Wichtige zukünftige Entwicklungen (etwa Zielgruppenbedürfnisse, Innovationen, Geschäftsfelder) werden direkt und ohne weitere Planung ins Tagesgeschäft einbezogen.

Vor lauter Alltagsgeschäft bleibt keine Zeit, sich mit Werten und Zukunftsvorstellungen zu beschäftigen. Es gibt aktuelle Trends, die Sie zwar wahrnehmen, aber nicht in Bezug zu Ihrem Unternehmen bringen (Neue Medien, E-Commerce, demografische Entwicklung, heutige Kundenerwartungen). Immer wieder mal übernehmen Sie Neuerungen oder passen sich einem Trend an, ohne jedoch zu prüfen, ob dies zu Ihrem Unternehmen passt. Es entstehen dadurch Unruhe und eine „Stop-and-Go-Politik".

Ihre To-dos:

▨ Beobachten Sie Trends und Entwicklungen. Was geschieht in der Gesellschaft? Welche Anforderungen stellen Ihre Kunden an Ihr Unternehmen? Wie können Sie darauf reagieren?
▨ Träumen Sie: Stellen Sie sich Ihr Unternehmen in der Zukunft vor. Was tun Sie und Ihre Mitarbeiter in fünf oder zehn Jahren? Was haben Ihre Kunden davon, dass es Sie gibt? Sie können nicht jeden Schritt planen und vorhersehen, Sie können aber die Richtung selbst bestimmen. Wenn nicht Sie, wer dann?
▨ Denken Sie über Ihre persönlichen Werte nach. Welche „Spielregeln" sollen in Ihrem Unternehmen für das Zusammenarbeiten, für den Umgang mit Ihren Kunden und Lieferanten oder für das tägliche Geschäft gelten?

FITNESSZONE II

Ich habe ein Bild von der Zukunft meines Unternehmens.
Es gibt ein schriftliches Unternehmensleitbild, das die Grundlage für das
Planen und Handeln im Alltag darstellt. Werte und Spielregeln sind notiert
und bekannt.

In dieser Fitnesszone haben Sie eine Vorstellung, wohin sich Ihr Unternehmen entwickeln soll und was die Handlungsgrundlage für Entscheidungen im Alltag darstellt. Das Ganze ist schriftlich zusammengefasst in Ihrem Leitbild, welches durch Sie entworfen wurde. Mit zunehmender Unternehmensgröße wird das Leitbild in Zusammenarbeit mit den Mitarbeitern bzw. Führungskräften erarbeitet. Ihre Mitarbeiter kennen Ihre Vorstellungen und können sich zu großen Teilen damit identifizieren.

Ihre To-dos:

■ Binden Sie alle Mitarbeiter ein. Jeder hat innere Bilder und damit eine Vorstellung von der Zukunft.

■ Gleichen Sie Ihre inneren Bilder mit denen Ihrer Mitarbeiter ab. Möglichst große Schnittmengen schaffen ein Gefühl der Zusammengehörigkeit und stiften Sinn in der Arbeit.

■ Entwickeln Sie das Leitbild mit den Mitarbeitern gemeinsam weiter. Träumen Sie gemeinsam und tauschen Sie sich aus. Formulieren Sie ein „Zielfoto" für die Zukunft, welches motivierend und herausfordernd ist.

Beispiele für Visionen oder Zielfotoformulierungen sind:

■ „Wir sind die Spezialisten für Schädlinge und Krankheiten hochwertiger Rasenflächen. Durch ständige Weiterbildung, Forschung und Positionierung festigen wir unseren Ruf als ‚Kompetenzzentrum'."

■ „In unserer Region sind wir Marktführer, wenn es um das Thema „Oldtimersanierung und –handel" geht. Alte Fahrzeuge der Marke XY sind unsere Leidenschaft."

Ihr Leitbild und die Zukunftsvorstellungen sind harmonisiert. Es gibt große Schnittmengen zwischen den Vorstellungen des Unternehmers und der Mitarbeiter, somit können die Werte und Spielregeln im Alltag konsequent gelebt werden.

Anstehende Entscheidungen und Fragestellungen werden vor dem Hintergrund der gemeinsamen Basis getroffen und bearbeitet. Alle arbeiten an dem Unternehmen mit, es herrscht ein hoher Teamgeist und eine große Lust am Lernen und an der Weiterentwicklung.

Ihre To-dos:

- Behalten Sie die Punkte bei, die sich in Ihrem Unternehmen als wichtig und zielführend herausgestellt haben.
- Arbeiten Sie immer wieder selbst und mit Ihren Mitarbeitern an dem Leitbild und nehmen Sie sich bewusst Zeit dafür: Sind die Inhalte Ihres Leitbildes heute noch aktuell und passend? Wird das, was im Leitbild steht, auch im Alltag gelebt? Gibt es hier Anpassungsbedarf?
- Prüfen Sie, ob die Inhalte Ihres Leitbildes wirklich gelebt werden oder ob diese nur auf Papier verewigt sind.

1. Welches sind Ihre persönlichen Werte? Was treibt Sie an, Ihr Unternehmen zu führen und zu entwickeln?
2. Wofür steht Ihr Unternehmen? Was haben Ihre Kunden von Ihnen und Ihrem Produkt / Ihrer Dienstleistung?
3. Wo steht Ihr Unternehmen in fünf oder zehn Jahren?
4. Was sind Ihre ersten Schritte auf dem Weg zu einem eigenen Leitbild?
5. Wie können Sie Ihre Vorstellungen und die Vorstellungen Ihrer Mitarbeiter vereinen?
6. Welche Mitarbeiter werden Sie in diese Überlegungen einbinden?

Handlungsfeld 3:
Strategisch planen

„Strategie ist eine in sich stimmige Anordnung von Aktivitäten,
die ein Unternehmen von seinen Konkurrenten unterscheidet."

(MICHAEL E. PORTER)

Was ist der häufigste Anlass, um über einen Strategiewechsel oder eine Strategieplanung nachzudenken? Richtig: eine Krise oder ein drohender Crash. Diese Notsituation zwingt den Unternehmer zu schnellen Veränderungen, die zwangsweise von allen Mitarbeitern getragen werden müssen. Ansonsten droht der Untergang.

Viel entspannter und zielführender ist es, sich mit der Strategie und dem Weg zu beschäftigen, wenn der Schmerz nicht so groß ist. In Zeiten, in denen die Rahmenbedingungen „gut" sind, lässt es sich sehr viel leichter und offener über die Unternehmensentwicklung nachdenken.

Unweigerlich wird der Begriff „Strategie" mit Zielen in Verbindung gebracht. Einfach ausgedrückt: Die Strategie ist die Formulierung einer Wunschvorstellung des Unternehmers (oder auch der Mitarbeiter), die über eine Reihe von Teilschritten erreicht wird. Diese Schritte bringen das Unternehmen als Ganzes dem Wunschziel („Zielfoto") näher.

Natürlich nützt die beste Strategie nichts, wenn es keine klar definierten Ziele zu erreichen gibt. Durch die schrittweise Umsetzung dieser Ziele schreitet die Unternehmensentwicklung voran. Dazu bedarf es einer regelmäßigen Kontrolle und einer konsequenten Umsetzung. Der häufigste Grund für die Irrwege eines Unternehmens ist die fehlende Konsequenz in der Umsetzung der Strategie. Sie verschwindet oft hinter dem schweren Vorhang des Alltagsgeschäfts.

Für Kleinunternehmen sind Strategieplanungen häufig Neuland. Sie werden im Gegensatz zu mittelständischen und großen Unternehmen in Kleinunternehmen selten durchgeführt. Gründe sind die Dominanz des Alltags und wenig praxisnahe Anleitungen. Dazu kommt, dass in kleinen Unternehmen und bei Existenzgründungen Unternehmer und Betriebsführung oft identisch sind. Das Zukunftsbild des Unternehmens ist also unweigerlich mit den Zukunftsvorstellungen des Unternehmers verknüpft.

Das Resultat ist, dass Zielbildungsprozesse in Kleinunternehmen weitgehend unbekannt sind und Entscheidungen aus dem Bauch heraus getroffen werden. Natürlich ist es für ein kleines Unternehmen, besonders in Nischenbereichen, eine schwierige Aufgabe, selbst systematisch Marktanalysen zu erstellen und sich mit den gebräuchlichsten Steuerungsmechanismen auseinanderzusetzen. Doch langsam setzt sich auch hier die Erkenntnis durch, dass mit einer geordneten und wohldurchdachten Strategie das unternehmerische Leben zielorientierter und erfolgreicher gestaltet werden kann.

Wie sieht ein Strategieprozess aus?

Ein Strategieprozess ist die Ausrichtung des Unternehmens anhand eines klar definierten Zeithorizonts. Im betriebswirtschaftlichen Sinne planen Sie bei kurzfristigen Entscheidungen bis zu einem Jahr, bei mittelfristigen Entscheidungen eine Zeitspanne bis zu drei Jahren und bei langfristigen Entscheidungen bis zu maximal zehn Jahren ein. Verzichten Sie bei Ihrer Strategieplanung auf längere Zeithorizonte. Je weiter in der Zukunft ein Ziel liegt, desto weniger können Sie die Entwicklungen, Märkte und andere Faktoren erkennen oder gar beeinflussen. Je kürzer und genauer die Zeit- und Zielformulierungen sind, desto besser können Sie die Einflüsse erfassen und eventuell kontrollieren. Einzige Ausnahme: Ihre Vision – sie liegt sehr viel weiter in der Zukunft.

Für eine erfolgreiche Strategiearbeit kommen Sie um die schriftliche Formulierung Ihrer Vision und Ihrer Mission, also Ihres Leitbildes, nicht herum. Dabei sollte Ihnen klar sein, dass eine Vision unter Umständen in der Realität nur schwer oder nur langfristig zu erreichen ist. Die Vision ist die Idealvorstellung Ihres Unternehmens in der Zukunft. Oder Sie stellen sich vor, wie Sie es einmal an Ihren Nachfolger oder Ihre Nachfolger übergeben möchten.

In der Vision, im besten Fall zu Beginn einer Unternehmensgründung entworfen, halten Sie die Gründe und Ziele fest, für die Sie jeden Tag unternehmerische Verantwortung übernehmen: wofür Sie Geld, Zeit und Energie aufwenden, wofür es sich lohnt zu kämpfen und wo Sie in einem definierten Zeitraum mit Ihrem Unternehmen oder Ihrer Abteilung stehen möchten.

Die Vision bestimmt Ihre Richtung. Die Mission dagegen beschreibt den Sinn Ihres Unternehmens und muss so einfach formuliert sein, dass selbst ein zwölfjähriges Kind den Zweck Ihres Unternehmens versteht. Ein Strategieprozess bedeutet, die Ziele des Unternehmens klar zu formulieren (schriftlich!) und konsequent das Erreichen dieser Ziele zu verfolgen. Dazu müssen Sie natürlich erst einmal Ihr eigenes Unternehmen und die Unternehmensumwelt einer genauen Betrachtung und Analyse unterziehen.

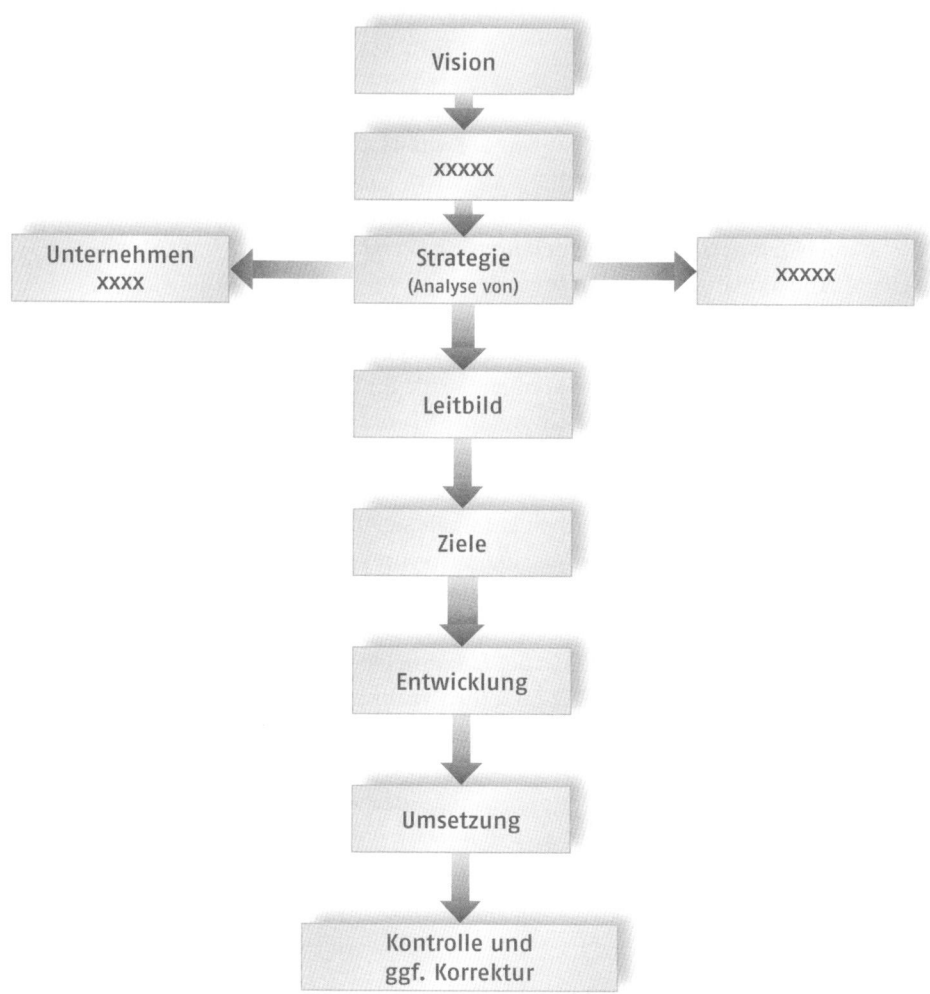

Abbildung 13: Strategieprozess im Überblick

Sobald Sie mit einem Strategieprozess starten, müssen Sie sich mit Faktoren auseinandersetzen, die Ihre Unternehmensstrategie beeinflussen werden. Wir unterscheiden dabei innere und äußere Faktoren. Mit den inneren Faktoren im Unternehmen beschäftigen sich Fragen wie etwa:

- Wie und mit wem produzieren wir? (Arbeitsorganisation)
- Welche internen Ressourcen haben wir? (Liquidität, Personal)
- Wie setzen wir diese Ressourcen optimal ein (Produktivität)?
- Wie sieht unsere aktuelle und zukünftige Personalpolitik aus (Demografie im Unternehmen)?
- Gibt es eine kontinuierliche Innovationsfähigkeit?
- Wie bleiben wir stets handlungsfähig?
- Wo liegen unsere Stärken? Was können wir besser als andere?
- Wie erkennen wir unsere Stärken und Schwächen? (Hinweis: Arbeiten Sie mehr an Ihren Stärken und weniger an den Schwächen.)
- Welche Kernkompetenzen hat unser Unternehmen?
- Wohin wollen wir? (Ziele des Unternehmens)
- Arbeiten wir nachhaltig?

Mit Faktoren, die von außen wirken, beschäftigen sich Fragen wie zum Beispiel:
- Was produziert der Wettbewerb und wie?
- Wie entwickeln sich unsere Zielgruppe und deren Bedürfnisse?
- Wie entwickelt sich unser Markt mittel- und langfristig?
- Was sind die Trends?
- Was bieten wir welcher Zielgruppe an?

Denken Sie bei der Erstellung Ihres Strategiepapiers oder der Durchführung Ihrer Strategietage immer daran: Die Strategie hängt direkt von den inneren und äußeren Faktoren ab. Diese können sich im Laufe des Unternehmenslebens oder des Produktzyklus ändern.

Die Strategieentwicklung ist also kein starrer Prozess. Sie unterliegt Veränderungen und erfordert die Rückkopplung zwischen allen Beteiligten, eine gesunde Portion Intuition und die regelmäßige Kontrolle durch die Führungskraft oder den Unternehmer. Ihre heutigen Entscheidungen beeinflussen die Zukunft und verändern sie. Je genauer Sie die Entwicklungen abschätzen können, desto höher ist die Erfolgsquote für Ihre Strategie.

So entsteht ein dynamischer Veränderungsprozess (siehe Abbildung 14), der im Prinzip nie abgeschlossen ist.

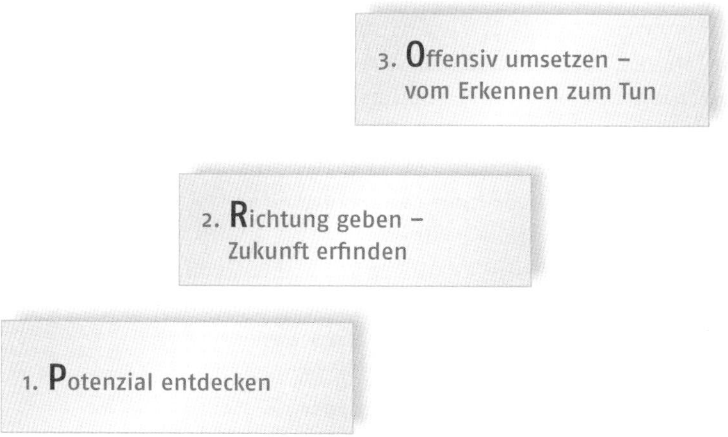

3. **O**ffensiv umsetzen –
vom Erkennen zum Tun

2. **R**ichtung geben –
Zukunft erfinden

1. **P**otenzial entdecken

Abbildung 14: Der PRO-Strategieprozess

Handlungsfeld „Strategisch planen": Wie Sie in die Fitnesszone I gelangen

FITNESSZONE III

Das Tagesgeschäft dominiert den Tagesablauf. Die Zeit für strategische Planung fehlt und das kurzfristige Handeln verhindert eine langfristige Planung. Statt konkreter Ziele haben Sie nur gut gemeinte Absichten.

„Gefangen im System", so könnte Ihre Situation beschrieben werden. Sie haben so viel zu tun, dass nur noch Zeit für die Arbeit im und keine mehr für die Arbeit am Unternehmen bleibt. Als Unternehmer arbeiten Sie oft selbst mit und schaffen gerade mal so den Spagat zwischen der Arbeit, der Familie und den anderen Lebensbereichen. Alle im Unternehmen sind froh, dass es eingefahrene Abläufe gibt. Sie sorgen wenigstens für ein wenig Struktur im Unternehmen.

Jeder im Unternehmen ist sich bewusst: „Es mangelt an Struktur und Strategie. Nur wie kommen wir da raus?" Obwohl sich die Führungskräfte und Unternehmer regelmäßig vornehmen, gemeinsam mit den Mitarbeitern an Prozessen und Strategien zu arbeiten, bleibt es bei diesem hehren Vorsatz. Am Ende des Tages gewinnen das Tagesgeschäft und die Bequemlichkeit doch wieder die Oberhand. Morgen gibt es einen neuen Versuch ...

Ihre To-dos:

▦ Raus aus der Komfortzone. Das erfordert Mut und Konsequenz. Bringen Sie Ordnung ins Chaos und beginnen Sie mit dem Aufräumen. Räumen Sie Ihren Schreibtisch auf und organisieren Sie ein Ablagesystem.

▦ Fangen Sie an, Prioritäten zu setzen: Welche Arbeiten sind wichtig (bringen Sie dem Ziel näher), welche sind dringend, und welche sind so, dass Sie sie delegieren können? Müssen Sie sie überhaupt bearbeiten? Haben sie sich schon von selbst erledigt oder kostet Sie die Bearbeitung nur Zeit und bringt Sie Ihrem Ziel nicht näher? Legen Sie sich eine Prioritätenliste an, in der Sie Ihre Aufgaben mit einem Zeithorizont versehen. Hilfreiche Tipps zum Setzen von Prioritäten haben wir Ihnen im ersten Kapitel an die Hand gegeben. Schauen Sie dort noch einmal nach und suchen Sie sich die für Sie angenehmste Methode heraus. Der Weg in die Fitnesszone II führt über ein Minimum an Zeitmanagement und Strategieplanung.

▦ Ihre Ziele sollten ab jetzt klar definiert und in einem definierten Zeitfenster erledigt werden. Schreiben Sie sich Ihre Ziele und Aufgaben in den Terminkalender oder legen Sie in Outlook einen entsprechenden Termin- oder Aufgabenplan an. Denken Sie daran: Wenn Sie bisher noch nie so gearbeitet haben, erfordert dieser Schritt viel Konsequenz. Doch es lohnt sich.

▦ Formulieren Sie Ihre Ziele so, dass sie messbar und in dem zugeordneten Zeitfenster auch realisierbar sind.

> Ziele sind wichtig. Wir haben sie als maßgeblich für die Entwicklung und als Grundlage der Unternehmensstrategie erkannt und können mit diesem Wissen auch Prioritäten setzen. Auf der Grundlage dieser Kenntnisse existiert eine mittelfristige Planung zur Entwicklung unseres Unternehmens (drei Jahre).

Sie sind sich über Ihre unternehmerischen Hauptaufgaben klar und haben eine Reihe von Arbeiten an Mitarbeiter oder Führungskräfte delegiert. Sie haben sich mit dem Thema „Ziele setzen" beschäftigt und arbeiten mit einem Prioritätenmodell (etwa der Eisenhower-Methode). Es gibt eine Strategie für Ihr Unternehmen und diese ist auch visualisiert. Das ist wichtig, damit Ihre Mitarbeiter, Familie, Banken etc. auch wissen, wohin die Unternehmensreise geht. Sie nehmen sich bewusst zu gewissen Zeiten aus dem Alltagsgeschäft zur Strategieplanung heraus und haben verstanden, dass mittelfristige Planungen bei der Entwicklung Ihres Unternehmens eine große Rolle spielen.

Auch das Thema „Vision, Mission und Leitbild" spielt mittlerweile, zumindest gedanklich, eine Rolle bei Ihnen. Allerdings macht Ihnen die aktuelle Marktentwicklung, auf die Sie doch reagieren müssen, einen Strich durch die Rechnung. Ihr Weg und Ihr Unternehmensziel verschwinden immer mal wieder aus Ihrem Blickfeld.

Ihre To-dos:

▨ Es gibt verschiedene Wege zur Strategieplanung. Verwenden Sie am besten bewährte Methoden, wie etwa die diesem Buch zugrunde liegende TEMP-Methode. Mithilfe von Fragebögen und Checklisten, die Sie selbst gut an Ihre eigenen Bedürfnisse anpassen können, fällt die Strategieentwicklung sehr viel leichter. Wichtig ist, dass Sie sich die Zeit dafür nehmen.
▨ Reservieren Sie feste und regelmäßige Zeiten. Legen Sie in Ihrem Terminkalender konkrete Termine mit sich selbst, mit einem guten Freund, Berater,

Familienangehörigen oder Ihren Führungskräften fest. Lassen Sie Ihre Strategie auch durch eine dritte Person überprüfen. Das ist besonders hilfreich, um den blinden Fleck zu finden und zu überwinden.

- Zeichnen Sie Ihr Unternehmensleitbild. Verwenden Sie dazu ein Foto, eine Handskizze oder Ähnliches. Ein Sprichwort sagt: „Nur was du zeichnen kannst, kannst du auch erreichen." Sie müssen dazu kein Künstler sein.
- Damit Sie dem Leitbild näher kommen, stellen Sie sich regelmäßig (am besten halbjährlich) die folgenden W-Fragen:
  - Wie kommen wir / komme ich unserem / meinem Leitbild näher?
  - Was sind die nächsten Schritte?
  - Welche Hindernisse können auftreten?
  - Wovon und eventuell von wem müssen wir uns auf dem Weg zum Ziel verabschieden?
  - Welche Ressourcen benötigen wir?
  - Werden unsere Kunden mittelfristig noch dieselben sein und wie verändern sie sich in diesem Zeitraum? Wie verändern sich ihre Bedürfnisse?

FITNESSZONE |

Eine langfristige Planung existiert (fünf Jahre). Gut durchdachte Planungsszenarien ermöglichen uns eine souveräne Reaktion auf „überraschende" Ereignisse, und wir erreichen unsere Ziele.
Wir beobachten den Markt und unser betriebliches Umfeld und beziehen diese Entwicklungen systematisch in unsere Planungen ein.

Die Strategieplanung ist fest in Ihrem Unternehmen etabliert. Sie haben konkrete Etappenziele auf dem Weg hin zu Ihrer Vision und Ihrem Unternehmensleitbild formuliert und justieren im Bedarfsfalle konsequent und schnell nach. Sie behalten den Markt, Ihre Mitbewerber und Ihre Kunden im Blick und überprüfen regelmäßig, wie sich die Marktentwicklungen im besten und im schlechtesten Falle auf Ihr Unternehmen auswirken. Sie haben sozusagen das Ohr am Puls Ihres Marktes. Ihr Ziel: An uns kommt keiner unserer Kunden vorbei, wir kennen seine Wünsche, bevor er sie selbst kennt. Wir kennen unser Unternehmen bis ins kleinste Detail.

Ihre Strategie hat sich von einem mittelfristigen auf einen langfristigen Horizont ausgedehnt, alle im Unternehmen wissen genau, wo das Unternehmen in Zukunft stehen möchte.

Ihre To-dos:

▪ Kennen Sie Ihr Unternehmen wirklich? Oft kennt der Unternehmer nur Teilbereiche wirklich gut, besonders wenn er selbst mitarbeitet. Wichtig sind Kennzahlen für die objektive Beurteilung Ihres Unternehmens, auch im Vergleich zu Wettbewerbern. In manchen Branchen ist es relativ leicht, an Kennzahlen für Betriebsvergleiche zu kommen. Industrie- und Handelskammern, Handwerkskammern oder Berufsverbände führen regelmäßig Umfragen in den Betrieben durch, um aktuelle Kennzahlen zu erhalten.
▪ Kommunizieren Sie die Entwicklungen und Überlegungen auch Ihren Mitarbeitern. Sie wissen oft am besten, wo die Gründe für Veränderungen liegen und welche Maßnahmen zu Verbesserungen führen.

Damit sind Sie auch auf dem Weg vom reagierenden zum agierenden Unternehmen. Sie agieren, wenn Sie für Ihre Kunden individuelle und unverwechselbare Dienstleistungen und Produkte erstellen. Verlieren Sie dabei nie Ihre Vision und Ihr Ziel aus den Augen. Wenn Sie reagieren müssen, weil Sie zum Beispiel eine Entwicklung übersehen haben, tun Sie das schnell und mit der nötigen Konsequenz.

Umsetzungshinweise für das Handlungsfeld „Strategisch planen"

1. Starten Sie Ihr Strategieprojekt in Gedanken – und dann mit einer Visualisierung (Malen, Zeichnen, Foto, PowerPoint, Prototyp – egal was, Hauptsache, es lässt sich anfassen oder sehen)!
2. Arbeiten Sie Ihre Strategie mehrfach zum Beispiel mit einer Checkliste durch. Starten Sie erst danach mit der Umsetzung in die Realität.
3. Kontrollieren Sie regelmäßig die Umsetzungsprozesse und die Einflüsse der inneren und äußeren Faktoren? Sie benötigen laufend und zeit-

nah alle relevanten Informationen, damit Ihre Strategie nicht zu einem
Blindflug wird.
4. Lassen Sie auch Ihre Familie und Ihre Mitarbeiter an Etappenzielen und
an Endzielen teilhaben? Hören Sie dabei auf zwischen den Zeilen ver-
borgene konstruktive Kritik und Vorschläge.

Handlungsfeld 4:
Mitarbeiter auswählen

*„Wenn du ein Schiff bauen willst, dann rufe nicht die Menschen
zusammen, um Holz zu sammeln, Aufgaben zu verteilen und die
Arbeit einzuteilen, sondern lehre sie die Sehnsucht nach dem großen,
weiten Meer."*

(ANTOINE DE SAINT-EXUPÉRY)

Früher war alles besser. Zumindest, wenn man es aus der Sicht eines Unternehmers betrachtet, der nach preiswerten Arbeitskräften sucht. Früher gab
es tatsächlich genügend Auswahl an kompetenten Bewerbern für einen Arbeitsplatz. Das hat sich geändert. Nachwuchs- und Fachkräfte werden in zu-
nehmendem Maße von Unternehmen umworben, es besteht ein Wettbewerb
um die Fachleute von heute und morgen. Kleinunternehmen haben es in diesem Wettkampf deutlich schwerer als Mittelständler oder Großbetriebe, die
mit Karriere- und Verdienstmöglichkeiten um potenzielle Mitarbeiter werben. Das ist eine dramatische Entwicklung, denn der Erfolg von Kleinunternehmen ist in besonderem Maße von kompetenten Mitarbeitern abhängig.
Die Unternehmensstrategie wird also zunehmend vor dem Hintergrund eines
Personalmangels ausgerichtet sein müssen.

Damit diese Mitarbeiter auch den Weg in Ihr Unternehmen finden, müssen
Sie sich über folgende Dinge klar sein:
- Welche Eigenschaften und Fähigkeiten müssen Ihre Mitarbeiter haben?
- Was ist für Sie ein „guter" Mitarbeiter?
- Wo finden Sie diese Mitarbeiter?

- Welche Vorteile können Sie ihnen im Wettbewerb zu größeren Unternehmen bieten?
- Wie viele Bewerber entscheiden sich möglicherweise für Ihr Unternehmen?
- Wie wählen Sie die Richtigen aus?
- Wie binden Sie die Mitarbeiter an Ihr Unternehmen?

Die Herausforderungen durch den Fachkräftemangel beschränken sich für Kleinunternehmen nicht allein auf den Wettbewerb zu größeren Unternehmen. Bei ihnen spielt die Altersstruktur der Mitarbeiter eine große Rolle. Statistiken zeigen, dass kleine Unternehmen eine signifikant geringere Fluktuation von Arbeitskräften haben als Großunternehmen. Diese auf den ersten Blick vorteilhaft anmutende Situation hat einen großen Nachteil: Kleinunternehmen sind es nicht gewohnt, auf Mitarbeiterfang zu gehen. Es gibt keine wirklich erprobten Mechanismen und Werkzeuge, mit denen erfolgreich nach neuen Mitarbeitern gesucht wird. Es fehlt die Routine.

Chancen nutzen und Herausforderungen bewältigen

Eine weitere Herausforderung bilden die Branchen, in denen Kleinunternehmen arbeiten. Meistens sind es Handwerks-, Produktions- oder Dienstleistungsunternehmen, die für die Schulabgänger weniger attraktiv sind als zum Beispiel ein Studium oder kaufmännische Betriebe. Im Vergleich zu Banken und Versicherungen verdienen Auszubildende in Kleinunternehmen weniger und haben gleichzeitig eine höhere Arbeitsbelastung. Für Abgänger mit Hochschulabschluss sind sie keine attraktive Wahl. Erschwerend kommt hinzu, dass sich die Mitarbeiter in Kleinunternehmen meistens nicht organisieren und es daher keine Betriebsräte oder andere Formen der Arbeitnehmervertretung gibt. Die Folge sind geringe Ausbildungsquoten und weniger Nachwuchs.

Allerdings sind die Anforderungen der Unternehmen an ihre zukünftigen Mitarbeiter deutlich gestiegen. Ein Berufsabschluss reicht heute nicht mehr, um einen Job zu finden. Unternehmen fordern mehr als Fachwissen, das sich später im Unternehmen viel besser und individueller vermitteln lässt. Gefragt sind wertvolle Eigenschaften wie Teamfähigkeit, Sozialkompetenz, der Wille zum lebenslangen Lernen, das Übernehmen von Verantwortung und die Fähigkeit, sich einer sich ständig verändernden Unternehmensumwelt anzupassen.

Sie werden also mit Ihrem Unternehmen größere Anstrengungen als früher anstellen müssen, um neue und passende Mitarbeiter zu finden und vor allem zu halten.

Denn die Fluktuation von Mitarbeitern sorgt nicht nur für Unruhe im Unternehmen, sondern in besonderem Maße für den Verlust von Wissen und Kompetenz. Und die Kosten für die Einarbeitung neuer Mitarbeiter sind hoch. Diverse Statistiken zeigen, dass in ca. 50 Prozent der Kleinunternehmen in naher Zukunft ein Fachkräftemangel entstehen wird. Bei ca. 30 Prozent der Unternehmen wird eine starke Überalterung der Belegschaft auftreten und in rund 12 Prozent wird das betriebsinterne Wissen verloren gehen.

Vor dem Hintergrund geburtenschwacher Jahrgänge bedeutet das, neue Quellen für die Mitarbeiterwerbung zu erschließen. Alternativen zu den klassischen Mitarbeiterquellen sind gefragt, etwa Menschen mit Migrationshintergrund, ältere Menschen, Langzeitarbeitslose oder ein Paradigmenwechsel bei der klassischen Rollenverteilung zwischen Mann und Frau. Dazu gehört aber auch der Blick über die Landesgrenzen. Die Freizügigkeit in Europa macht es den Menschen leichter, im Ausland einen Arbeitsplatz zu finden. Nicht immer läuft das konfliktfrei ab. Jedes Unternehmen, das Mitarbeiter unterschiedlicher Nationalitäten oder Religionen beschäftigt, weiß, welches Konfliktpotenzial durch verschiedene kulturelle Hintergründe entstehen kann.

Allerdings ergeben sich daraus, bei richtiger Umsetzung, auch enorme Chancen für das Unternehmen. Vertrauen und Toleranz sind wichtige Grundwerte bei der Auswahl von Mitarbeitern und auch umgekehrt, nämlich bei der Entscheidung eines Bewerbers für ein Unternehmen. Albrecht Bühler, ein innovativer Unternehmer aus Süddeutschland, hat einmal gesagt: „Wer sich von Vorurteilen leiten lässt, verzichtet auf fähige Mitarbeiter!" Denn die Motivation macht den Unterschied, auch wenn die Bewerber auf den ersten Blick weniger qualifiziert erscheinen.

Durchdachte Personalplanung ist notwendig

Eine der größten Zukunftsherausforderungen für Ihr Unternehmen wird es sein, die besten Mitarbeiter zu finden. Dazu bedarf es einer durchdachten Personalplanung. Führen Sie dazu in Ihrem Unternehmen einen Fachkräftecheck durch. Darin erfassen Sie den Istzustand:

- Welche Mitarbeiter haben wir an welchen Arbeitsplätzen?
- Welche Qualifikationen haben sie?
- Wie viele Mitarbeiter benötigen wir, um unser Unternehmensziel zu erreichen?

Erstellen Sie eine Bedarfsanalyse. Dann erfassen Sie, was der Sollzustand ist:

- Welche Mitarbeiter müssen wir an welchen Arbeitsplätzen mit welchen Qualifikationen haben, um erfolgreich zu sein?

Wenn Sie das geschafft haben, erfassen Sie die Altersstruktur in Ihrem Unternehmen. Daraus können Sie ablesen, ab welchem Zeitpunkt Sie sich um neue Mitarbeiter bemühen müssen.

Um als Arbeitgeber attraktiv zu bleiben, sollten Sie in neuen Dimensionen denken. Die traditionellen Arbeitszeitmodelle sind längst überholt. Teilzeit und Arbeitszeitkonten sind altbekannt, doch immer mehr Menschen wünschen sich individuelle Arbeitszeiten, damit sie ihr Familien- mit dem Berufsleben kombinieren können. Dazu gehören Sabbaticals, Arbeitszeitteilungen, Telearbeit und Homeoffice-Tätigkeiten. Gerade in Kleinunternehmen ließe sich sehr viel flexibler mit Arbeitszeiten umgehen als in großen Unternehmen, bei denen zu den meisten Entscheidungen auch noch die Arbeitnehmervertretung befragt werden muss.

Der direkte Austausch und das flexible Reagieren auf Bedürfnisse von Arbeitnehmer und Unternehmen macht das Arbeiten in Kleinunternehmen interessant und wiegt oft mehr als ein etwas höheres Gehalt, das sich ein Bewerber durch weniger Gestaltungsfreiraum erkaufen muss. Wer die besten Fachkräfte haben möchte, der muss die Personalplanung den veränderten Lebenszyklen anpassen. Die Mitarbeiterführung muss sich also auf gleich mehreren Ebenen anpassen:

- dem beruflichen Lebenszyklus (Schule, Ausbildung)
- dem betrieblichen Lebenszyklus (Karriere, Wachstum, Spitzenauslastung, Flaute)
- dem stellenbezogenen Lebenszyklus (lebenslanges Lernen, Mobilität)
- dem familiären Lebenszyklus (Single, Partnerschaft, Familie, Eltern, Freunde, Ehrenamt)
- dem biosozialen Lebenszyklus (Lebenserwartung, Gesundheit)

Überlegen Sie vor dem Besetzen der Stellen in Ihrem Unternehmen, ob Sie die Auswahl zwischen internen Bewerbern haben oder auf externe Bewerber zurückgreifen müssen. Manchmal gleicht die „Beförderung" eines Mitarbeiters von einem auf einen anderen Arbeitsplatz einer Motivationsexplosion. Die freie Position können Sie dann immer noch mit einem externen Bewerber besetzen – und dann haben Sie schon den passenden Mentor für dessen Einarbeitung.

Mitarbeiter einstellen

Vor der Einstellung eines neuen Mitarbeiters müssen Überlegungen angestellt werden und Anforderungen definiert sein. Nichts ist ärgerlicher, als nach dem Bauchgefühl einzustellen und nach wenigen Wochen zu merken, dass es nicht passt. Die Kosten hierfür sind immens und in Zahlen oft nicht eindeutig darstellbar.

Daraus resultiert eine Grundregel für das zukunftsfähige Unternehmen: „Lieber keinen als den Falschen!" Ob nun Mitarbeiter in A-, B- und C-Mitarbeiter eingestuft werden und ob eine regelmäßige Beurteilung sinnvoll und zielführend ist, mag individuell und nicht zuletzt branchenbezogen entschieden werden. Sicher ist jedoch, dass unmotivierte, launige oder unehrliche Mitarbeiter nicht nur viel Geld kosten, sondern der gesamten Unternehmenskultur einen kaum zu beziffernden Schaden zufügen. Die Motivation und das Engagement des gesamten Teams gehen verloren. Aktive und engagierte Mitarbeiter verfallen dann nicht selten in eine Resignation und kündigen innerlich.

Bewährt haben sich mehrstufige Einstellungsprozesse, in denen der Bewerber und das Unternehmen einander kennenlernen und es sich zeigt, ob die Partnerschaft Erfolg versprechend ist. Diese Einstellungsprozesse gibt es als fertig einsetzbare Tools (Knoblauch, Kurz 2007). Hilfreich ist es aus unserer Sicht, sich individuell über den Einstellungsprozess Gedanken zu machen und diesen zu standardisieren.

Existieren in einem Unternehmen gelebte Werte und gibt es eine Unternehmenskultur mit einem hohen Maß an Transparenz und Vertrauen, sollten auch bei dem Bewerber dessen Werte abgefragt werden: Welche beruflichen Ziele hat er, was sind seine Erfolge, Stärken oder Grenzen?

Abbildung 15 zeigt, dass in einem Einstellungsprozess unterschiedliche Werkzeuge eingesetzt werden können.

Abbildung 15: Werkzeuge des Einstellungsprozesses

Bei einem durchdachten Einsatz dieser Werkzeuge zeigt sich schon vor der Einstellung eines Mitarbeiters, inwieweit dessen Werte und Zukunftsvorstellungen mit der Unternehmensstrategie zusammenpassen.

FITNESSZONE ‖‖

Wir stellen an neuen Mitarbeitern ein, was uns zur Verfügung steht. Das Anforderungsprofil ist ungeklärt und es existieren keine Auswahlkriterien. Aber wir suchen aktiv nach Bewerbern.

Sobald bei Ihnen ein Arbeitsplatz frei wird und es steht zufällig ein möglicherweise passender Bewerber vor der Tür, wird er eingestellt. Die Einarbeitung übernehmen die Kollegen. Wichtigstes Kriterium ist der Preis: Je günstiger die neue Arbeitskraft und je schneller der Arbeitsplatz besetzt ist, desto besser. Mitarbeiter kosten Geld, und das ist nun mal eine knappe Ressource. Es gibt zwar für die meisten Arbeitsplätze ein Anforderungsprofil, doch aufgrund der hohen Arbeitsbelastung und einer fehlenden Aktualisierung kommt es nur vereinzelt im Bewerbungsgespräch zum Einsatz.

Ihre To-dos:

- Schaffen Sie die Grundlagen für ein professionelles Bewerbungsgespräch bzw. für die Mitarbeitersuche durch eine Beschreibung der Stellenprofile.
- Definieren Sie vor der Suche nach neuen Mitarbeitern erst einmal, welche Anforderungen erfüllt sein müssen. Am besten entwerfen Sie eine Art Checkliste für die wichtigsten Aufgaben und Anforderungen (Gehalt, Ausbildung, Arbeitszeiten, Einstellungstermin, Funktion, Arbeitsfeld, Kompetenzen, Teamarbeit etc.). Ob und inwieweit Sie mit Arbeitsplatz- und Aufgabenbeschreibungen arbeiten, müssen Sie anhand der Abläufe in Ihrem Unternehmen entscheiden. Es gibt Mitarbeiter, die sich stur an Arbeitsplatzbeschreibungen entlanghangeln und kaum über ihre Schreibtischkante oder ihre Werkbank schauen. Nicht immer ist mangelndes Engagement der Grund dafür, sondern oft auch die restriktive Haltung von Führungskräften oder Unternehmern frei nach dem Motto: „Das fällt nicht in Ihr Aufgabengebiet!" Das sorgt sehr schnell für Demotivation bei mitdenkenden Mitarbeitern.

- Definieren Sie, welche Stärken der Bewerber haben muss und welche Grenzen er haben darf. Viele Schwächen sind einfacher zu kompensieren als man denkt, auch mithilfe von Dritten. So kann ein begnadeter Handwerker mit Leseschwäche am richtigen Platz und mit einem Mentor oder einer entsprechenden Schulung zu einem erfolgreichen Repräsentanten des Unternehmens werden.
- Schaffen Sie Strukturen für einen Bewerbungsablauf. Vielfach scheitern die Bewerbungsgespräche an fehlenden Strukturen. Erleichtern Sie sich und den Bewerbern das Kennenlernen. Für die erste Auswahl reichen eine Bewerbung und der Lebenslauf per E-Mail. Bestätigen Sie den Eingang möglichst sofort. Dann sortieren Sie die Bewerbungen und nehmen telefonischen Kontakt auf. Stehen schließlich die persönlichen Gespräche an, dann übernimmt der Unternehmer oder die dafür vorgesehene Führungskraft das erste Gespräch. Das zweite Gespräch führt dann die Führungskraft (etwa Meister, Abteilungsleiter), bei dem der neue Mitarbeiter zum Einsatz kommen soll. Das spart Zeit und Geld.

FITNESSZONE **II**

Die Bewerberauswahl erfolgt nach Aufgabenbeschreibung und Stellenprofil. Wir ziehen externe Vermittlungsstellen zurate. Die Bewerberauswahl erfolgt sorgfältig nach definierten Anforderungsprofilen.

Stellen- und Anforderungsprofil sind vorhanden. Sie haben eine Altersstrukturanalyse erstellt und wissen, welche Mitarbeiter wann ausscheiden und wo Nachwuchs erforderlich ist. Sie kalkulieren mit Personalüberhängen, um die wichtigen Mitarbeiter zu halten. Ihnen als Unternehmer ist bewusst, dass die Mitarbeiter maßgeblich am Erfolg des Unternehmens beteiligt sind. Ohne die passenden Fachkräfte führt kein Weg an die Spitze der Branche. Sie investieren mittlerweile deutlich mehr Zeit in die Suche nach den passenden, den besten Mitarbeitern. Ihr Ziel ist: der beste Mitarbeiter an seinem Platz.

Ihre To-dos:

- Erstellen Sie möglichst genaue Anforderungsprofile für Ihre Mitarbeiter. Dazu können Sie sich verschiedene Kriterien und Einteilungen überlegen. Knoblauch spricht bei der Einteilung von Bewerbern oder Mitarbeitern von A-, B- und C-Mitarbeitern. Die A-Mitarbeiter sind die gefragtesten Bewerber für einen Arbeitsplatz. Mittlerweile umwerben die Unternehmen diese Bewerber. Bei diesen Bewerbern steht das Kundenbedürfnis an höchster Stelle. C-Mitarbeiter dagegen liefern nur selten brauchbare Leistungen ab, die das Unternehmen weiterbringen. Es ist hilfreich, sich im Einstellungsprozess mit den verschiedenen Persönlichkeitsmodellen der Menschen zu beschäftigen. Informieren Sie sich über Modelle wie persolog oder DISG.
- Nutzen Sie Ihr kreatives Potenzial bei der Gestaltung von Stellenangeboten. Sie stehen im Wettbewerb um die besten Arbeitskräfte. Schalten Sie kreative Anzeigen, nutzen Sie Ihre Netzwerke und fragen Sie Ihre besten Mitarbeiter nach potenziellen Bewerbern. Schauen Sie sich Interviewtechniken für Bewerbungsgespräche an, um die Bewerbungsgespräche zu optimieren.
- Machen Sie Ihre Stärken als Arbeitgeber bekannt. Das persönliche Klima in Kleinunternehmen ist äußerst attraktiv, eine wertschätzende Haltung kommt direkt beim Mitarbeiter an. Der direkte Kontakt mit dem Kunden in Verbindung mit kreativen Freiräumen stellt bei jungen Menschen ein großes Plus dar.
- Erhöhen Sie Ihre Attraktivität als potenzieller Arbeitgeber. Das können Sie in Kundengesprächen tun, in den Social-Media-Gruppen im Internet, auf Messen, bei Events (Tag der offenen Tür), mit Ihren Flyern. Nutzen Sie die Techniken des modernen Marketings: Ihre Mitarbeiter sind die beste Empfehlung für interessante Bewerber. Werben Sie auch mal überregional.
- Die meisten Kleinunternehmen werben um neue Mitarbeiter viel zu selten in überregionalen Zeitungen. Dabei kann Ihr perfekter Mitarbeiter doch auch weiter weg wohnen. Die Notwendigkeit zur Mobilität ist für junge Menschen nur selten ein Hinderungsgrund für einen Arbeitsplatzwechsel, sofern der neue Arbeitgeber ein attraktives Gesamtpaket liefert.

Nicht die besten Bewerber werden genommen, sondern die richtigen. Anforderungsprofil und Aufgabenbeschreibungen entwickeln wir ständig im Team weiter und passen sie den Anforderungen an. Das Team entscheidet mit. Person, Aufgabe und Werte werden sorgfältig abgeglichen und mit Entwicklungsperspektiven kombiniert.

Sie wollen nur die richtigen Mitarbeiter und investieren viel Zeit und Geld in die Suche nach diesen Bewerbern. Sie wissen, dass auch andere Unternehmen viel dafür tun werden, um genau diese Bewerber für sich zu gewinnen. Sie sind sich bewusst, dass diese Bewerber auch als Mitarbeiter höchste Aufmerksamkeit erfordern. Nur der achtsame Unternehmer wird auf Dauer die wirklich guten Mitarbeiter halten können. Da die Stellenanforderungen und Anforderungsprofile mittlerweile so detailliert ausgearbeitet sind, können Sie dem richtigen Mitarbeiter den für ihn perfekten Arbeitsplatz zuweisen.

Ihre To-dos:

▪ Bleiben Sie wachsam. Auch wenn auf den ersten Blick alles in Ordnung erscheint, kann sich schleichend Demotivation breitmachen. Die besten und die richtigen Mitarbeiter halten Sie auf Dauer nur mit einer stetigen Aufmerksamkeit.

▪ Achten Sie darauf, wie sich die Fähigkeiten und Arbeitstechniken eines Mitarbeiters entwickeln. Vielleicht ist ein Arbeitsplatzwechsel oder ein Rollentausch angesagt. Möglicherweise hat sich ein Mitarbeiter in seiner Freizeit oder durch seine Erfahrung so viel Wissen und Kenntnisse angeeignet, dass er an einem anderen Arbeitsplatz oder in einer anderen Funktion viel hilfreicher für das Unternehmen sein könnte.

1. Sind Sie in der Lage, den kurzfristigen Verlust von Erfahrung und Wissen (etwa beim plötzlichen Arbeitsplatzwechsel eines langjährigen Mitarbeiters) schnell zu kompensieren?
2. Wie ist der zukünftige (mittel- und langfristige) Personalbedarf?
3. Ist Ihre Mitarbeiterstruktur so aufgestellt, dass auch kurzfristige Überhänge oder Engpässe kompensiert werden können?
4. Haben Sie in den Mitarbeitergesprächen die verschiedenen Lebenszyklen angesprochen und eventuell nach Lösungen gesucht?
5. Gibt es kritische Herausforderungen, denen Ihr Unternehmen kurz- oder mittelfristig gegenübersteht und für die Sie hoch qualifizierte und hoch motivierte Mitarbeiter benötigen?
6. Behalten Sie den Markt hinsichtlich potenzieller Mitarbeiter im Auge und suchen Sie aktiv das Gespräch, auch wenn im Moment eventuell noch kein Bedarf besteht?

Handlungsfeld 5:
Erfolg mit Mitarbeitern vereinbaren

„Ein kluger Mann macht nicht alle Fehler selbst. Er gibt auch anderen eine Chance."

(WINSTON CHURCHILL)

Das traditionelle Unternehmensbild von einem Chef, der alles organisiert, vorbereitet und bei der Abwicklung von Projekten alle Fäden selbst in der Hand hält, verliert an Zukunftsfähigkeit. Engagierte und qualifizierte Mitarbeiter wollen selbst Verantwortung übernehmen und Entscheidungen treffen – dazu brauchen sie entsprechende Kompetenzen, Freiräume und Vertrauen.

Allen muss klar sein, wohin die Unternehmensreise geht – nur dann ist es möglich, über „Erfolg" oder „Nicht-Erfolg" zu entscheiden. Was ein Erfolg

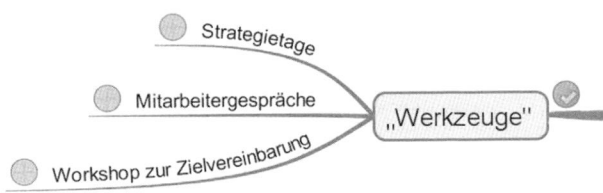

ist, wird in einem zukunftsfähigen Unternehmen nicht befohlen, sondern mit den Mitarbeitern vereinbart. Ein wesentlicher Schritt dazu ist die Vereinbarung von Zielen (Unternehmenszielen, strategischen Zielen oder persönlichen Zielen). Die Formulierung von Zielen erfolgt schrittweise:

- Schritt 1 – langfristige Unternehmensziele herausarbeiten: In kleinen Unternehmen sind diese sehr stark von der Persönlichkeit des Unternehmers geprägt, daher wird es auch maßgeblich dessen Aufgabe sein, diese Ziele zu formulieren und dann mit den Mitarbeitern abzustimmen.
- Schritt 2 – Jahresziele des Unternehmens: Was können wir dieses Jahr tun, damit wir unseren langfristigen Zielen näher kommen? Auch bei diesen – oftmals strategischen – Überlegungen wird zunächst der Unternehmer federführend sein. Mit der weiteren Entwicklung des Prozesses können zunehmend die Mitarbeiter eingebunden werden.
- Schritt 3 – individuelle Jahresziele: Was kann jeder Einzelne zu einem Jahresziel des Unternehmens beitragen? Hier ist jeder Mitarbeiter gefragt. Neben den Beiträgen des einzelnen Mitarbeiters zum Erreichen der Unternehmensziele kommen seine persönlichen Zielvorstellungen zum Tragen: Was will ich dieses Jahr lernen? Welche Seminare will ich besuchen? In welchen Bereichen und wie will ich mich engagieren und einbringen?

Wichtig ist es, dass Ziele schriftlich festgehalten und eindeutig beschrieben werden:

- Wie ist das Ziel definiert? Wem nützt es?
- Wie kann es gemessen und kontrolliert werden?
- Bis wann wird es erreicht?

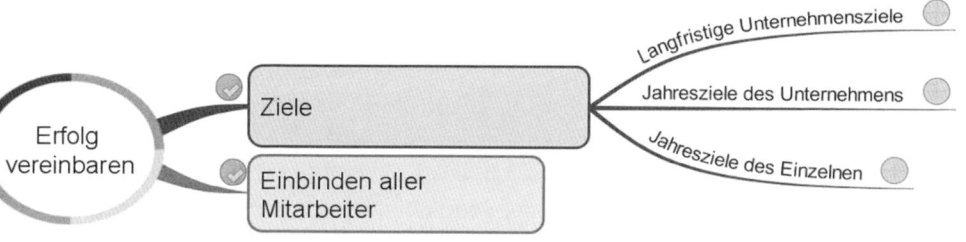

Abbildung 16: So lassen sich Erfolge vereinbaren

■ Ein Beispiel ist: „Im Bereich Marketing wollen wir die Pressearbeit optimieren. Darum arbeiten wir an unserer Positionierung als ‚Die Experten
für XY'. Bis Dezember des kommenden Jahres werden wir sechs Presseartikel in drei verschiedenen Fachzeitschriften zu unserem Thema veröffentlichen." Das Ziel ist genau beschrieben und der Nutzen ersichtlich. Die
Messbarkeit ist gegeben, da der Zeitraum zur Zielerreichung beschrieben
ist, der Umfang lässt sich überprüfen.

Wichtig: ständige Kommunikation

Im Rahmen von Strategietagen oder Mitarbeitergesprächen können Ziele
und Meilensteine für das Unternehmen und für die Mitarbeiter persönlich
vereinbart und schriftlich fixiert werden. Die Einführung eines Zielvereinba-
rungsprozesses in einem Unternehmen ist ein möglicher Schritt in der Weiterentwicklung, jedoch nicht immer ganz einfach, da gewohnte Strukturen
verändert werden. Je nach Mitarbeiterstruktur ist es notwendig und mitunter
mühsam, die Bedeutung von Zielen zu erklären und ein Bewusstsein dafür zu
schaffen. Gerade in Kleinunternehmen hat zu Beginn ein Zielvereinbarungs-
prozess oftmals eher einen Workshop-Charakter.

Einen guten Einstieg in dieses Thema stellen Mitarbeitergespräche dar. Mitarbeiter und Führungskraft führen ein persönliches Gespräch, tauschen sich
über positive und weniger positive Entwicklungen aus und vereinbaren Meilensteine für die kommenden Monate oder das kommende Jahr.

Mitarbeitergespräche und Planungstage sind wertvoll, ersetzen aber nicht den Austausch und eine offene Kommunikation im Alltag – ähnlich wie in einer Familie. In einem funktionierenden Team spielen Transparenz und Vertrauen eine große Rolle. Dazu gehört auch, dass Konflikte und aktuelle Themen nicht verschleppt, sondern zeitnah und offen besprochen werden können. Es geht darum, abseits vom hektischen Alltag ein Gespräch zu führen, welches der Information, der gegenseitigen Bewertung und Weiterentwicklung und der Arbeit an dem Unternehmen dient.

Es entsteht so im Unternehmen ein Zusammenspiel von Menschen, die alle das gleiche Ziel verfolgen und in einer Richtung unterwegs sind. Unterstützung, Feedback und die gemeinsame Zielkontrolle sind die zentralen Aufgaben zunächst der Führungskraft, bei weiterer Unternehmensentwicklung geschieht auch hierbei vieles zwischen den Mitarbeitern selbst und in den jeweiligen Teams.

Handlungsfeld „Erfolg mit Mitarbeitern vereinbaren": Wie Sie in die Fitnesszone I gelangen

FITNESSZONE III

Mein Unternehmen funktioniert nach dem Prinzip von „Befehl und Gehorsam".
Es gibt sporadische Treffen im Führungskreis.

Als Chef oder Führungskraft halten Sie die Fäden in der Hand und entscheiden alleine – gegebenenfalls über die Köpfe Ihrer Mitarbeiter hinweg. Die Folge sind einerseits Ihre Überlastung und andererseits nachlassende Motivation der Mitarbeiter. „Wir denken nicht mehr mit, der Chef entscheidet ohnehin allein ..." – so die gängige Einstellung.

Mit den Führungskräften bzw. einigen ausgewählten Mitarbeitern finden gelegentlich Besprechungen statt, in denen über anstehende Entwicklungen, kommende Projekte und strategische Fragen gesprochen wird. Es gibt einen Austausch, teilweise werden Aufgaben an die entsprechenden Mitarbeiter delegiert – die Entscheidungshoheit liegt aber immer noch beim Chef. In diesem Rahmen werden einzelne Teilschritte unternommen, beispielsweise die Formulierung eines Jahresmottos oder das Setzen von Jahreszielen.

Ihre To-dos:

▨ Binden Sie Mitarbeiter ein. Treffen Sie sich mit Ihren Führungskräften und besprechen Sie kurzfristig zu bearbeitende Aufgabenstellungen. Wichtig ist das Protokollieren der Besprechungsergebnisse mit Aufgabenstellung, Inhalt, Zuständigkeit und Terminierung.

▨ Führen Sie Planungs- und Strategietage im Führungskreis durch. In regelmäßigen Abständen (ein- bis zweimal jährlich) trifft sich die Führungsmannschaft zu Strategietagen. Hierzu gibt es eine Tagesordnung, es bietet sich Gelegenheit zu einem tiefergehenden Informationsaustausch und zur Bearbeitung konkreter Fragestellungen, die die Strategie des Unternehmens betreffen. Jede Führungskraft ist berechtigt, Tagesordnungspunkte vorzuschlagen. Dabei können auch grundsätzliche Fragen erörtert werden wie etwa: „Wo wollen wir als Unternehmen hin? Welche Projekte und Investitionen stehen an? Welche Prioritäten setzen wir? Welche Ziele setzen wir uns für den kommenden Zeitraum? Wie und wann gehen wir was an?"

▨ Zu Beginn solcher Zusammenkünfte ist ein Rückblick auf den abgeschlossenen Zeitraum hilfreich: „Haben wir unsere Ziele erreicht? Wenn nein, warum nicht? Was ist gut gelaufen, was nicht? Wo gab es Probleme, Engpässe oder Auffälligkeiten? Wo gibt es grundsätzlich Verbesserungspotenzial?

▨ Formulieren Sie auf den Planungs- und Strategietagen gemeinsame Jahresziele und ein Jahresmotto. Finden Sie eine knackige Formulierung oder ein übergeordnetes Ziel. Platzieren Sie dieses Motto und dessen (visuelle) Darstellung im Unternehmen, sodass es für alle Mitarbeiter präsent ist und im Alltag gelebt werden kann.

Planungstreffen mit Führungskräften finden regelmäßig statt (mindestens einmal pro Jahr). Es wird ein Jahresmotto vereinbart.
Es gibt individuelle Zielvereinbarungen mit den Führungskräften. Die Umsetzung der Ziele wird sporadisch begleitet.

Auf regelmäßigen Treffen finden eine offene Kommunikation und ein Austausch über anstehende Themen statt. Ihre Mitarbeiter werden so in die unternehmerischen Entscheidungen eingebunden und tragen Verantwortung mit. Die Zusammenarbeit untereinander wird intensiver, es denkt nicht jeder nur an sich, sondern das Wohl des Unternehmens steht im Vordergrund.

Die Kräfte sind gebündelt und die Inhalte werden zum Ausdruck gebracht (Jahresmotto, Slogan oder Ähnliches).

Ihre To-dos:

■ Treffen Sie Zielvereinbarungen mit allen Mitarbeitern. In Vieraugengesprächen werden mit den Mitarbeitern individuelle Ziele vereinbart. Wichtig ist, dass die Ziele vereinbart und nicht durch die Führungskraft festgelegt werden. Selbst wenn das Jahresziel und die strategische Ausrichtung des Unternehmens durch den Unternehmer festgelegt sind, müssen die individuellen Ziele der Mitarbeiter untereinander vereinbart werden.

■ Diese Mitarbeitergespräche sind hervorragend geeignet, um außerhalb des operativen Alltags Themen zu diskutieren wie Urlaub, Weiterbildungen oder individuelle Förderung. Zudem können Beiträge des Mitarbeiters zu seiner eigenen Weiterentwicklung und zur Weiterentwicklung des Unternehmens erarbeitet und festgehalten werden.

■ Geben Sie Feedback. So wächst die Identifikation des Mitarbeiters mit seinen eigenen Zielen.

■ Vereinbaren Sie auf allen Ebenen des Unternehmens Ziele. So gibt es übergeordnete Jahresziele des gesamten Unternehmens, jeder Mitarbeiter überlegt, wie er seinen Beitrag zur Erreichung der Ziele leisten kann. Dies wird als

Ziel für jeden Einzelnen schriftlich fixiert. Die Zielfindung erfordert Zeit und ein konsequentes Arbeiten. Gerade Chef und Führungskräfte müssen hierbei am Ball bleiben und die Mitarbeiter an Bord holen. Dies ist mitunter mühsam und langwierig – das Ergebnis ist aber ein großer Fortschritt in der Unternehmensentwicklung, da sich alle mit dem Unternehmen und den gemeinsamen Vorhaben identifizieren können.

- Bringt das Team gute Leistungen, soll es davon auch profitieren. Erarbeiten Sie ein transparentes und gerechtes System, welches Mitarbeiter am Erfolg des Gesamtunternehmens teilhaben lässt.

FITNESSZONE

Alle Mitarbeiter sind in den Prozess der Zielvereinbarung und Umsetzung eingebunden. Individuelle Mitarbeitergespräche unterstützen die Umsetzung und den Mitarbeiter. Die Mitarbeiter beteiligen sich in außergewöhnlicher Weise an der Erarbeitung und Umsetzung der eigenen Ziele und der Unternehmensziele. Werden die Unternehmensziele erreicht, profitieren alle davon.

Ihr gesamtes Unternehmen ist zielorientiert ausgerichtet. Die gemeinsame Richtung stärkt den Zusammenhalt und den Ehrgeiz der einzelnen Mitarbeiter. Mitarbeitergespräche sind hierbei als wertvolles Instrument der Führung erkannt und werden konsequent durchgeführt (mindestens zweimal pro Jahr). Es herrscht ein Bewusstsein dafür, dass der Beitrag jedes Einzelnen wichtig ist für das Unternehmen und den gemeinsamen Erfolg.

Die Einführung eines Prämiensystems lässt Ihre Mitarbeiter am Unternehmenserfolg teilhaben. Hierbei ist es notwendig, mit Bedacht und unternehmerischer Weitsicht zu handeln, da solche Systeme oftmals Konflikte, Neid oder Egoismus fördern können. Die Grundvoraussetzung für eine Erfolgsbeteiligung sind ein gutes Team, Transparenz und Vertrauen.

Ihre To-dos:

- Bleiben Sie konsequent dabei und fixieren Sie Ihre Ziele – zunächst Ihre eigenen und dann die mit den Mitarbeitern vereinbarten. Schnell passiert es, dass dies im Alltagsgeschäft vernachlässigt wird. Dadurch verlieren die Zielvereinbarungen ihre Wirkung und Sie als Führungskraft Ihre Glaubwürdigkeit.
- Gehen Sie auf die individuellen Vorstellungen und Anliegen Ihrer Mitarbeiter ein und berücksichtigen Sie diese in den Gesprächen und Ihrem Handeln.

Umsetzungsfragen für das Handlungsfeld „Erfolg mit Mitarbeitern vereinbaren"

1. Was sind Ihre langfristigen Unternehmensziele?
2. Was sind die drei Ziele/Schritte, die Sie im kommenden Jahr erreichen bzw. gehen werden, damit Sie Ihren Unternehmenszielen näher kommen?
3. Welche Mitarbeiter können Sie hierzu einbinden?
4. Wie und wann werden Sie mit diesen Mitarbeitern an einer Zielvereinbarung arbeiten?
5. Wie kann der Beitrag der einzelnen Mitarbeiter zu diesen Zielen aussehen?
6. Wie können Sie Ihre Mitarbeiter individuell fördern?

Handlungsfeld 6:
Profitabel wirtschaften

„Ein Film war gut, wenn das Geld für Eintritt, Essen gehen und den Babysitter es wert waren."

(ALFRED HITCHCOCK)

Ein profitables Geschäft zu gründen, zu führen oder zu übernehmen, ist der Wunsch jedes Jungunternehmers. Doch es stellt sich die Frage, ob ein Unternehmen nur dann profitabel ist, wenn es an der Spitze der Branche steht und sehr viel Geld verdient. Schlussendlich ist das eine unternehmerische Entscheidung. Wenn Ihr Unternehmen langfristig überleben soll, ist eine solide finanzielle Basis für Investitionen unentbehrlich. Darüber hinaus möchten wohl die meisten Unternehmer auch Geld verdienen und im besten Falle ihre Mitarbeiter am Erfolg beteiligen. Dazu brauchen sie Kennzahlen und ein betriebswirtschaftliches Steuerungselement.

Wenn Sie Ihren Job einfach gerne machen, genügsam sind und sich nur selbst verwirklichen möchten, kommen Sie unter Umständen auch mit einigen wenigen Kennzahlen und Daten aus. Die Entscheidung dazu liegt bei Ihnen. Im Folgenden liegt der Tenor darauf, dass mit der betriebswirtschaftlichen Kontrolle Ihres Unternehmens der Weg an die Spitze der Branche geschafft werden kann.

Doch anscheinend spielt bei vielen Kleinunternehmen die Auswertung betriebswirtschaftlicher Daten eine eher untergeordnete Rolle. Oft verschwindet die Auswertung und Kontrolle dieser wichtigen Daten unter dem Wust an dringenden Alltagsaufgaben. Schließlich müssen erst einmal Aufträge an Land gezogen werden, bevor eine betriebswirtschaftliche Auswertung erfolgen kann. Richtig? Nur bedingt. Denn durch eine genaue und sorgfältige Vorkalkulation kann ein nicht lukratives Geschäft erkannt und entweder nachgebessert oder abgelehnt werden. Zudem gerät ein Unternehmen ohne die regelmäßige Auswertung der betriebswirtschaftlichen Daten schnell in eine Schieflage, ohne dass es der Unternehmer merkt. Mit den entsprechenden Zahlenwerken können Sie das regelmäßig kontrollieren.

Haben Sie Ihre Zahlen im Griff?

Um den „Gesundheitszustand" Ihres Unternehmens zu erkennen, kommen Sie an der wiederkehrenden Auseinandersetzung mit den betriebswirtschaftlichen Zahlen nicht vorbei. Ohne die Kenntnis von belastbaren Daten können Sie keine vernünftige Strategie für Ihr Unternehmen entwickeln. Sie müssen dazu nicht zum Controllingfreak werden. Allerdings: Besonders wichtig sind diese Zahlenwerke, wenn Sie sich mit dem Gedanken einer Expansion oder Investition tragen. Denn dann müssen Sie wissen, was der Markt überhaupt hergibt, was Ihre Mitbewerber machen oder wie Ihre Liquidität durch die Investition beeinträchtigt wird.

Der Vergleich von Kennzahlen aus einem Branchenvergleich kann gute Erkenntnisse darüber liefern, ob Ihr Wertschöpfungsfeld noch lukrativ genug für Ihr wirtschaftliches Überleben ist. Noch besser ist es, wenn Sie die Zusammenarbeit mit Ihren Partnern, zum Beispiel den Lieferanten, betriebswirtschaftlich analysieren können. Ist es durch Just-in-time-Lieferungen und das Auslagern Ihres Lagerbestands möglich, noch profitabler zu wirtschaften und schneller auf Kundenwünsche zu reagieren? Unter Umständen kann es dabei sinnvoll sein, sich externe Hilfe zu holen.

Handlungsfeld „Profitabel wirtschaften": Wie Sie in die Fitnesszone I gelangen

FITNESSZONE III

Die Kontostände stellen die Grundlage für unsere Entscheidungen dar. Eine Finanzplanung haben wir nicht.
Wir haben erkannt, dass außer dem Umsatz noch andere wichtige Kenngrößen existieren. Betriebswirtschaftliche Auswertungen (BWAs) werden sporadisch erstellt.

Sie wissen über Ihr Unternehmen Bescheid. Monatlich kontrollieren Sie die Kontoauszüge und führen eine einfache Gewinn- und Verlustrechnung. Die monatliche betriebswirtschaftliche Auswertung bekommen Sie vom Steuerberater geliefert oder Sie lassen Ihre Betriebssoftware per Mausklick dafür arbeiten. Allerdings erkennen Sie daraus nur, ob Sie sich in der Gewinn- oder Verlustzone bewegen. Wieso Sie dort stehen, das wissen Sie nicht.

Ihre To-dos:

■ Versuchen Sie, an Vergleichsdaten Ihrer Branche heranzukommen. Wenn es diese nicht gibt, weil Sie eine Nische besetzt haben, ist das gut für Sie, wenn Sie der Besitzer der Zielgruppe und des Marktes sind. Sobald Sie jedoch Mitbewerber haben, müssen Sie wissen, wo Sie stehen.

FITNESSZONE II

Wir haben die für uns wichtigen Kennzahlen definiert. Es gibt eine regelmäßige betriebswirtschaftliche Auswertung (monatlich oder quartalsweise). Die Ergebnisse nutzen wir jedoch nur sporadisch. Maßnahmen aus Kennzahlenvergleichen setzen wir teilweise um.

Monats- und Quartalsauswertungen können Sie auf Knopfdruck aus Ihrem EDV-System ziehen. Sie wissen, wie wichtig eine regelmäßige Kontrolle und Auswertung der Daten und Zahlen ist. Allerdings ist die Interpretation der Daten noch nicht optimiert. Gut ist, dass Sie begonnen haben, Ihre Zahlen qualitativ zu untersuchen. Sie wissen, dass die Quantität Ihrer Zahlen eventuell nicht reicht, um Ihre Ziele zu verwirklichen. Natürlich gestatten diese Zahlen nur einen Blick in die Vergangenheit – die Entscheidungen sind längst gefallen, und Sie können nur beurteilen, ob es die richtigen Entscheidungen waren. Ein Blick in die Zukunft, um die Entwicklung Ihres Unternehmens zu verbessern, ist mit dem augenblicklich vorliegenden Zahlenwerk noch nicht machbar. Immerhin: Der Weg, auf dem Sie sich befinden, ist gut und richtig.

Ihre To-dos:

- Bauen Sie Ihre betriebswirtschaftliche Auswertung um eine Kostenstellenrechnung aus. Je genauer Sie wissen, in welcher Abteilung oder in welchem Bereich Sie Gewinne oder Verluste erwirtschaften, desto besser können Sie reagieren. Es gibt fertige Kostenstellensysteme und Kontenrahmen von Handelskammern oder in den Softwaresystemen. Nutzen Sie diese Systeme, die sich mit ein wenig Routine auch an Ihr Unternehmen anpassen lassen.
- Je schneller Sie eine Kostenstellenrechnung einführen, desto besser. Sie müssen es mit der Aufschlüsselung nicht bis zum letzten Nagel oder Bleistift treiben. Doch je genauer Sie wissen, wofür Sie Ihr Geld ausgeben, desto besser und genauer können Sie reagieren. Am besten ist eine monatliche Auswertung in Verbindung mit einer stillen Stunde, in der Sie diese Zahlen analysieren. Wenn Sie das alleine nicht können, ist das keine Schande. Steuerberater, erfahrene Kollegen oder externe Berater helfen gerne, und das oft für geringe Honorare. Am besten differenzieren Sie die Auswertung so weit, dass Sie auch einzelne Produkte, Produktgruppen oder Dienstleistungen vergleichen können. So können Sie Verlustbringer eliminieren.
- Führen Sie Ihre Mitarbeiter in die Grundzüge der Betriebswirtschaft ein. Erklären Sie ihnen, wie die aktuellen Auswertungen zu verstehen sind, und binden Sie Ihre Führungskräfte oder Vorarbeiter in die Entscheidungen ein. So können Sie schon relativ früh erkennen, ob sich wirtschaftliche Engpässe anbahnen. Mit diesen Zahlenwerken können Sie nun auch relativ gut erkennen, wo sich Ihr Unternehmen im Vergleich mit dem Wettbewerb befindet.

FITNESSZONE

Unsere entscheidenden Kennzahlen werden regelmäßig mit den besten Unternehmen unserer Branche abgeglichen. Mit den entscheidenden Kennzahlen liegen wir mit vergleichbaren Dienstleistern an der Spitze.

Auf Knopfdruck verfügen Sie über alle relevanten Zahlen, die Ihre Mitarbeiter und Sie für die Beurteilung der Stellung Ihres Unternehmens im Wettbewerb benötigen. Monatliche Inventuren und Branchenvergleiche gehen schnell und einfach von der Hand. Sie helfen Ihnen bei der Kurskorrektur. In den regelmäßigen Mitarbeitergesprächen werden die BWAs angesprochen und ausgewertet.

Ihre To-dos:

■ Bleiben Sie dran. Optimieren Sie Ihre Datenerfassung, indem Sie über den Tellerrand Ihrer Branche schauen. Wie erfassen andere Branchen ihre Kennzahlen? Wie und worin vergleichen sich die Betriebe in diesen Branchen?

■ Versuchen Sie Ihre Datenerfassung so weit wie möglich zu automatisieren. Stupides Abtippen von Zahlenkolonnen macht kaum einem Mitarbeiter Spaß. Doch das Interpretieren und das Optimieren nach den Auswertungen bringen einen echten Motivationsschub. Besonders wenn er sich auch finanziell für die Mitarbeiter auszahlt.

Umsetzungsfragen für das Handlungsfeld „Profitabel wirtschaften"

1. Welche Kennzahlen gibt es für Ihre Branche? Stellen Sie fest, wie Sie an diese Kennzahlen kommen können.
2. Führen Sie eine monatliche BWA ein. Wenn Sie sie optimieren wollen, dann mit einer monatlichen Inventur.
3. Überprüfen Sie die finanzielle Situation Ihres Unternehmens. Sind die Schulden zu hoch?
4. Nutzen Sie die Kennzahlen zum Vergleich Ihres Unternehmens mit der Branche? Hilfreich ist hier die Mitgliedschaft in einer Erfa-Gruppe oder die Hilfe einer Kammer (IHK, Landwirtschaftskammer etc.).
5. Messen Sie die Kundenrentabilität? Auf welche Kunden setzen Sie, und welche verursachen mehr Kosten, als sie an Ertrag bringen?

Handlungsfeld 7:
Außendarstellung gestalten

„Man kann nicht nicht kommunizieren!"   (PAUL WATZLAWICK)

Vorbei sind die Zeiten, in denen eine fachlich gute Leistung oder ein gutes Produkt automatisch für volle Auftragsbücher gesorgt hat. Der Markt in den meisten Bereichen ist hart umkämpft, die Anzahl der Mitbewerber hoch und der Kunde anspruchsvoll. Entscheidend ist heute oft die Außendarstellung – dazu zählen:

- das Erscheinungsbild des Unternehmens (Logo, Wiedererkennung, Namensgebung)
- das Erscheinungsbild der Mitarbeiter, Geschäftsräume und Fahrzeuge (Sauberkeit, Bekleidung, Wiedererkennung)

Darum sind die folgenden Fragen von enormer Bedeutung:

- Was leistet das Unternehmen für die Gesellschaft (Nachhaltigkeit, soziales Engagement)?
- Was bietet das Unternehmen seinen Kunden (Veranstaltungen, besonderer Service, exzellente Dienstleistung)?
- Wie wird das Unternehmen in den Medien präsentiert (Fachpresse, regionale Presse, TV)?

Die Gesamtheit der Merkmale, die ein Unternehmen kennzeichnen und es von anderen Unternehmen unterscheiden, wird als Corporate Identity (CI) bezeichnet. Gerade Kleinunternehmen können hier im Rahmen ihrer Möglichkeiten und ohne großen Kostenaufwand kreative Maßnahmen ergreifen – dazu einige Beispiele:

- Der ortsansässige Gärtner schreibt in dem regionalen Mitteilungsblatt regelmäßig eine kleine Kolumne mit Tipps zur Gartenpflege.
- Ein Handwerksbetrieb stellt seine Mitarbeiter pro Jahr zwei Tage dem Kindergarten, dem Seniorenheim oder dem Krankenhaus für Reparatur- oder Verschönerungsarbeiten zur Verfügung. Dies geht durch die regionale Presse.

- Die Gestaltung von Werbeflyern, Fahrzeugbeschriftung, Zeitungsanzeigen usw. trägt die gleiche Handschrift. Das Logo, die Schrift und die verwendeten Aufdrucke sind einheitlich gestaltet.

Der Auftritt in der Öffentlichkeit ist nicht nur zu „Werbezwecken" von Bedeutung. Auch potenzielle neue Mitarbeiter werden so auf Ihr Unternehmen aufmerksam. Lieferanten, Banken und Veranstalter von Branchenevents nehmen Sie ebenfalls wahr – und die Art Ihrer Unternehmenspräsentation ist mitentscheidend dafür, was Sie hier für einen Eindruck erwecken.

Handlungsfeld „Außendarstellung gestalten": Wie Sie in die Fitnesszone I gelangen

FITNESSZONE III

Es gibt wenig Öffentlichkeitsarbeit. Ein einheitliches Erscheinungsbild wird nicht genutzt.
Zu besonderen Anlässen versuchen wir, die Öffentlichkeit zu informieren.
Das Firmenlogo wird gelegentlich benutzt.

Der Kommunikation nach außen wird keine große Bedeutung beigemessen. Es ist eher Zufall, wenn Ihr Unternehmen in der Presse vorkommt. Ein Logo und ein einheitliches Design (Corporate Identity) existieren nicht oder werden nur unregelmäßig genutzt. Finden Ereignisse statt, informieren Sie darüber die Presse, in der Hoffnung, dass über Ihr Unternehmen berichtet wird.

Ihre To-dos:

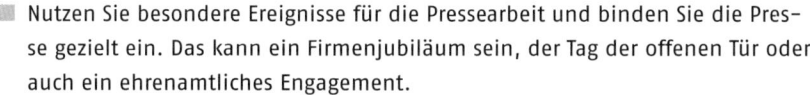

- Nutzen Sie besondere Ereignisse für die Pressearbeit und binden Sie die Presse gezielt ein. Das kann ein Firmenjubiläum sein, der Tag der offenen Tür oder auch ein ehrenamtliches Engagement.
- Schaffen Sie ein einheitliches Erscheinungsbild und nutzen Sie es konsequent. Der Wiedererkennungswert Ihres Unternehmens wird gesteigert durch die Ver-

wendung eines einheitlichen Logos, einer einheitlichen Gestaltung Ihrer Anzeigen, eine Farbgebung Ihrer Fahrzeuge oder eine ordentliche Firmenkleidung. Verwenden Sie konsequent nur ein Logo – und immer die gleiche Schriftart für Anzeigen, Werbetexte und Prospekte.

▧ Binden Sie Profis für die Pressearbeit ein. Ein Redaktionsbüro verfasst professionelle Texte und Pressemitteilungen über Ihr Unternehmen und über aktuelle Ereignisse. Diese werden an einen umfangreichen Presseverteiler versandt.

▧ Planen Sie Ihre Öffentlichkeitsarbeit. Im Rahmen Ihrer Jahresplanung für das Unternehmen legen Sie Maßnahmen und Budgets für das kommende Jahr fest. Welche Ereignisse stehen an, über die die Presse berichten kann (Jubiläum, Sommerfest, gemeinnützige Veranstaltung, Messeauftritt)? Stellen Sie erforderliche Infomaterialien zusammen, wie etwa Fotos, Kundenstimmen und Pressemappen.

FITNESSZONE **II**

Zur Öffentlichkeitsarbeit werden externe Profis hinzugezogen. Es herrscht ein Bewusstsein für die Wichtigkeit einer aussagekräftigen Unternehmensrepräsentation in der Öffentlichkeit.
Ein Jahresthemenplan für die Innen- und Außendarstellung liegt vor und wird umgesetzt. Ein einheitliches Erscheinungsbild existiert in allen wesentlichen Unternehmensbereichen.

Ihr Wiedererkennungswert in der Öffentlichkeit ist hoch, da Ihr Auftritt aus einem Guss ist. Logo, Farbgebung, Schrift und Gestaltung werden konsequent genutzt. Gibt es Veranstaltungen und Ereignisse in Ihrem Unternehmen, informieren Sie ein Redaktionsbüro und beauftragen es mit einer Berichterstattung. Sie pflegen einen regelmäßigen Kontakt zur Presse (regional, überregional, Fachpresse), es wird über laufende Ereignisse in Ihrem Unternehmen berichtet.

Ihre To-dos:

- Schaffen Sie Ereignisse, über die berichtet wird. Ihnen ist bewusst, dass es für das Unternehmen wichtig ist, in der Öffentlichkeit präsent zu sein. Bei entsprechenden Veranstaltungen binden Sie eine professionelle Presseagentur mit ein. Sie versenden Pressemappen mit weiterem Informationsmaterial.
- Engagieren Sie sich und seien Sie über Ihr operatives Alltagsgeschäft hinaus aktiv. Soziales Engagement ist für die Gesellschaft von Bedeutung, hilft Ihrem Unternehmen und macht Spaß. Das Ganze muss nicht viel Geld kosten. Sie können auch Ihr Know-how zur Verfügung stellen oder Ihre Zeit bzw. die Zeit Ihrer Mitarbeiter (etwa Reparaturarbeiten im örtlichen Kindergarten an einem Samstag durchführen). Eine Anregung: Der Erlös des Kuchenverkaufs an Ihrem Tag der offenen Tür wird gespendet.
- Stimmen Sie die Öffentlichkeitsarbeit auf Ihre Gesamtstrategie ab. Wie wollen Sie Ihr Unternehmen am Markt positionieren? Haben Sie eine besondere Spezialisierung? Nutzen Sie Medien aus genau diesem Bereich und verstärken Sie dort Ihre Öffentlichkeitsarbeit. Ein Beispiel: Als Bauunternehmer sind Sie DER Spezialist für altersgerechtes Bauen. Verfassen Sie dazu Presseartikel, und veröffentlichen Sie diese in Zeitschriften, die von der Zielgruppe (Senioren, Menschen 50+) gelesen werden. Präsentieren Sie sich auf Ausstellungen, Messen und Veranstaltungen, mit denen Sie diese Zielgruppe erreichen.
- Kommen Sie mit Ihrer Zielgruppe gezielt ins Gespräch. Wer ist Ihre Zielgruppe und wo finden Sie diese? Seien Sie da und fragen Sie nach den Bedürfnissen der Zielgruppe. Die Informationen nutzen Sie wiederum für die Pressearbeit und Ihre Produktentwicklung.
- Werden Sie zum Experten. Wenn Klarheit über Zielgruppe und Positionierung besteht, arbeiten Sie daran, genau hier Experte zu werden. So sind Sie im Bewusstsein der Öffentlichkeit und der Presse mit diesem Bereich verbunden und werden angesprochen, wenn es zum Beispiel um Fragestellungen rund um diesen Bereich geht.

Regelmäßig erscheinen Sie mit Ihrem Unternehmen in der Presse. Sie nutzen Ihre Kontakte gezielt, um sich zu präsentieren. Sie analysieren konsequent die getroffenen Maßnahmen und deren Wirkung: Kam eine Resonanz auf den Pressebericht in der Zeitschrift XY? Wie viele Kundenanfragen hat die Messe XY nach sich gezogen? Sind die Neukundenanfragen aus unserer Zielgruppe?

Zudem haben Sie sich als Experte auf Ihrem Gebiet positioniert. Die Medien kommen zu Ihnen, weil Sie in deren Bewusstsein ein kompetenter Ansprechpartner für „Ihr Thema" sind. An Ihrer Zielgruppe sind Sie nah dran, da Sie persönliche Kontakte pflegen und sich am Markt als Experte positioniert haben.

Ihre To-dos:

- Prüfen Sie regelmäßig und immer wieder, was für die Öffentlichkeit interessant sein kann und wie Sie mit Ihrem Unternehmen in den Medien erscheinen können.
- Welche Maßnahmen helfen dabei, Ihre Position als Experte weiter auszubauen?

1. Wie tritt Ihr Unternehmen in der Öffentlichkeit auf? Betrachten Sie kritisch Ihr Erscheinungsbild, Logo, Fahrzeuge, Kleidung usw.
2. Über welche Ereignisse in Ihrem Hause können Sie die Presse informieren, damit diese über Sie berichtet? Welche Ereignisse können Sie gezielt schaffen?
3. Werten Sie Ihre bisherigen Marketingmaßnahmen aus (Anzeigenschaltung, Pressearbeit, Messeauftritte). Was hat für Sie den größten Erfolg?
4. Wie möchten Sie konkret im kommenden Jahr Ihren Unternehmensauftritt gestalten? Welche Maßnahmen werden Sie durchführen? Was sind die ersten Schritte?
5. In welchem Bereich können Sie sich als Experte positionieren?

Kapitel 3
Die Erfolgsfaktoren für Ihre unternehmerische Weiter- entwicklung – die Erwartungen des Kunden

„Der Kunde ist König" – eine alte Weisheit, die auch heute noch oft gilt. Das Handlungsfeld „E" beschäftigt sich mit den Kundenerwartungen und den Möglichkeiten, den Kunden zu bedienen, zu binden und zu begeistern.

Erfolgsfaktor 2:
Erwartungen des Kunden erfüllen und Fans gewinnen

In vielen Bereichen ist der Wettbewerb hart, und es ist notwendig, sich von der großen Masse der Mitbewerber abzusetzen. Dies geht häufig nur über den Weg des Services und der Kundenbetreuung. Das Ziel dahinter ist, den Kunden zum „Fan" zu machen, ihn zu verblüffen mit Zuverlässigkeit, Sauberkeit, Schnelligkeit, Kreativität – eben mit einem besonderen Service, der überrascht.

Bei der Arbeit im Handlungsfeld „E" geht es um Fragen wie:
- Was können wir besonders gut? Was zeichnet uns aus?
- Wer sind unsere Kunden?
- Welche Anforderungen stellen unsere Kunden?
- Wie stellen wir unsere Kunden nachhaltig zufrieden?
- Wie erfahren wir, was die Bedürfnisse unserer Kunden sind?

Es gibt Marken, die haben Kultstatus. Untersuchungen zeigen, dass der angebissene Apfel von Apple bei den Kunden (Fans) Emotionen hervorruft. Welchen Weg können Sie gehen, um Ihre Zielgruppe genau zu definieren und diese für die Leistungen und den Service Ihres Unternehmens zu begeistern? Wiederum sind sieben Handlungsfelder von entscheidender Bedeutung.

Handlungsfeld 1:
Kernkompetenzen entwickeln

„Eine Menge an Firmen haben sich entschlossen, Personal abzubauen, und vielleicht war es das Richtige für sie. Wir haben einen anderen Weg gewählt. Unsere Überzeugung war, dass die Kunden weiterhin ihre Brieftaschen öffnen würden, wenn wir ihnen weiterhin großartige Produkte vorsetzen würden."

(STEVE JOBS)

Viele Unternehmen fahren eine Gemischtwarenpolitik: Möglichst breit aufgestellt, soll das Unternehmen für alle Eventualitäten gewappnet sein. Denn je mehr Arbeiten ein Unternehmen ausführen kann, desto besser übersteht es auch Krisenzeiten. Neidvoll oder verwundert schauen sie dabei auf andere Unternehmen, die offensichtlich sehr erfolgreich nur eine Nische besetzen oder eine sehr spezielle Kundengruppe bedienen und äußerst erfolgreich sind. Reicht es wirklich, wenn auch Sie sich mit Ihrem Unternehmen auf einige wenige Kompetenzen beschränken?

Dazu müssen Sie wissen, wie Sie Ihr Unternehmen ausrichten wollen:
- Sind Sie partnerschaftlich mit Ihren Kunden über möglichst lange Zeit verbunden (hoher Stammkundenanteil)?
- Sind Sie preiswert und stehen unter einem hohen Wettbewerbs- und Preisdruck?
- Wollen Sie bei Innovationen und Produktentwicklungen im Vergleich zu Ihren Wettbewerbern an der Spitze stehen?
- Bieten Sie genau die Leistungen oder Produkte an, die das dringendste Bedürfnis Ihrer Kundengruppe decken?

- Bieten Sie Waren oder Dienstleistungen an, die sonst keiner so erfolgreich anbietet (das wäre dann Ihr Alleinstellungsmerkmal)?
- Ist Ihr Kundenservice exzellent? Macht Ihnen im Kundenservice keiner etwas vor?

Mit der engpasskonzentrierten Strategie arbeiten

Bei einem Blick auf die Marktführer und erfolgreichen Unternehmen einer Branche wird deutlich – und das gilt branchenübergreifend: Die wirklich erfolgreichen Unternehmen sind hoch spezialisiert. Viele nutzen die sogenannte EKS – die engpasskonzentrierte Strategie. Beispiele dafür sind die Firmen Würth (Befestigungstechnik), Porsche oder Apple.

Die EKS besagt, dass ein Unternehmen den größten Bedarf (die größte Not oder das größte Bedürfnis) seiner Kunden erkennen muss, um dann seine Fähigkeiten genau in diesem Bereich einzusetzen. Dort entwickelt ein Unternehmen also seine Kernkompetenzen. Das sind besondere Fähigkeiten oder Techniken, die etwa durch langjährige Forschung oder Erfahrung perfektioniert und auf die speziellen Kundenwünsche abgestimmt wurden. Bei einer entsprechenden Spezialisierung und Konzentration sind diese Unternehmen vom Wettbewerb nur schwer zu überbieten.

Oft regt sich bei diesen Aussagen Widerstand: „Und was machen wir, wenn der Bedarf nicht mehr da ist? Dann sind wir ganz schnell pleite!" Das kann passieren, wenn sich Unternehmen nur auf ihre Nische verlassen und den Blick auf den Markt, die Trends und ihre Stärken vernachlässigen. Ansonsten bedeutet die Konzentration auf die Kernkompetenzen nicht, dass man einmal kreativ und aufmerksam war und dann nie mehr wieder. Stärken und Fähigkeiten sind auch auf andere Märkte oder Sparten übertragbar. Als Unternehmer müssen Sie sich ständig fragen, ob Ihre Kernkompetenzen auch in Zukunft noch gefragt sind.

Dazu ein Beispiel:
- Als Malerbetrieb können Sie alles machen: Fassaden streichen, Wärmedämmfassaden anbauen, Innenräume streichen, in Privathäusern, in Unternehmen etc. Sie werden aber nie auf die Eigenheiten jedes Kunden

eingehen können. Dafür haben Sie einfach zu viele und viel zu verschiedene Kunden. Zudem stehen Sie mit allen anderen Malerbetrieben im Wettbewerb.

■ Eine Alternative: Sie spezialisieren sich auf Gaststätten, die ja eigentlich nur an ihrem Ruhetag Zeit für Malerarbeiten haben. Aufgrund Ihrer Kernkompetenzen bieten Sie den Gaststätten eine perfekte Lösung: An nur einem Tag wird das Restaurant komplett gestrichen, sodass der Betrieb am nächsten Arbeitstag um 17.00 Uhr wieder starten kann. Möglich wäre das etwa durch die Zusammenarbeit mit einem Umzugsunternehmen, das die Möbel abholt, zwischenlagert und am nächsten Tag wieder im Restaurant verteilt.

■ Der Kundennutzen, der durch Ihre Kernkompetenzen entsteht, ist klar: Der Restaurantbesitzer hat keine oder wenige Ausfallzeiten, Ihre Dienstleistung ist kaum austauschbar.

Mit Kernkompetenzen arbeiten heißt also: Entwickeln Sie dort Ihre Stärken, wo Ihre Mitbewerber Schwächen zeigen oder wo Ihre Zielgruppe einen Engpass hat.

Kompetenzen

Datum: _____

Kompetenzlücken	Kernkompetenzen
Kompetenzstandards	Kompetenzpotenziale

Kundenwert

Kompetenz im Vergleich mit anderen ⟶

Abbildung 17: Kompetenz-Portfolio

Handlungsfeld „Kernkompetenzen entwickeln":
Wie Sie in die Fitnesszone I gelangen

FITNESSZONE III

Unsere eigentlichen Kernkompetenzen sind unklar und schwammig. Wir haben sie nur in geringerem Maß entwickelt und fokussieren uns nicht auf sie. Wir nutzen sie nur sporadisch (auf Kundenanfrage).

Ihr Unternehmen hat Kernkompetenzen, doch keiner kennt sie. In Teilbereichen werden spezialisierte Aufgaben übernommen, doch der Fokus liegt auf der Aussage: „Wir machen alles!" Dabei ist Ihnen bewusst, dass Ihre Kunden für spezielle Leistungen auch gut bezahlen und man Ihr Unternehmen aus genau diesem Grund auch weiterempfiehlt. Trotzdem arbeitet das Unternehmen weiterhin an zweitrangigen Aufgaben.

Ihre To-dos:

- Führen Sie eine Stärken-Schwächen-Analyse durch, und zwar in Ihrem Unternehmen und am besten auch bezüglich der Leistungen und Produkte Ihrer Mitbewerber. Worin unterscheiden Sie sich und wo liegt Potenzial für Ihr Unternehmen? Schreiben Sie auf, was Ihr Unternehmen, Ihre Mitarbeiter wirklich gut können und wo es Schwächen gibt. Welche Mitarbeiter sind echte Wissensträger? Welches Potenzial haben „Schläfer", die aus ihrer Lethargie geweckt werden könnten?
- Fragen Sie Ihre Kunden, was ihnen wirklich wichtig ist. Beginnen Sie am besten mit den Stammkunden. Diese kennen Ihre Arbeiten seit längerer Zeit und scheinen damit zufrieden zu sein. Hören Sie auch auf das, was zwischen den Zeilen gesagt wird.
- Setzen Sie an Ihren Stärken an und machen Sie diese noch stärker. Wenn Sie das erledigt haben, schauen Sie sich den Marktführer in Ihrer Region in Ihrem Bereich an: Was macht er besonders gut?

■ Befragen Sie Neukunden, wieso sie zu Ihrem Unternehmen kommen. Haben Sie den Mut, auch abgewanderte Kunden nach deren Gründen zu fragen. Das kann wehtun, ist jedoch meistens sehr hilfreich.

FITNESSZONE **II**

Unsere Kernkompetenzen sind die zentrale Richtlinie unseres Handelns. Auf Basis der Mitarbeiteranalysen bauen wir unsere Kernkompetenzen aus, um auf unserem Markt gut existieren und aktuelle Kundenbedürfnisse befriedigen zu können.

Nachdem Sie Ihre Kernkompetenzen festgestellt und schriftlich fixiert haben, werden sie zu den Wegweisern für unternehmerische Entscheidungen. Ab jetzt beginnen Sie damit, nur noch das zu tun, was Sie wirklich gut können, und lagern alle anderen Arbeiten aus. Sie vergleichen sich mit Ihren Mitbewerbern und sehen die Unterschiede zwischen Ihnen und den Konkurrenten.

Ihre To-dos:

■ Konzentrieren Sie sich auf den weiteren Ausbau Ihrer Kernkompetenzen. Wenn Sie sich ganz sicher sind, diese Kompetenzen wirklich zu beherrschen, können Sie mit der Suche nach neuen Märkten oder Marktnischen beginnen.
■ Nutzen Sie dazu das Potenzial in Ihrem Unternehmen. Besonders interessant ist die Ideenfindung bei einer heterogenen Mitarbeiterstruktur. Je unterschiedlicher die Mitarbeiter sind (Alter, Herkunft, Bildungsgrad, Nationalität), desto erfolgreicher können die Ergebnisse eines Brainstormings sein.

Wir erfassen mögliche Marktentwicklungen und versuchen unsere bestehenden Kernkompetenzen entsprechend auszubauen. Neue Kernkompetenzen entwickeln wir beständig und systematisch, um mit unserem Unternehmen auf zukunftsträchtigen Märkten aktiv sein zu können.

Sie haben Ihre Kernkompetenzen nahezu perfektioniert. Nun gilt es, diese Kompetenzen auch auf neuen Märkten auszuprobieren und ggf. daran anzupassen. Dazu benötigen Sie eventuell neue Fähigkeiten oder neue Mitarbeiter. Sie sind also ständig auf der Suche nach Optimierungsmöglichkeiten und halten auch in branchenfremden Bereichen nach Möglichkeiten zum Einsatz Ihrer Kernkompetenzen Ausschau. Dadurch können Sie schon früh die Entwicklung von und in Märkten erkennen.

Ihre To-dos:

▨ Halten Sie nach neuen Märkten und Nischen für Ihre Kernkompetenzen Ausschau. Sie erkennen neue Märkte oder Trends etwa beim sorgfältigen Studium der Tagespresse, bei Unternehmerstammtischen, bei Gemeindeveranstaltungen oder in der Fachpresse. Dort, wo es einen anderen drückt, können Sie unter Umständen mit Ihren Fähigkeiten Linderung versprechen. Das setzt allerdings voraus, dass Sie ganz nah dran sind an Ihren potenziellen Kunden.

▨ Bilden Sie einen Kundenbeirat, führen Sie Kundenbefragungen durch oder nehmen Sie sich die Zeit für einen Plausch mit Ihren Kunden. Seien Sie aufmerksam, denn die wahren Wünsche werden selten direkt geäußert. Oft kennt der Kunde seine (wirklichen) Bedürfnisse gar nicht richtig, sondern gibt Lösungen vor. Ein Beispiel: Als Kfz-Werkstatt stellen Sie Ihren Kunden einen Leihwagen (mit 1.000 € Selbstbeteiligung bei Vollkasko) zur Verfügung, wenn das Auto zur Inspektion gebracht wird. Der Kunde nimmt das in Anspruch, weiß aber, dass er für seinen täglichen Arbeitsweg gar kein Fahrzeug benötigt – wohl aber von Ihrem Unternehmen zum Arbeitsplatz. Hier wäre ein Hol- und Bringservice für das Auto des Kunden ein deutlicher Kundenvorteil.

1. Welche (einzigartigen) Dienstleistungen oder Produkte bieten wir an?
2. Entsprechen die Qualität unserer Dienstleistungen und das Angebot den Bedürfnissen der Kunden?
3. Wieso soll ein potenzieller Kunde bei uns kaufen und nicht beim Wettbewerber (schreiben Sie mindestens drei wesentliche Punkte auf)?
4. Welche Mitbewerber gibt es und welche davon werden uns in unserem Bereich in den nächsten Jahren gefährlich?
5. Gibt es Ersatzprodukte oder Ersatzleistungen, die uns in Zukunft gefährlich werden können?
6. Wie beschreiben unsere Kunden den wesentlichen Nutzen, den sie durch unsere Leistungen oder Produkte haben?
7. Welche Produkte oder Dienstleistungen waren in den letzten Jahren besonders erfolgreich und was waren deren Erfolgsfaktoren?

Handlungsfeld 2:
Zielgruppe fokussieren

„Erfolg besteht darin, dass man genau die Fähigkeiten hat, die im Moment gefragt sind."

(HENRY FORD)

Wenn Sie der Auffassung sind, dass Sie jeden Kunden benötigen, den Sie bekommen können – denn diese Kunden bezahlen ja die Gehälter Ihrer Mitarbeiter und sichern das Überleben Ihres Unternehmens –, dann sollten Sie die folgenden Ausführungen gründlich lesen und sich detaillierte Gedanken über Ihre Zielgruppe machen. Die Verbraucher werden immer kritischer hinsichtlich der Leistungen und Produkte der Unternehmen. Ein Grund dafür ist sicherlich die deutlich gestiegene Transparenz durch das Internet.

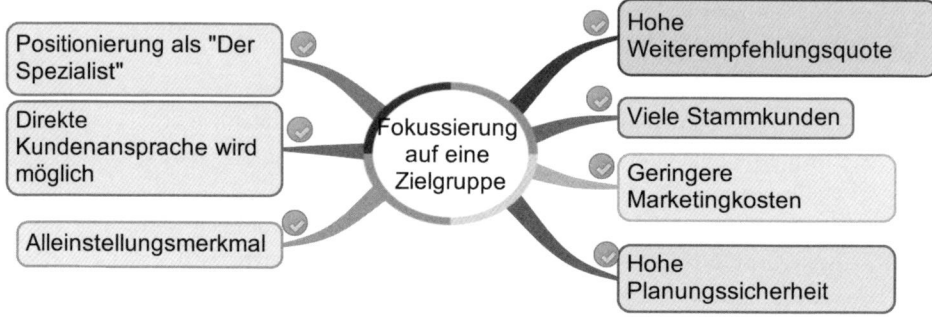

Abbildung 18: Erfolg durch Fokussierung auf die Zielgruppe

Machen Sie sich einmal die Mühe und schauen sich die erfolgreichen Marktteilnehmer, die Mitbewerber in Ihrer Region an. Sie werden feststellen: Alle haben sich auf ihre Kernkompetenzen und ihre Kernzielgruppe fokussiert und sind mit großer Kreativität erfolgreich.

Um erfolgreich zu sein, müssen Sie in der Wahrnehmung Ihrer Kunden so verankert sein, dass sich Ihr Angebot deutlich von dem Ihrer Mitbewerber abhebt. So wecken Sie positive Assoziationen. Dazu gehört die Konzentration auf die attraktivste Zielgruppe unter Ihren Kunden. Wenn Sie alle Kunden bedienen möchten, die bei Ihnen anfragen, werden Sie sich nie in die Gedankenwelt Ihrer Kunden versetzen können. Sie werden aller Wahrscheinlichkeit nach nie die speziellen Bedürfnisse kennenlernen und Ihre eigenen Stärken selten effektiv einsetzen können.

Ein wesentlicher Erfolgsfaktor erfolgreicher Unternehmen ist, neben einer starken Strategie, die Konzentration auf die eigenen Stärken. Eine Kundengruppe, deren Bedarf Sie genau dort decken, wo Ihre Stärken sich mit dem Bedürfnis der Zielgruppe decken, verspricht in der Regel hohe Margen und einen geringen Preisdruck. Das Ergebnis für Ihr Unternehmen wird ein mittleres bis hohes Wachstum sein. In der Betriebswirtschaft spricht man auch von dem strategischen Dreieck (siehe Abbildung 19). Es zeigt, wie sich Ihr

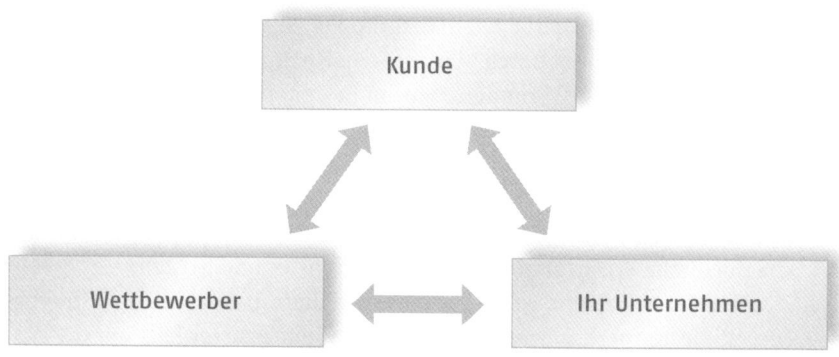

Abbildung 19: Das strategische Dreieck

Unternehmen durch die Bedürfnisbefriedigung beim Kunden profilieren und so einen Vorteil gegenüber dem Wettbewerb generieren kann. Dieser ist allerdings auch auf der Suche nach Kunden und wartet nur auf den richtigen Moment, Ihren Stammkunden zu seinem zu machen.

Regionale Präsenz nutzen

Der Vorteil von Kleinunternehmen besteht oft in ihrer regionalen Präsenz und Stärke. Sich in der Region bekannt zu machen, ist meistens mit einem geringen finanziellen Aufwand möglich. Das Ziel ist es, Ihr Unternehmen mit möglichst wenig Marketingaufwand bei allen Kundensegmenten und Zielgruppen gleich gut bekannt zu machen. Die Untersuchungen diverser Marktforschungsinstitute zeigen, dass immer mehr Menschen regional agierende Unternehmen bevorzugen und verstärkt die Beratung in Betrieben vor Ort suchen. Eine erfreuliche Tendenz in Zeiten des E-Commerce.

Verlockend für jeden Unternehmer ist die Fokussierung auf eine Zielgruppe auch aus einem weiteren Grund. Haben Sie die Bedürfnisse Ihrer Zielgruppe erst einmal entdeckt und Ihre Arbeiten oder Produkte mit der erforderlichen Qualität abgeliefert, spricht sich das innerhalb Ihrer Zielgruppe schnell herum. Aus professionell bearbeiteten Zielgruppen entwickeln sich oft Stammkunden, deren Betreuung durch Marketingmaßnahmen deutlich preiswerter ist als die Neukundengewinnung. Dazu ein Beispiel:

- Als Sanitärunternehmen machen Sie keinen Unterschied bei Ihren Kunden. Sie nehmen jeden Auftrag an, von der Reparatur eines defekten Waschbeckens in einer Wohnung bis zur Sanierung und zum Umbau einer alten Kaserne in Bürogebäude. Nun hat aber jeder Ihrer Auftraggeber unterschiedliche Erwartungen bezüglich Zeitfenster und Kosten.
- Konzentrieren wir uns einmal darauf, wie diese potenziellen Auftraggeber auf Sie aufmerksam werden: Der Wohnungsbesitzer liest nur die Wochenblätter und die Aushänge im Supermarkt um die Ecke. Der Investor, der Gebäude in der Region saniert, liest zwei Tageszeitungen, verschiedene Wirtschaftsblätter und ist eng mit anderen Unternehmern vernetzt.
- Um beide zu erreichen, platzieren Sie einen Aushang im Supermarkt, schalten eine Anzeige im Wochenblatt und in zumindest einer Tageszeitung. Wenn Sie engagiert sind, gehen Sie auch noch zum Unternehmerstammtisch. Der Investor sucht sicherlich kein Unternehmen, das nur für kleinere Reparaturarbeiten in Privathäusern bekannt ist. Egal wie gut dessen Arbeit ist – die Bedürfnisse des Investors sind ganz andere: Schnelligkeit, Leistungsfähigkeit, Termindruck, gutes Preis-Leistungs-Verhältnis etc. Wahrscheinlich ist Ihr Marketingbudget rasch erschöpft.
- Darum: Konzentrieren Sie sich auf eine Gruppe, sparen Sie schon einmal das Geld für die zweite „Werbekampagne".

Eine aktuelle Studie der Universität Bremen hat diese Strategie übrigens noch einmal bestätigt. Prof. Ulrich Kuron und sein Team konnten nachweisen, dass die Fokussierung auf eine Zielgruppe und die Strategie, der beste „Problemlöser" in dieser Zielgruppe zu werden, zu einer deutlichen Renditesteigerung im Unternehmen führt. Ganz nebenbei wird das Unternehmen noch interessanter für den Kunden und die potenziellen Mitarbeiter (Kuron 2014).

Vertrauen aufbauen
und Stammkunden gewinnen

Es kommt aber noch besser. Je mehr Sie sich auf eine Zielgruppe fokussieren, desto schneller wird diese Gruppe vom Neu- zum Stammkunden. Diverse Untersuchungen haben gezeigt, dass für die Betreuung von Stammkunden nur 30 Prozent derjenigen Investitionen notwendig sind, die für die Neukundenwerbung erforderlich sind. Hier lauert aber auch eine Gefahr: Wenn Ihr Markt schwächelt oder stagniert und Sie sich aktiv auf die Suche nach Neukunden begeben, gerät die Stammkundenpflege vielfach in den Hintergrund. Das ist die Chance für Ihren Mitbewerber, Ihre Stammkunden anzusprechen. Es gibt dafür eine Faustregel: Für jeden Neukunden verlieren Sie einen oder sogar mehrere Stammkunden.

Durch die Fokussierung steigt die Wertschätzung Ihrer Arbeiten durch Ihre Zielgruppe und gleichzeitig sinken Ihre Marketing- und Verwaltungskosten. Ein enormer Vorteil bei der Fokussierung auf Zielgruppen ist das Empfehlungsmarketing. Jeder Unternehmer kennt den Satz: „Bist du da erst mal drin, läuft das von alleine." Stimmt, solange Sie sich auf Ihre Zielgruppe fokussieren. Dadurch entsteht noch ein weiterer Vorteil: Je besser Sie Ihre Stammkunden und Ihre Zielgruppe kennen, desto besser können Sie planen. Der Bedarf an Leistungen oder Produkten und der dadurch generierte Umsatz mit einer Zielgruppe lassen sich leichter prognostizieren, wenn man schon jahrelang miteinander arbeitet. Für Sie als Unternehmer bedingt das eine hohe Planungssicherheit bezüglich der Kapazitäten (Mitarbeiter) und Ressourcen (Liquidität, Material).

Das klappt natürlich nur, wenn Sie eine hohe Bindung zu Ihrer Zielgruppe und ein Vertrauensverhältnis aufbauen können. Die erfolgreichsten Unternehmen wissen ganz genau, wo ihren Kunden der Schuh drückt. Manchmal wissen sie es sogar besser als der Kunde selbst.

Handlungsfeld „Zielgruppe fokussieren":
Wie Sie in die Fitnesszone I gelangen

FITNESSZONE III

Wir forcieren unsere Lieblingsprodukte und -dienstleistungen ohne Berücksichtigung der Bedürfnisse unserer Zielgruppe. Wir sehen überall potenzielle neue Kunden und bedienen diese ohne Rücksicht auf unsere Kernkompetenzen oder Unternehmensziele.

Sie sehen überall Ihre Kunden und so agieren Sie auch. Sie versuchen jedem Kunden gerecht zu werden und verzetteln sich. Die Konsequenzen sind ein permanent hoher Stresspegel, geringe Margen und ein hoher Wettbewerbsdruck. Ihre Firma gleicht eher einem Gemischtwarenladen als einem professionellen Handwerks- oder Dienstleistungsunternehmen. Die Kunden nehmen das auch so wahr. Sie haben viele Einmalkunden oder ehemalige Stammkunden, die jetzt Kunden bei Ihrem Wettbewerber geworden sind.

Nachdem Sie erkannt haben, wie wichtig Zielgruppen sind, bearbeiten Sie diese auch. Sie informieren sich durch Gespräche mit Ihren Kunden immer stärker nach deren Bedürfnissen. Trotzdem erkennen Sie, dass es in Ihrer Branche noch weitere Spezialisierungsmöglichkeiten gibt. Ihre besten Mitbewerber scheinen das schon erkannt zu haben und sind mit Spezialisierungen erfolgreich. Sie haben erkannt: Marktführer auf dem gesamten Markt können wir nicht sein, aber eventuell in einer Marktnische für eine spezielle Zielgruppe. Doch welche Zielgruppe ist die richtige für Ihr Unternehmen?

Ihre To-dos:

■ Durchforsten Sie einmal Ihren Kundenstamm. Mit welchen Kunden arbeiten Sie gerne, gut und seit Langem zusammen? Was haben diese Kunden gemeinsam?

■ Nehmen Sie sich die Zeit und analysieren Sie Ihren Markt: Wo befindet sich Ihr Markt räumlich, personell, produktionstechnisch oder handwerklich?

- Schauen Sie sich einmal Ihre potenziellen Kundengruppen an. Wer nutzt vergleichbare Angebote, die auch Sie offerieren? Welche vergleichbaren Produkte oder Dienstleistungen werden von potenziellen Mitbewerbern in Ihrer Region angeboten? Gibt es Überschneidungen mit anderen Branchenbereichen und könnten diese eventuell interessant für Sie sein? In welchen Bereichen bieten Ihre Wettbewerber die meisten Dienstleistungen oder Produkte an? Ist da noch Platz für Sie?
- Erfassen Sie Ihre Zielgruppen genauer: Welche Zielgruppe passt am besten zu Ihren Stärken? Beschränken Sie sich dabei auf maximal drei bis fünf Zielgruppen – je weniger, desto besser.
- Beziehen Sie bei der Analyse auch Ihre Führungskräfte und Ihre Mitarbeiter ein.
- Wie lukrativ sind Ihre Zielgruppen? Bewerten Sie die unterschiedlichen Gruppen nach dem möglichen Umsatz, dem Zeit- und Kostenaufwand, der Zukunftsentwicklung und der Erreichbarkeit.
- Erst jetzt, nach der detaillierten Analyse, starten Sie mit weiteren Aktivitäten.

FITNESSZONE II

Unser Unternehmen arbeitet mit den verschiedensten Zielgruppen. Neben einer erfolgreichen Basisarbeit treffen wir eine Vorauswahl für wichtige Zielgruppen und ermitteln deren Bedürfnisse. Wir berücksichtigen diese Bedürfnisse und schätzen das Potenzial für uns ein. Wir experimentieren mit ersten erkennbaren Erfolgen bei ausgewählten Zielgruppen.

Sie haben sich entschieden und Ihre Zielgruppen genau bestimmt. Nun fallen Ihnen die strategischen Entscheidungen bezüglich der Kundenansprache und der Kundengewinnung leichter. Sie beginnen mit der Einführung eines Empfehlungsmarketings und kennen die hohe Relevanz von Stammkunden. Trotzdem kämpfen Sie immer noch auf verschiedenen Märkten mit Ihren stärkeren Mitbewerbern, die auf dem Weg zum Marktführer in Ihrer Zielgruppe schon deutlich weiter sind.

Ihre To-dos:

- Klären Sie die Bedürfnisse Ihrer Zielgruppe. Dazu setzen Sie auf persönliche Befragungen, Interviews oder personalisierte Fragebögen. Die Auswertung erfolgt im Unternehmen und bringt erste Erkenntnisse.
- Schätzen Sie die Potenziale der Zielgruppen ein und trennen Sie sich notfalls von weniger ertragreichen Zielgruppen. Dazu entwickeln Sie eine Strategie: Kooperieren Sie zum Beispiel mit einem Partner aus Ihrer Branche, der genau diese Zielgruppe für sich entdeckt hat und sie gerne übernehmen würde. Gespräche am Unternehmerstammtisch oder mit Ihrer zuständigen Kammer eignen sich optimal für diesen Schritt.
- Bauen Sie Ihre Kernkompetenzen für Ihre Zielgruppen aus. Am besten sind es nur noch drei Zielgruppen, die für Sie infrage kommen.
- Entwickeln Sie möglichst regelmäßig Innovationen in Ihrem Betrieb. Zuerst setzen Sie diese Innovationen in Ihrer Zielgruppe ein; anschließend suchen Sie nach neuen Geschäftsfeldern für diese Innovationen. Suchen Sie nach weiteren Nischen.

FITNESSZONE **I**

Wir kennen die gegenwärtigen und zukünftigen Bedürfnisse unserer Zielgruppen und finden spezifische Angebote für jede unserer Zielgruppen. Wir sind die erste Adresse in unserer Nische.

Es ist geschafft. Sie wissen genau, für welche Zielgruppe Sie tätig sein wollen. Sie haben erkannt, dass der Kampf um Marktanteile oft nur einen Sieger hat: den Kunden. Die Unternehmen bleiben dabei hinsichtlich Gewinn und Zukunftsfähigkeit auf der Strecke.

Die betriebswirtschaftliche Seite ist geklärt, Sie können die Entwicklung Ihrer Zielgruppe prognostizieren und sich auf ihre veränderten Bedürfnisse einstellen. Sie konzentrieren sich mit Ihrer ganzen Kraft auf diese Zielgruppen, wissen aber auch, dass es noch Wettbewerber gibt. Ihr Sortiment an Dienstleistungen oder Produkten wird immer feiner auf die Bedürfnisse Ihrer Kunden abgestimmt. Nach EKS bedeutet das: Sie sind spitz aufgestellt, Sie sind also Spezialist für eine genau definierte Menge an Zielgruppen und bieten ein schmales, aber tiefes Sortiment. Ihr Ziel ist es, Zielgruppenbesitzer zu werden. Ihre Marketingmaßnahmen spezialisieren sich immer mehr auf Ihre Zielgruppe.

Ihre To-dos:

▨ Verfeinern Sie Ihr Gespür für Ihre Zielgruppe und deren Probleme, indem Sie einen Kundenbeirat gründen und regelmäßig einberufen. Konzentrieren Sie sich auf die Bereiche, in denen Sie wirklich Spitzenleistungen bringen.
▨ Ihre Produkte und Dienstleistungen sind mittlerweile unverwechselbar geworden, denn Sie reagieren auf die Wünsche Ihrer Kunden sehr schnell.
▨ Betreiben Sie aktives Beziehungsmarketing innerhalb Ihrer Zielgruppe.
▨ Bleiben Sie stets auf Empfang, wenn Ihre Kunden mit Wünschen oder Vorschlägen an Sie herantreten. Oft sind es Sätze wie „Im Urlaub haben wir was Tolles gesehen, das wär doch was für Sie …". Hier ist Wertschätzung gegenüber Ihrem Kunden angebracht, denn er engagiert sich für Ihr Unternehmen. Hören Sie zu, und lernen Sie, auch zwischen den Zeilen zu lesen.
▨ Nehmen Sie sich regelmäßig Zeit, um mit Ihren Mitarbeitern oder Führungskräften nach Innovationen und Verbesserungen zu suchen.

Umsetzungsfragen für das Handlungsfeld „Zielgruppe fokussieren"

1. Wer genau ist zurzeit unsere Zielgruppe?
2. Wer kauft unsere Waren und Dienstleistungen?
3. Welche Zielgruppe gibt es noch, die zurzeit nicht von den Wettbewerbern betreut wird, aber unsere Stärken benötigen könnte?
4. Was braucht diese Zielgruppe (wirklich)?
5. Wie erreiche ich diese Zielgruppe (was liest sie, wo arbeitet sie, was macht sie in der Freizeit)?

6. Wie verändert sich diese Zielgruppe in den kommenden Jahren (Hobbys, Familie, Gewohnheiten)?
7. Können wir, auch auf längere Sicht, für diese Zielgruppe Lösungen anbieten?
8. Benötigen wir Partner für die Lösungen?

Handlungsfeld 3:
Servicequalität steigern

„Sag niemals Nein, wenn ein Kunde oder Gast dich nach etwas fragt ... wir können es zumindest versuchen."

(CÉSAR RITZ)

Die Vergleichbarkeit von Dienstleistungen und Produkten wird für den Endverbraucher immer einfacher. Es gibt kaum noch Branchen, die nicht im Internet vertreten sind, oder Produkte, die in keiner Preissuchmaschine auftauchen. Doch aus unserer Sicht gehört zum guten Service auch immer der persönliche Kontakt.

Nur wer sich aus der Masse seiner Mitbewerber heraushebt und durch außergewöhnlichen Service eine Nische besetzen kann, wird damit auf Dauer erfolgreich sein.

Wenn die Einzigartigkeit Ihrer Produkte oder Dienstleistungen nicht auf den ersten Blick erkennbar ist, haben Sie nur die Chance, sich durch exzellenten Service vom Wettbewerb zu unterscheiden. Der Service bleibt dem Kunden im Gedächtnis und er wird Sie gerne weiterempfehlen. Laut einer Studie der Post AG bekommen Handwerker ihre Aufträge zu rund 43 Prozent aufgrund von Empfehlungen, und rund 68 Prozent der Kunden wechseln die Unternehmen wegen des schlechten oder mangelnden Services. Grund genug für Sie, eine perfekte Serviceleistung zu erbringen.

In den Köpfen vieler Handwerker und Produktionsbetriebe herrscht noch das klassische Bild von Service vor: Der Kunde kommt, erhält ein gutes Produkt und vielleicht noch eine Gratisinspektion oder Wartung. Das reicht dann auch. Traditionell wird das Thema „guter Service" in der Tourismus- und Kfz-Branche verortet. Aber überraschende Servicedienstleistungen bei der Dauergrabpflege oder in der Betriebsschlosserei? Wie soll das gehen?

Ohne gute Mitarbeiter kein Service

Nun, zuallererst einmal nur mit einem qualifizierten und engagierten Mitarbeiterstamm. Ohne ein Team, das motiviert dabei ist und den Servicegedanken mit Begeisterung verfolgt, bleibt das Ziel unerreichbar. Dazu gehört neben Fachkompetenz ein hohes Maß an Vertrauenswürdigkeit und Zuverlässigkeit. Wenn Sie zwar fachlich versierte Mitarbeiter haben oder selbst ein Experte auf Ihrem Gebiet sind, Ihre Termine jedoch selten einhalten und die Preise oft vom Angebot abweichen, dann ist es mit dem Vertrauen des Kunden bald vorbei.

Immer mehr Kunden erwarten zudem ein hohes Maß an Höflichkeit und Kommunikationsfähigkeit. Speziell bei größeren Investitionen haben Menschen den Wunsch nach einer klaren und verständlichen Erläuterung der Vor- und Nachteile der Produkte oder Dienstleistungen. „Wieso soll ich dieses Produkt gerade bei Ihnen kaufen und nicht beim Wettbewerb?" Diese Frage sollte jeder in Ihrem Betrieb sofort und ohne nachzudenken beantworten können. Die zentrale Botschaft Ihres Unternehmens muss aus der Informationsflut herausstechen und klar erkennbar sein. Wenn Sie das schaffen, können Sie Ihre Spitzenstellung ohne großen Aufwand auch auf einen anderen Geschäftsbereich übertragen.

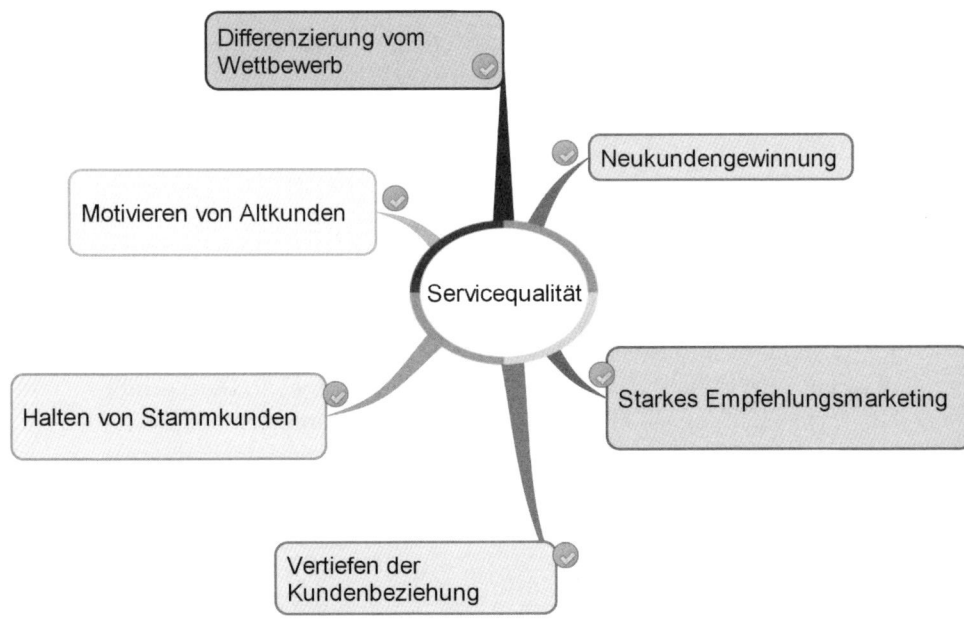

Abbildung 20: Wichtige Aspekte der Servicequalität

Machen Sie Ihren Kunden zum Fan

Der große Vorteil kleiner Unternehmen ist, so seltsam das zunächst klingen mag, ihre geringe Größe. Die Kommunikation zwischen Kundendienst, Innendienst, Führungskräften und Kunden geht viel direkter und schneller vonstatten. Und umso einfacher ist es, Veränderungen und Neuerungen ohne lange Wartezeiten auszuprobieren und zu perfektionieren. Also: Klein und schnell schlägt groß und schwerfällig.

Sofern Sie nun an Ihrer Servicequalität arbeiten möchten, geschieht das am besten in mehreren Stufen. Zunächst einmal verbessern Sie die Zusammenarbeit mit Ihren Kunden. Anschließend schaffen Sie unternehmerischen Service. Dazu gibt es eine Reihe von hilfreichen Werkzeugen, etwa Systeme wie das Total Quality Management (TQM) oder die Initiative Servicequalität Deutschland. Letztere wurde zwar anfangs überwiegend in der Gastronomie und Hotellerie eingesetzt, findet aufgrund des einfachen und unkomplizierten Systems jetzt aber auch vermehrt Anwendung in Handwerks- und Dienstleistungsbetrieben. Der nächste Schritt ist die Feststellung des Status quo in der Serviceorientierung Ihres Unternehmens. Danach steht die Einführung von Servicestandards (wie oft darf das Telefon klingeln, bevor abgenommen wird; wie werden Reklamationen bearbeitet; wann erfolgt ein Rückruf etc.) an.

Man unterscheidet im Service den Pre-Sales-Service (vor dem Verkauf) und den After-Sales-Service (nach dem Verkauf). Es spielt dabei keine Rolle, ob der Service kostenlos ist oder gegen Bezahlung stattfindet. Hauptsache, er kommt „on top", also als Zugabe zum eigentlichen Produkt oder zur eigentlichen Dienstleistung. Zum Pre-Sales-Service gehören zum Beispiel:

- Kundenberatung vor Ort oder EDV-gestützt (auch online)
- eine umfassende Kaufberatung (Vor- und Nachteile, was braucht der Kunde wirklich?)
- mögliche Testzeiträume für Produkte (auch Leihgeräte, Probefahrten, Testinstallationen etc.)

Zum After-Sales-Service gehören unter anderem:
- Zustell- und Lieferservice (Termintreue, sperrige Güter, Terminabsprache etc.)
- Installationsservice (Haushaltsgeräte, Infotainment)
- Instandsetzungs- und Instandhaltungsservice (Heizung, Wasserinstallationen)
- Wartungsservice
- Flexibilität bei Lieferung und Installation (Mitarbeiter können vor Ort noch etwas ändern oder einbauen und somit auf Kundenwünsche eingehen)

FITNESSZONE III

Produkte und Dienstleistungen bilden den Mittelpunkt unseres Unternehmens. Service am und für den Kunden spielt keine Rolle. Im Wettbewerb wird uns klar, dass Service zur Kundenbindung und -gewinnung überlebenswichtig ist.

Sie tummeln sich in einem Käufermarkt. Es gibt mehr Angebot als Nachfrage und die Dienstleistung oder das Produkt dominieren Ihre Verkaufsaktivitäten. Der Servicegedanke spielt keine Rolle, sowohl aus zeitlichen als auch aus personellen Überlegungen oder Engpässen. Es muss Geld verdient werden, Service ist nebensächlich und kostet Geld und Zeit. Erwartet der Kunde Serviceleistungen, muss er sie bezahlen und bekommt sie ohne Begeisterung seitens der Mitarbeiter. In der Regel funktioniert es dann aber. Allerdings gibt es selten Überlegungen oder Bestrebungen, den Service zu optimieren.

Ihre To-dos:

- Versetzen Sie sich in die Lage Ihres Kunden. Setzen Sie sich einmal in seinen Sessel, oder laufen Sie in seinen Mokassins, wie es ein altes Indianersprichwort fordert. Sie erkennen dann relativ schnell, wie Sie Ihrem Kunden die Zusammenarbeit mit Ihnen erleichtern können.
- Entwickeln Sie einen unternehmerischen Service. Beginnen Sie damit, alle für Ihr Unternehmen sinnvollen Serviceleistungen messbar zu machen: Wie schnell wird geliefert? Wie hoch ist die Reklamationsrate? Wie schnell werden Angebote bearbeitet?
- Definieren Sie die Ziele, die Sie erreichen wollen, und mit wem Sie diese Ziele erreichen möchten, also wer dafür zuständig ist. Machen Sie die Ziele messbar.

Wir setzen den Servicegedanken um und bieten Serviceleistungen. Der Service gewinnt zunehmend an Bedeutung. Es gibt Schulungen für unsere Mitarbeiter, und die neuen Ideen werden in regelmäßigen Besprechungen auf ihre Umsetzbarkeit überprüft.

Nachdem Sie nun die ersten Serviceleistungen definiert haben, beginnen Sie ein System aufzubauen, mit dem Sie den Erfolg der Leistungen messen können. Sie haben erkannt, wie wichtig Service ist und wie gut er bei Ihren Kunden ankommt. Die Stimmung unter den Mitarbeitern im Service ist gut, wenn sie auf unerwartete Serviceleistungen angesprochen werden. Die besten Voraussetzungen, weiter an diesem Thema zu arbeiten. Dennoch ist Ihr Kunde verblüfft, weil Sie überhaupt Interesse am Service zeigen. Bisher war er dies von Ihrem Unternehmen nicht gewohnt.

Sie beginnen nun, mit Geld und Energie den Servicegedanken weiter zu verbessern. Die entscheidende Entwicklung ist, dass alle in Ihrem Unternehmen verstanden haben: Der Service kommt von der Person, nicht vom Unternehmen. Ihre Mitarbeiter können die Persönlichkeiten Ihrer Kunden einschätzen und auf ihre Wünsche eingehen. Mehr und mehr ergreifen sie die Initiative, um beim Service zu punkten.

. . . .

Ihre To-dos:

▪ Verbessern Sie die Sensibilität für den persönlichen Service. Dazu gehört in erster Linie die Freundlichkeit der Personen, die im direkten Kundenkontakt stehen. Kein Mensch möchte einen griesgrämigen Verkäufer beim Einkauf erleben. Es wird schwierig, diesen persönlichen Einsatz messbar zu machen, denn Freundlichkeit und Zuvorkommen lassen sich kaum in Zahlen fassen.

▪ Schulen Sie Ihre Mitarbeiter. Ein einfacher Trick ist, Ihre Kunden nicht mehr als „Kunden", sondern als „Gäste" zu bezeichnen. Engagieren Sie einen externen Coach, der die Mitarbeiter behutsam aus der Servicewüste ins Freudental des Servicegedankens führt. Das kann ein langwieriger Weg sein.

- Motivieren Sie Ihre Mitarbeiter, nach besonders guten Serviceideen Ausschau zu halten. Beim persönlichen Einkauf reflektieren Sie dann: „Ist mein persönlicher Service auch so gut oder sogar noch besser? Was kann ich lernen und übernehmen?"
- Entwickeln Sie aufgrund dieser Erfahrungen die Servicestandards für Ihr Unternehmen weiter.

FITNESSZONE |

Unser Unternehmen hat Servicestandards definiert und hat immer wieder innovative Serviceideen. Durch unsere klar definierte Servicekultur verblüffen wir unsere Kunden. Es gibt ein externes Servicesiegel und regelmäßige unabhängige Überprüfungen durch Fremdfirmen.

Der Servicegedanke ist in Ihrem Unternehmen fest verankert. Die Mitarbeiter leben die Servicestandards und optimieren sie regelmäßig. Regelmäßig befragen Sie Ihre Kunden, wie diese Ihren Service wahrnehmen und welche Vorschläge sie zur Optimierung haben.

Ihre To-dos:

- Schauen Sie über die Branchengrenzen hinweg. Wie gestalten andere Firmen ihren Service? Wann waren Sie oder Ihre Mitarbeiter von dem Service eines Unternehmens positiv überrascht und haben, zumindest innerlich, applaudiert? Was hat diesen exzellenten Service ausgemacht? Vorreiter sind sicherlich die Unternehmen der Tourismusbranche. Von ihnen kann man eine Menge lernen. Damit Sie Ihre Kunden auch wirklich verblüffen können, sollten Sie deren wirkliche Bedürfnisse kennen. Schulen Sie Ihre Mitarbeiter in Fragetechniken, damit sie den wirklichen Bedarf gezielt und kundengerecht (die Sprache macht die Musik) erfragen können.
- Drehen Sie doch mal den Spieß um und prämieren Sie nicht den Mitarbeiter des Monats, sondern den Kunden oder den Lieferanten des Monats.

1. Welchen Stellenwert haben Serviceleistungen in Ihrer Branche? Können Sie mit mehr überraschendem Service auch mehr Kunden und höhere Gewinne generieren?
2. Welche Serviceleistungen gibt es in Ihrem Unternehmen, die sich vom Standardservice der Branche unterscheiden?
3. Welche Serviceleistungen sind Ihnen in letzter Zeit negativ aufgefallen, als Sie selbst Kunde waren? Was könnten Sie besser machen?
4. Gibt es wirkliche Fans Ihres Unternehmens? Was zeichnet Ihr Unternehmen in den Augen des Fans gegenüber den Wettbewerbern aus?
5. Welche Mitarbeiter sind besonders gut im Kundengespräch und zeigen besonderen Einsatz, wenn es um die Wünsche der Kunden geht? Binden Sie diese in die Optimierung des Services ein.

Handlungsfeld 4:
Innovationsfähigkeit ausbauen

„Wer keine neuen Heilmittel anwendet, muss neue Übel akzeptieren: Denn die Zeit ist der größte Neuerer."

(FRANCIS BACON)

Innovation heißt wörtlich übersetzt „Neuerung" oder „Erneuerung". Es geht dabei nicht darum, auf jeder neuen Welle unbedingt mit zu schwimmen. Dies ist gerade für kleine Unternehmen kaum möglich und bringt jede Menge Unsicherheit und Unruhe in den Betrieb. Vielleicht besteht die Angebotspalette nur aus zwei oder drei richtig guten und erfolgreichen Produkten oder Dienstleistungen. Eine Vergrößerung der Angebotspalette muss nicht unbedingt zu mehr Erfolg führen. Es kann auch die „Erneuerung" im Vordergrund stehen. Bestehende Produkte verbessern und an die Bedürfnisse der Zielgruppe anpassen kann ebenso erfolgreich sein wie die Spezialisierung auf ein enges Marktsegment. Sie sollten sich dann fragen: Wie entwickeln sich der Markt und die Mitbewerber? Wie ändern sich die Ansprüche der Zielgruppe?

Was kann aufgrund von Kundenrückmeldungen und Resonanzen verbessert und ausgebaut werden?

Für den Unternehmer ist es wichtig, den Anschluss an den Markt nicht zu verpassen und die Weiterentwicklung von Produkten, Zielgruppen und Anforderungen der Konsumenten nicht an sich vorbeiziehen zu lassen. Sie müssen nicht immer der Erste sein. Bevor Sie etwas Neues anstoßen, denken Sie über die Konsequenzen und Risiken ebenso nach wie über entstehende Chancen. Welche Auswirkungen hat ein neues Produkt oder eine neue Entwicklung für das eigene Unternehmen und die eigenen Kunden?

Fatal ist es allerdings, zeitgemäße Entwicklungen (Internet, Elektronik, digitale Medien, Kundenanforderungen usw.) zu verschlafen und zu lange an Traditionen festzuhalten. Denken Sie nur an Firmen, die die Entwicklung von der Kassette zur CD oder vom Fax und Brief zur E-Mail verpasst haben.

Handlungsfeld „Innovationsfähigkeit ausbauen": Wie Sie in die Fitnesszone I gelangen

FITNESSZONE III

Im Unternehmen herrscht die Meinung: „Was gestern gut war, kann heute nicht schlecht sein."
Wir haben erkannt, dass Dienstleistungen regelmäßig überprüft und angepasst werden sollten. Neue Produkte integrieren wir nur sporadisch und spontan.

Innovationen spielen keine Rolle. Ihr Alltagsgeschäft wird von Altbewährtem dominiert, Neuerungen halten keinen Einzug. Die Ähnlichkeit der Unternehmensstruktur zu einer Verwaltung oder Behörde ist auffallend. Die Kritik von Mitarbeitern, Kunden oder Lieferanten wird lauter und die Unzufriedenheit im Umfeld wächst. Wenn Sie neue Produkte einführen, erfolgt dies unregelmäßig und ohne eine tiefergehende Prüfung. Das Sortiment gleicht daher einer „bunten Mischung".

Ihre To-dos:

▥ Machen Sie sich die Lebenszyklen von Produkten und Dienstleistungen bewusst: Entstehungsphase, Wachstumsphase, Reifephase, Sättigungsphase und Degenerationsphase. Das heißt: Irgendwann gehört alles „zum alten Eisen" und Neues hält Einzug.

▥ Prüfen Sie konkret Ihre Produkte und Dienstleistungen auf Marktfähigkeit: Ist Ihr Angebot zeitgemäß? Wo kann optimiert, erweitert oder auch „entrümpelt" werden?

Abbildung 21: Einteilung der Produkte und Dienstleistungen nach Ertrag und Risikofaktoren

Die Angebotspalette wird durchleuchtet und einzelne Dienstleistungen werden zu Dienstleistungspaketen zusammengeführt. Bestehendes wird zielgruppenorientiert weiterentwickelt (kundenorientierte Lösungsvorschläge). Neue Produkte werden geprüft und nach Bauchgefühl eingeführt.

Sie haben die Erkenntnis gewonnen, dass Ihre Produkte nicht unendlich lange leben, und Ihre Produktpalette entsprechend systematisch durchgearbeitet und bewertet. Der Lebenszyklus von Produkten und Dienstleistungen verkürzt sich immer weiter, da Entwicklungen in den meisten Bereichen sehr viel schneller voranschreiten als noch vor einigen Jahren.

Vorschläge zu Neuerungen und Entwicklungen sind gewünscht. Dazu befragen Sie gezielt Ihre Kunden, Mitarbeiter oder Lieferanten. Aus Rückmeldungen Ihrer Kunden entwickeln Sie neue Produkt- oder Serviceideen, dies erfolgt in unregelmäßigen Abständen. Bei Ihren Überlegungen steht der Nutzen für den Kunden im Vordergrund.

Hinzu kommt: Sie arbeiten in bzw. an der Zukunft Ihres Unternehmens, dies ist Bestandteil Ihrer strategischen Arbeit. Welche Ansprüche stellt Ihre Zielgruppe an Ihre Produkte und Dienstleistungen und wie wird sich dies entwickeln?

Ihre To-dos:

■ Entwickeln Sie Standards für die Einführung neuer Produkte und Dienstleistungen. Welcher Kundenkreis erhält diese Produkte zu Testzwecken? Wie werden Rückmeldungen abgefragt und umgesetzt?

■ Es birgt Gefahren, neue Produkte unmittelbar in großem Rahmen einzuführen und auf den Markt zu bringen. Oftmals fehlt es an Serienreife, eine Entwicklung ist noch nicht marktreif abgeschlossen. Dem können Sie entgegenwirken, indem Sie Neuerungen in einem kleinen Rahmen einführen, etwa bei Stammkunden, in einem bestimmten Marktsegment oder nur in Ihrer Region. Fragen Sie dann gezielt die Zufriedenheit und die Bewertungen ab und nutzen Sie das Wissen und die Erfahrung Ihrer „Tester" zur Weiterentwicklung.

FITNESSZONE ▌

Bestehendes wird regelmäßig infrage gestellt, laufend verbessert oder durch andere bessere Dienstleistungen ersetzt. Neue Produkte werden zunächst im kleinen Rahmen vertrieben und anhand von Rückmeldungen verbessert und dann eingeführt.
Das Unternehmen hat ein Sortiment von Dienstleistungen und Produkten mit Alleinstellungsmerkmal. Die Bedürfnisse der Zielgruppe werden regelmäßig analysiert, Produkte und Produktpalette werden angepasst.

Das Umfeld in Ihrem Unternehmen ist innovationsfreudig. Mitarbeiter haben den Kundennutzen vor Augen und bringen Ideen ein. Sie honorieren dies, geben positives Feedback und belohnen diesen Einsatz. Kundenbefragungen, die Auswertung von Feedbacks und Marktbeobachtungen werden regelmäßig durchgeführt. Dadurch sind Sie nah dran an Ihrer Zielgruppe und den Bedürfnissen der Kunden. Ihr Angebot wird laufend angepasst.

Es überwiegen Überlegungen wie: Welchen Nutzen bieten wir dem Kunden? Wie wird sich die Situation (zum Beispiel Markt, Kunde, Mitbewerber) in den nächsten Jahren entwickeln?

Ihre To-dos:

■ Fragen Sie sich immer wieder: Was braucht unsere Zielgruppe? Wo ist der Engpass unserer Zielgruppe? Wie entwickeln sich die Ansprüche unserer Zielgruppe? Wie können wir dem als Unternehmen gerecht werden und wo ist unser Alleinstellungsmerkmal? Aus den Antworten auf diese Fragen lassen sich Maßnahmen, neue Produkte und neue Serviceideen entwickeln.

Handlungsfeld 5:
Verkauf stärken

*„Gewidmet dem Verkäufer – dem Diener seines Unternehmens,
dem Freund seiner Kunden, dem Botschafter seines Berufes. "*

(HEINZ M. GOLDMANN)

Sind Sie ein Verkäufer? Fragen Sie einmal Ihre Mitarbeiter, ob sie sich als Verkäufer verstehen, etwa den Heizungsbaugesellen bei der Installation einer
neuen Heizung, den Dachdeckermeister auf einer Baustelle oder den Paket-
zusteller des Paketdienstes. Sie werden feststellen: Die meisten Handwerker
und Dienstleister werden diese Frage, spätestens nach einem kurzen Nachdenken, mit einem „Nein" beantworten. Wenn Sie von Ihren Mitarbeitern
ebenfalls diese Antwort erhalten, haben Sie Handlungsbedarf. Denn jeder
von uns ist jeden Tag Verkäufer. Wir verkaufen uns. Täglich. Zum Beispiel
wollen wir einen guten Eindruck beim Chef, bei unseren Eltern oder bei unserem Partner erwecken. Auch in diesen Augenblicken und Situationen verkaufen wir uns.

Das Image des Verkaufens

Sprachlich gesehen ist der Begriff des Verkäufers in Deutschland negativ behaftet, obwohl es auch Redewendungen gibt wie: „Da hast du dich aber gut verkauft!" Ihre Mitarbeiter verkaufen auch jeden Tag, ob sie nun klassisch im Verkauf tätig sind oder in der Ausführung. Sobald Kundenkontakt besteht, sind sie Verkäufer. Sie als Unternehmer unter Umständen sogar zu jeder Zeit und an jedem Ort. Fast überall gibt es Möglichkeiten, Sie und Ihre Leistungen und Produkte ins Spiel zu bringen. Allerdings: Damit Sie erfolgreich im Verkauf sein können, müssen Sie authentisch und überzeugt von dem sein, was Sie tun oder anbieten.

Oft ist es ein langer Weg, um Ihre Mitarbeiter von der Notwendigkeit des, auch unbewussten, Verkaufens zu überzeugen. Seminare, Verkaufstrainings und Coachings sind probate Mittel, um den Verkauf zu stärken. Sie können jedoch auch mit kleineren Schritten beginnen. Zeigen Sie Ihren Mitarbeitern, wie viel Spaß das aktive und kundenorientierte Verkaufen machen kann. Dazu müssen Ihre Mitarbeiter und Sie jedoch raus aus der Komfortzone und die Angst vor dem Kunden-Nein und der Ablehnung verlieren.

Durch das Internet gibt es mehr Transparenz hinsichtlich der Leistung und des Angebots der Unternehmen. Zusätzlich hat sich der Verkauf auf 24/7 verändert: Wir kaufen 24 Stunden am Tag an sieben Tagen die Woche während des ganzen Jahres. Die Kunden von heute lieben Bequemlichkeit und Service beim Einkauf. Umso entscheidender ist es, dass Sie sich darüber im Klaren sind, an wen Sie Ihre Produkte oder Dienstleistungen verkaufen möchten.

Sie wissen es ja bereits: Pflegen Sie Ihre Stammkunden, denn das kostet nur einen Bruchteil eines Neukundenkontaktes. Durch die regelmäßigen Kontakte sind Sie näher am Puls der Zeit und erfahren, was den Kunden von morgen ausmacht, welche Produkte und Dienstleistungen er wünscht oder benötigt. Heute dominieren im Verkauf das Erlebnis, die Wertschätzung und die Empathie. Man kennt das auch unter dem Begriff des „emotionalen Verkaufens". Erstaunlicherweise spielt bei entsprechender Ausrichtung des Verkaufs der Preis selten eine große Rolle. Viel wichtiger sind die Kaufmotive, die in der Abbildung 22 genannt werden.

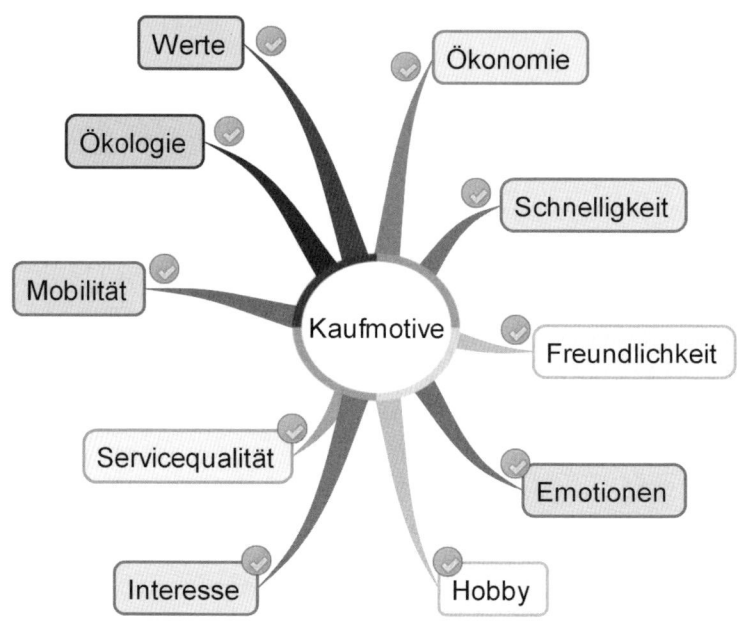

Abbildung 22: Übersicht über die möglichen Kaufmotive

Untersuchungen haben gezeigt, dass rund 80 bis 90 Prozent der Verkaufs-
entscheidungen im Bauch und emotional getroffen werden. Deshalb ist es
wichtig, im Gespräch mit dem Kunden Fragen zu stellen, die sein jeweiliges
Emotionssystem berühren. Klaus Schinko drückt es so aus: „Seien Sie ein 6A-
Verkäufer – Angenehm Anders Attraktiv Als Alle Anderen."

Handlungsfeld „Verkauf stärken":
Wie Sie in die Fitnesszone I gelangen

FITNESSZONE III

Wir werden nur auf Anfrage potenzieller Kunden aktiv.
Es erfolgt keine Marktbearbeitung, wir versuchen aber gelegentlich neue
Kunden zu gewinnen. Unser Dienstleistungsangebot wird unregelmäßig
veröffentlicht (Website, Anzeigen).

Verkaufen ist bei Ihnen Chefsache. Im Notfall springt der Meister oder Vorarbeiter ein, doch in der Regel macht der Chef die Angebote und Termine. In etwas größeren Betrieben mit einzelnen Abteilungen ist die Führungskraft oder die Abteilungsleitung dafür zuständig. Ihre Mitarbeiter ahnen, dass Verkaufen überlebenswichtig für das Unternehmen ist, kennen aber weder die Marketinginstrumente noch die Werbemaßnahmen des Unternehmens. Eine Website existiert, allerdings ist sie nicht aktuell und kaum bekannt. Es existiert keine Suchmaschinenoptimierung, die aktive Kundenpflege fällt mehr als bescheiden aus.

Ihre To-dos:

- Sensibilisieren Sie Ihre Mitarbeiter dafür, dass jeder für den Verkauf zuständig ist. Alle Mitarbeiter, ob im direkten oder indirekten Kundenkontakt, repräsentieren das Unternehmen und verkaufen damit auf aktive oder passive Art und Weise. Informieren Sie Ihre Mitarbeiter über die Marketingaktivitäten. Kaum etwas ist für einen Mitarbeiter peinlicher, als von einem Kunden oder Freund auf die Anzeige in der regionalen Tageszeitung hingewiesen zu werden und nichts vom Angebot des Monats zu wissen.
- Intensivieren Sie Ihre Kundenkontakte und beleben Sie ruhende Stammkundenkontakte. Finden Sie heraus, was Ihre Stammkunden an Ihrem Unternehmen schätzen (oder wen sie schätzen, ein sehr wichtiger Aspekt bei der Kundenbindung ist ein vertrauenswürdiger Ansprechpartner).

- Kontrollieren Sie Ihre Website und Ihre Werbematerialien auf Aktualität und Zielgruppenansprache. Gleichen Sie zum Beispiel ab, ob auf allen Visitenkarten schon die Adresse Ihrer Website steht und ob die E-Mail-Adressen angepasst sind. Wenn Ihre Domainadresse www.meine-firma.de ist, sollten die E-Mail-Adressen mein.name@meine-firma.de lauten.
- Bedienen Sie sich mindestens eines der klassischen Verkaufswerkzeuge. Flyer und eine Website gehören heute dazu. Fast jeder sucht sich heute die ersten Informationen über ein Unternehmen, und seien es nur die Öffnungszeiten, über das Internet. Für Messen, Kundenbesuche oder Mailingaktionen (sofern diese erfolgversprechend sind) benötigen Sie Printmedien. Das fängt bei einer Visitenkarte an und hört beim Flyer noch lange nicht auf. Die Druckkosten sind heute dank des Digitaldruckes so günstig, dass Sie auch kleine Auflagen drucken lassen können. Der Vorteil kleiner Auflagen besteht darin, dass Sie schneller Veränderungen einpflegen und so Ihren Interessenten immer ein aktuelles Bild Ihres Unternehmens bieten können. Falls Sie planen, Ihr Unternehmen auf Messen zu präsentieren, bieten sich Roll-ups oder sogenannte Pop-up-Stände an. Sie sind kompakt, günstig und im Bedarfsfall sehr schnell auf- und abgebaut.
- All diese Marketingmaßnahmen müssen kreativ, wirkungsvoll und konsequent den Verkauf unterstützen. Ansonsten sind sie Geldverschwendung.

FITNESSZONE II

Wir haben ein Konzept für die Kundenfindung. Regelmäßig kommunizieren wir unsere Angebote. Alle Mitarbeiter sind sich der Bedeutung von Kundenfindung und -bindung bewusst. Verkauft wird aktiv durch einzelne Mitarbeiter.

Ihre Mitarbeiter, Führungskräfte und Unternehmer sind im Verkauf aktiv. Zielgerichtet versuchen sie, sich an den Bedürfnissen der Kunden zu orientieren bzw. diese Bedürfnisse zu erfragen. Sie haben die ersten Verkaufstrainings hinter sich und sind hinsichtlich der Themen „Fragetechniken" und „Empathie" geschult.

Die Strategie Ihres Unternehmens beinhaltet jetzt auch explizit die Aufforderung, Verkaufen als eine Aufgabe für alle Mitarbeiter zu sehen. Das hat zur Folge, dass die Meinung des Kunden nun tonangebend im Unternehmen ist. Er bestimmt, welchen unternehmerischen Weg Sie einschlagen, denn er kennt seine Bedürfnisse am besten. Die Erkenntnisse aus den Kundengesprächen finden Eingang in die Teambesprechungen und entsprechenden Handlungsaufforderungen. Ihre Website wird regelmäßig aktualisiert und die Kundenansprache entsprechend den Ergebnissen zielgruppengerecht individualisiert.

Ihre To-dos:

- Suchen Sie sich einen Dienstleister, der die Suchmaschinenoptimierung übernimmt. Denken Sie daran, dass bei einer Suchmaschinenanfrage nur ca. 30 Prozent der Nutzer auf die zweite Ergebnisseite schauen. Die restlichen 70 Prozent treffen ihre Entscheidungen aufgrund der ersten Ergebnisseite. Der Kampf um die ersten Plätze in der Trefferliste ist hoch. Verändern Sie Ihre Website so, dass der Besucher sofort den Wert für sich erkennt. Seiten zum Unternehmen („Wir über uns" oder „Unser Team") gehören ans Ende der Menüleiste. Ganz vorne hingegen beschreiben Sie, welchen Nutzen Ihr Unternehmen dem Besucher bietet. Geben Sie dem Kunden immer und überall die Möglichkeit der Beschwerde (Website, Telefonnummer auf Flyern etc.). Gelingt es dem Verkäufer, eine Beschwerde professionell zu bearbeiten, hat er oft einen begeisterten Kunden gewonnen, der dem Unternehmen lange die Treue hält.
- Optimieren Sie Ihre Verkaufsunterlagen hinsichtlich der wichtigsten Kaufmotive Ihrer Zielgruppe. Wenn Sie der einzige Innenraumbegrünungsspezialist in Ihrer Region sind, der auch nachts die Pflanzkästen in Büros pflegt und aufstellt, damit der Arbeitsablauf nicht gestört wird, dann sollten Sie das offensiv und deutlich kommunizieren.
- Um eine neutrale Rückmeldung zu bekommen, wie gut Ihr Verkauf funktioniert, engagieren Sie einen Testkäufer. Das kann ein Coach oder Trainer sein, der anonym einkauft oder sich beraten lässt und anhand eines objektiven Kriterienkatalogs die Ergebnisse auswertet und mit Ihnen bespricht. Kommunizieren Sie das im Unternehmen, damit jeder den Zweck dieser Testeinkäufe erkennen und nachvollziehen kann. Die Ergebnisse werden anschließend gemeinsam diskutiert, um zu Verbesserungen zu gelangen.

▣ Um die Motivation und den Spaß am Verkaufen möglichst lebendig zu halten, feiern Sie gemeinsam Erfolge. Seien Sie kreativ, denn häufig ist es das gesamte Team, das für den Verkauf verantwortlich ist, auch wenn schlussendlich nur ein Mitarbeiter den unterschriebenen Vertrag mitbringt.

▣ Verknüpfen Sie die Ablehnung eines Angebotes mit einer Chance, an neue Informationen zu gelangen: Wieso hat der Kunde das Angebot abgelehnt? Was muss der Verkäufer beim nächsten Mal besser machen? Das heißt: Nutzen Sie den Kunden als Coach, der Ihnen zeigt, wo Verbesserungspotenziale brach-liegen.

FITNESSZONE |

Unsere Mitarbeiter kennen und engagieren sich für die Leistungen des gesamten Unternehmens. Sie empfehlen nicht nur, sondern wirken aktiv bei der Gewinnung und Aktivierung der Kunden bzw. beim Verkauf von zusätzlichen Dienstleistungen und Produkten mit.

Die Suchmaschinen finden Ihre Website sofort und die Platzierung ist auf Seite eins bei Google & Co. Das Unternehmen ist durchdrungen von dem Gedanken, dass jeder den Kontakt zum Kunden suchen soll und darf. Für die Bearbeitung von Reklamationen und die Durchführung von Verkaufsgesprächen gibt es aktuelle Checklisten und Anweisungen, die den zuständigen Mitarbeitern kreativen Gestaltungsspielraum lassen. Falls es Stammkunden mit starken Bindungen zu einzelnen Mitarbeitern gibt, betreuen diese Mitarbeiter „ihre" Kunden mit weitreichenden Kompetenzen. Alle im Unternehmen haben verstanden, dass der Verkauf das Aushängeschild des Unternehmens ist. Wer mit Kunden im Kontakt steht, der repräsentiert auch das Unternehmen nach außen. Damit wird das Empfehlungsmarketing gestärkt und das Unternehmen kann sich immer mehr aus der klassischen Anzeigenwerbung zurückziehen.

Ihre To-dos:

▨ Überprüfen Sie regelmäßig Ihre Verkaufsstrategie, vielleicht auch mithilfe eines professionellen Trainers. Informieren Sie sich über Trends, und motivieren Sie Ihre Kunden, Ihr Unternehmen aktiv weiterzuempfehlen.

▨ Perfektionieren Sie Ihr Internetmarketing. Binden Sie Ihre Kunden durch einen Newsletter oder durch regelmäßige Kundenevents. Das können zum Beispiel auch Informationsveranstaltungen sein, die auf den ersten Blick nichts mit Ihren Produkten oder Dienstleistungen zu tun haben, aber in Ihren Betriebsräumen stattfinden und einen Mehrwert für Ihre Kunden bieten. Eine tolle Gelegenheit, um in ein entspanntes Gespräch mit Ihren Kunden zu kommen und ihre Bedürfnisse zu erfragen.

Umsetzungsfragen für das Handlungsfeld „Verkauf stärken"

1. Wie nutzen wir die Tatsache, dass wir günstiger als der Wettbewerb sind, für unsere Argumentation gegenüber dem Kunden?
2. Welche Marketinginstrumente (Vertriebskanäle) nutzen wir für den Verkauf?
3. Welche Relevanz haben diese Marketinginstrumente im Bezug auf unsere Zielgruppe?
4. Weshalb kaufen unsere Stammkunden seit xy Jahren bei uns?
5. Bieten wir unseren Stammkunden alle Dienstleitungen oder Produkte unseres Unternehmens an (Cross-Selling)?
6. Was sind unsere Stärken in Verkauf und Vertrieb?
7. Wo sind unsere Schwächen in Verkauf und Vertrieb?
8. Wer von unserem Team ist ein Verkäufertyp?
9. Was ist das „Geheimnis" des Verkäufertyps in unserem Team? Wie können wir von ihm/ihr lernen?

Handlungsfeld 6:
Kundenzufriedenheit messen

„Wer nicht ständig im Gespräch mit dem Kunden ist,
hat am Markt bald nichts mehr zu sagen."

(HORST SKOLUDEK)

Fragen Sie nach! Ihre Bestandskunden und deren Meinung sind der einfachste Weg, herauszufinden, wo es im eigenen Unternehmen besser laufen kann:

- Was schätzen die Kunden an Ihrem Unternehmen?
- Was fehlt Ihren Kunden?
- Hat sich ein Kunde geärgert? Worüber?

Nehmen Sie die Rückmeldungen Ihrer Kunden ernst – egal, ob diese bewusst abgefragt wurden oder ob eine Rückmeldung der Kunden im Gespräch mit Ihnen oder Ihren Mitarbeitern erfolgt ist.

In kleinen Unternehmen haben oft alle Mitarbeiter auch Kundenkontakt. Schulen Sie Ihre Mitarbeiter darin, ein Kundenfeedback zu erhalten und dieses mit Ihnen zu besprechen. Erfolgt eine kritische Äußerung, geht es nicht darum, diese abzutun und die eigenen Hände in Unschuld, Unwissenheit oder Nichtverschulden zu waschen. Entscheidend ist vielmehr: Was können Sie als Unternehmer oder als Mitarbeiter tun, um Ihre Kunden zufriedenzustellen?

„Der Kunde bezahlt unsere Löhne und Gehälter." Dies muss im Grundprinzip allen im Unternehmen klar sein. Zufriedene Kunden bezahlen Ihre Produkte oder Dienstleistungen, sorgen für Liquidität und somit auch für den monatlichen Lohn aller Mitarbeiter und des Unternehmers. Das heißt: Zufriedene Kunden sind ein solides Fundament für die Zukunft des Unternehmens. Rechnungen werden pünktlich und vollständig beglichen, Streitigkeiten werden vermieden und Ihre Kunden empfehlen Sie weiter. Diese Weiterempfehlung ist die beste – und mitunter auch die günstigste – Art des Marketings. Werden Sie einem Neukunden empfohlen, ist der Stellenwert Ihres Unternehmens ein ganz anderer, als wenn ein Interessent über andere Vertriebskanäle (Internet, Presse) auf Sie aufmerksam wird.

So führen Sie Kundenbefragungen durch

Eine strukturierte Kundenbefragung kann auch für den Kleinunternehmer ein Weg sein, an ein Feedback seiner Kunden zu kommen. Er kann einfache Fragebögen oder Abfragekarten selbst entwerfen – aber auch hierbei gibt es professionelle Unterstützung. Zu beachten ist auf jeden Fall:

- Was wollen Sie durch die Kundenbefragung erfahren, erreichen oder wissen? Eine klare Zielformulierung hilft einem professionellen Dienstleister, die für Sie passenden Fragen zu formulieren.

- Machen Sie es Ihren Kunden möglichst einfach: kurze Fragen, eine Bewertung mit Schulnoten und die Möglichkeit, Anmerkungen in Kurzform niederzuschreiben – das ist wichtig.

- Schaffen Sie für Ihre Kunden einen Anreiz, bei einer Befragung mitzuwirken. Es gibt viele Unternehmen und Dienstleister, die Befragungen durchführen. Die Zeit ist überall knapp, viele Menschen nervt es, wenn sie einen Fragebogen ausfüllen sollen. Bieten Sie darum für die Teilnahme ein kleines Präsent oder einen anderen Anreiz an.

- Übertreiben Sie es nicht. Oft – gerade bei kleinen Unternehmen mit viel Kundenkontakt – kommt das beste Feedback im Gespräch mit dem Kunden. Nicht alles lässt sich mithilfe standardisierter Fragebögen herausfinden.

- Die Ergebnisse müssen ausgewertet werden. Denken Sie im Vorfeld der Befragung daran. Viel Freitext muss gelesen werden – und oftmals ist eine Kernaussage dann nicht erkennbar. Ein Schulnotensystem oder eine Skala zur Bewertung macht es hier einfacher.

- Setzen Sie die Erkenntnisse um. Kunden fühlen sich wenig ernst genommen, wenn sie Kritik äußern, sich aber nichts ändert. Je nach Anzahl der befragten Kunden sollten Sie dem Kunden mitteilen, dass Sie seinen Vorschlag gut finden und an der Umsetzung arbeiten werden. Nutzen Sie die Rückmeldungen, nehmen Sie Kritik ernst und leiten Sie daraus umsetzbare Maßnahmen für den betrieblichen Alltag ab.

Die Abbildung 23 fasst die wichtigsten Aspekte gelungener Kundenbefragungen zusammen, Abbildung 24 zeigt Ihnen ein Beispiel für eine professionell gestaltete Kundenbefragungskarte.

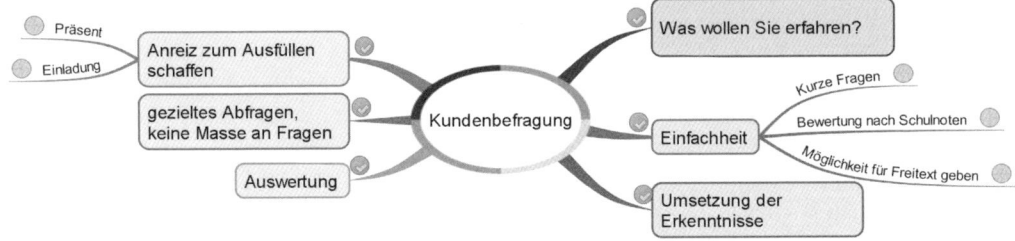

Abbildung 23: Aspekte gelungener Kundenbefragungen

Liebe Kundin, lieber Kunde,

wir freuen uns über fünf Minuten Ihrer Zeit, die uns helfen, unseren Service für Sie zu verbessern. Bitte sagen Sie uns Ihre Meinung und senden Sie diese Postkarte ausgefüllt an uns zurück. Gerne können Sie auch anonym bleiben. Vielen Dank für Ihre Unterstützung!

Was gefällt Ihnen an der Zusammenarbeit mit uns gut?

Was gefällt Ihnen an der Zusammenarbeit mit uns weniger gut?

Möchten Sie uns etwas mitteilen, empfehlen oder vorschlagen?

TEICH & GARTEN

Werde ich bestimmt tun · Werde ich bestimmt nicht tun

Werden Sie uns weiterempfehlen? ☐ ← ☐ — ☐ — ☐ → ☐

Absender:

www.teichundgarten.de · Deutsche Post · 45
MARKE INDIVIDUELL

Wie zufrieden sind Sie mit unseren Leistungen? Sehr zufrieden / Nicht zufrieden

Unsere Beratung im Vorfeld	☐	☐	☐	☐	☐
Unsere fachliche Betreuung während der Ausführung	☐	☐	☐	☐	☐
Unsere Termintreue	☐	☐	☐	☐	☐
Ordnung und Sauberkeit während unserer Arbeiten	☐	☐	☐	☐	☐
Die Qualität unserer Arbeit	☐	☐	☐	☐	☐
Die Freundlichkeit unserer Mitarbeiter	☐	☐	☐	☐	☐
Die Erreichbarkeit unserer Mitarbeiter	☐	☐	☐	☐	☐
Unsere fachliche Betreuung während Pflegearbeiten	☐	☐	☐	☐	☐
Die Fachkompetenz unserer Mitarbeiter generell	☐	☐	☐	☐	☐
Die Benutzung unserer Internetseite	☐	☐	☐	☐	☐

Teich & Garten
Kriegershofer Str. 2
57635 Fiersbach

Abbildung 24: Kundenbefragungskarte

Handlungsfeld „Kundenzufriedenheit messen":
Wie Sie in die Fitnesszone I gelangen

FITNESSZONE III

Die Kundenzufriedenheit wird nicht ermittelt. Gelegentlich denken wir darüber nach, es wird jedoch nichts umgesetzt.

Ihnen fehlt das Bewusstsein dafür, wie wichtig die Abfrage der Kundenzufriedenheit zur Optimierung Ihres Leistungsbildes ist. Häufig wird argumentiert, Zufriedenheit sei nicht messbar, und daher erfolgt eine Abschätzung „aus dem Bauch heraus". Gerade in kleinen Unternehmen oder Handwerksbetrieben fehlt der Dialog mit dem Kunden – Sie gehen davon aus, dass der Kunde zufrieden ist, wenn Sie nichts anderes hören.

Ihre To-dos:

▨ Setzen Sie sich mit dem Thema „Kundenzufriedenheit" auseinander. Der Kunde wägt ab und vergleicht seine Erwartungen an Ihr Unternehmen mit dem tatsächlich Erlebten – daraus resultiert sein Grad der Zufriedenheit. Es ist wichtig für Sie, diesen Zufriedenheitsgrad zu kennen, da nur so ersichtlich wird,
was Ihre Kunden von Ihnen erwarten und ob Sie diese Erwartungen erfüllen können.
▨ Entwickeln Sie einen einfachen Fragebogen zur Abfrage der Kundenzufriedenheit.
▨ Verschicken Sie diesen Fragebogen an Ihre Kunden. Versprechen Sie einen Mehrwert (Geschenk, Information), wenn Ihr Kunde antwortet. Bei der Auswertung der Ergebnisse werden Sie wahrscheinlich einen ersten Eindruck von der Zufriedenheit Ihrer Kunden und den Schwachstellen in Ihrer Kundenbetreuung bekommen.

FITNESSZONE **II**

Die Zufriedenheit der Kunden wird sporadisch ermittelt und ausgewertet. Dabei werden alle Kunden befragt und die Ergebnisse fließen in das Tagesgeschäft mit ein.

Das Thema „Kundenzufriedenheit" findet Beachtung in Ihrem Unternehmen. Es werden Befragungen durchgeführt – sporadisch und bei allen Kunden. Bei der Befragung benutzen Sie immer vergleichbare oder gleiche Fragen, damit die Ergebnisse eine Entwicklung erkennen lassen.

Ihre To-dos:

- In welchen Intervallen werden Sie Kundenbefragungen durchführen (jährlich, alle zwei Jahre ...)? Legen Sie dies ebenso fest wie einen Verantwortlichen, der sich darum kümmert.
- Schulen Sie Ihre Mitarbeiter und sensibilisieren Sie diese für die Wichtigkeit der Kundenzufriedenheit. Leben und fördern Sie die Einstellung „Der Kunde ist unser eigentlicher Chef!".
- Wer sind Ihre wichtigsten Kunden aus Ihrer Zielgruppe? Wie können Sie genau diese für Ihr Unternehmen begeistern? Prüfen Sie vor der Befragung der Kunden, ob es für Sie hilfreicher ist, alle Kunden zu befragen oder gezielt nur einen Teil Ihrer Kunden: Nur die Stammkunden? Nur die Kunden aus einer Zielgruppe? Nur die Kunden, die bestimmte Produkte bei Ihnen kaufen?
- Werten Sie die Ergebnisse der Befragungen konsequent aus und machen Sie das zu einem Thema für alle Mitarbeiter. Diskutieren Sie Entwicklungen und Schwachstellen und leiten Sie daraus konkrete Maßnahmen ab. Dazu ein Beispiel: In der Befragung zeigt sich, dass Ihre Kunden unzufrieden mit Ihrer Termintreue und der Wartezeit auf ein Angebot sind. Überlegen Sie gemeinsam, wie Sie als Team daran arbeiten können, und legen Sie Standards fest: „Termintreue heißt für uns, fünf Minuten vor der Zeit zu liefern. Lässt sich dies nicht einhalten, wird der Kunde eine halbe Stunde vor dem Termin über die sich andeutende Verspätung informiert."

Sie und Ihre Mitarbeiter stehen in einem ständigen Kontakt zu Ihren Kunden. Alle sind darauf geschult, gezielt nachzufragen und das persönliche Gespräch zu suchen. Kritische Äußerungen der Kunden nehmen Sie ernst, Sie reflektieren sich und Ihr Unternehmen und leiten aus Kritik einen konkreten Handlungsbedarf und Servicestandards ab. Die Daten zur Kundenerwartung und Kundenzufriedenheit liegen allen Mitarbeitern vor.

Jeder Kunde ist individuell. Sie sehen Ihre Kunden nicht mehr als homogene Masse, sondern mit deren individuellen Ansprüchen, Erwartungen und Wünschen. Diese sind bekannt und werden in einer Kundendatenbank (elektronisch, Papierakte oder Ähnlichem) festgehalten. Achten Sie dabei auf den Datenschutz und die diesbezüglichen rechtlichen Rahmenbedingungen.

Ihre To-dos:

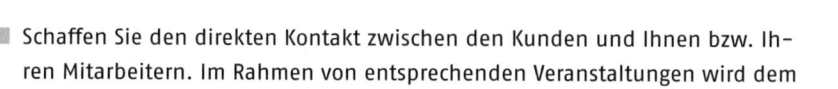

■ Schaffen Sie den direkten Kontakt zwischen den Kunden und Ihnen bzw. Ihren Mitarbeitern. Im Rahmen von entsprechenden Veranstaltungen wird dem Kunden die Gelegenheit gegeben, sich zu Ihrem Unternehmen zu äußern.

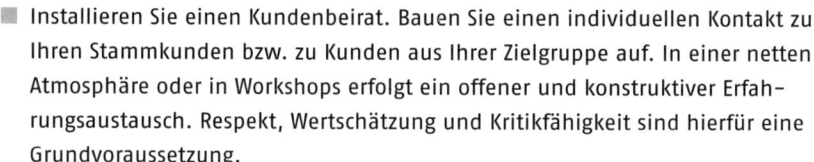

■ Installieren Sie einen Kundenbeirat. Bauen Sie einen individuellen Kontakt zu Ihren Stammkunden bzw. zu Kunden aus Ihrer Zielgruppe auf. In einer netten Atmosphäre oder in Workshops erfolgt ein offener und konstruktiver Erfahrungsaustausch. Respekt, Wertschätzung und Kritikfähigkeit sind hierfür eine Grundvoraussetzung.

1. Wer sind Ihre wichtigsten Kunden?
2. Was sind die Erwartungen Ihrer Kunden an Ihr Unternehmen?
3. Wie werden Sie in Ihrem Unternehmen konkret die Zufriedenheit Ihrer Kunden abfragen? Wann? Wer ist zuständig?
4. Was möchten Sie mit einer Kundenbefragung erreichen? Was möchten Sie wissen?
5. Wo weichen die Erwartungen der Kunden von dem ab, was sie mit Ihrem Unternehmen tatsächlich erleben?
6. Was können Sie aufgrund der gewonnenen Erkenntnisse an Ihren Produkten, Dienstleistungen und Abläufen verbessern?

Handlungsfeld 7:
Kundenbeziehungen pflegen

„Gut ist nicht gut genug, wenn Besseres erwartet wurde."

(THOMAS FULLER)

Der „Kunde von heute" ist anspruchsvoll, fordernd und erwartet Service. Das Unternehmen, das diesen Ansprüchen gerecht wird, wird auch zukünftig gut dastehen und sich über eine steigende Nachfrage freuen dürfen.

3. Erfolgsfaktor 2: „Die Kundenerwartungen"

Je nach Branche gibt es vielleicht ein lukratives Erstgeschäft (Neubau, Kaufentscheidung, Anschaffung) – es zählt aber auch die Nachbetreuung. Darum stellt sich die Frage:

■ Wie können Sie es schaffen, die Kunden zu binden und dazu zu animieren, Sie weiterzuempfehlen?

Reklamationen treten zwangsläufig auf, wenn Menschen Arbeit verrichten. Es gilt aber, sie nicht als lästiges Übel anzusehen, sondern daraus zu lernen. Der Mitarbeiter, der die Reklamation zu verantworten hat, aber auch das Unternehmen und die gesamte Struktur können sich durch Analyse der Reklamationen weiterentwickeln und verbessern.

Die reibungslose und für den Kunden zufriedenstellende Bearbeitung von Reklamationen ist ein Weg zu einer nachhaltigen Kundenbegeisterung.

Verfügt ein Unternehmen über ein hohes Maß an Stammkundschaft, bietet dies eine Sicherheit in der Planung, der Auslastung und den Umsatzzahlen. Zufriedene Stammkunden werden bei einer erneut anstehenden Kaufentscheidung immer wieder zu ihrem bekannten Anbieter zurückkehren und kommen gar nicht erst auf den Gedanken, sich bei der Konkurrenz umzuschauen. Denken Sie an Ihren „Lieblingsitaliener um die Ecke": Man kennt sich, der Italiener kennt Ihre besonderen Vorlieben und Vorstellungen und es gibt immer das besondere Etwas dazu.

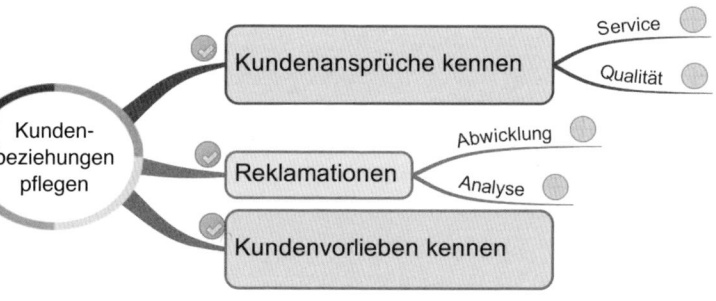

Abbildung 25: Kundenbeziehungen pflegen

Untersuchungen zeigen, dass Unternehmen einen hohen Aufwand zur Neukundengewinnung betreiben (Anzeigenschaltung, Messen usw.). Das Betreuen und wiederholte „Begeistern" der Stammkundschaft bleibt dabei oft auf der Strecke – würde aber ungleich weniger Aufwand und Kosten bedeuten. Ein Stichwort in diesem Zusammenhang ist „Empfehlungsmarketing". Zufriedene Kunden werden Sie gerne weiterempfehlen – und eine Empfehlung auf persönlicher Ebene ist die beste Werbung.

Handlungsfeld „Kundenbeziehungen pflegen": Wie Sie in die Fitnesszone I gelangen

FITNESSZONE III

Kundenbeziehungen werden nicht bewusst gepflegt.
Kurzfristiger Erfolg und Alltagsgeschäft sind wichtiger als langfristige Kundenbindung.

Sie und Ihre Mitarbeiter sind mit dem operativen Alltag ausgelastet, es bleibt keine Zeit, sich gezielt um die Pflege der Kundenbeziehungen zu kümmern.

Ihre To-dos:

- Sammeln Sie Kundendaten: Eine gepflegte Datenbank mit vollständigen Kontaktdaten und unterteilt nach Zielgruppe, Kaufverhalten usw. erleichtert die Kontaktpflege. Sie können hier gezielt Mailings oder Rundschreiben mit Produktneuheiten und Sonderaktionen initiieren.
- Bleiben Sie im Kundenkontakt: Präsentieren Sie sich auf Messen, verschicken Sie Weihnachtskarten oder persönliche Karten (etwa zum Geburtstag), suchen Sie den persönlichen Kontakt zu Kunden (Anruf, Tag der offenen Tür, Servicebesuch). Bei diesen Maßnahmen geht es nicht primär um das Verkaufen, sondern um einen langfristigen Kontakt zu dem Kunden.

Kundenbeziehungen werden sporadisch gepflegt (zum Beispiel durch
Zusendung einer Weihnachtsgrußkarte).
Es wird versucht, alle Kundenbeziehungen ohne Vorauswahl zu pflegen.
Der Aufwand ist enorm und führt eventuell zur Frustration.

Die Kontakte zu Ihren Kunden werden gepflegt, dies erfolgt sporadisch und
ohne ein konsequentes System. Dieses Vorgehen ist mühsam und aufwendig. Da immer alle Kunden gleichermaßen angesprochen werden, fällt es
schwer, etwa in kompakten Mailings über bestimmte Themen oder Aktionen
zu informieren. Das Ergebnis sind häufig umfangreiche und unübersichtli-
che Maßnahmen mit wenig Rücklauf. Dies sorgt für Unzufriedenheit im Unternehmen und bei den Kunden. Ein Beispiel:

- Ein Garten- und Landschaftsbaubetrieb bietet Pflasterarbeiten, Dachbe-
  grünung, Pflanzungen und Pflegedienstleistungen an, und zwar sowohl
  im gewerblichen als auch im privaten Bereich. Die Kundendaten sind nicht
  weiter selektiert.

- Mit unregelmäßig verschickten Mailings werden alle Kunden über besondere Aktionen informiert. Aber bei Weitem nicht alle Empfänger brauchen
  all diese Informationen. Dies sorgt für Unmut, die Resonanz fällt entsprechend unzureichend aus.

Ihre To-dos:

- Erstellen Sie einen Jahresplan: Legen Sie Maßnahmen zur Kontaktpflege fest
  (Messen, Veranstaltungen, Mailings), bestimmen Sie die Aussendungstermine
  und klären Sie die Zuständigkeiten.

- Nutzen Sie den persönlichen Kontakt: Im direkten Gespräch können Sie und
  Ihre Mitarbeiter die Kunden individuell und direkt betreuen. Sorgen Sie unbedingt dafür, dass hierbei keine Zusagen oder Versprechen getroffen werden,
  die Sie nicht sicher einhalten können – dies fördert den Unmut der Kund-
  schaft.

Sie haben eine gepflegte Kundendatenbank, in der alle Kontaktdaten und die
individuellen Kundenwünsche und Daten hinterlegt sind. Alle Mitarbeiter
mit Kundenkontakt haben die Wichtigkeit der Kundenbeziehungen erkannt
und pflegen diese. Ihre Mailings, Newsletter und sonstigen Maßnahmen sind
strikt zielgruppenorientiert ausgerichtet.

Ihre Kunden sind von Ihrem Unternehmen, den Produkten, Dienstleistungen und dem Service begeistert und empfehlen Sie weiter. Bei der Abfrage der
Kundenzufriedenheit finden Sie heraus, dass mehr als 90 Prozent Ihrer Kunden Sie weiterempfehlen. Sie betreiben das Empfehlungsmarketing aktiv.

Ihre To-dos:

- Sammeln Sie konsequent Informationen (Geburtstag, Jahrestag, Vorlieben,
  Reiseziele) über Ihre Kunden, die es Ihnen ermöglichen, den Umgang mit
  ihnen zu optimieren und ihnen zum Beispiel kleine Aufmerksamkeiten
  zukommen zu lassen.
- Begeistern Sie Ihre Kunden mit persönlichen Aufmerksamkeiten und netten
  Ideen.
- Fördern Sie das „Weiterempfehlen". Erarbeiten Sie ein schlüssiges Konzept
  für ein gelebtes Empfehlungsmarketing.

1. Wie können Sie konkret den Kontakt zu Ihren Kunden intensivieren? Wer ist dafür in Ihrem Unternehmen verantwortlich?
2. Welche Ihrer Kunden liegen Ihnen besonders am Herzen (Kundengruppe, Zielgruppe, Käufer bestimmter Produkte und Dienstleistungen)?
3. Mit welchen Maßnahmen können Sie diese Kunden begeistern (persönliche Aufmerksamkeit, besonderer Service)?
4. Wie können Sie Kundendaten, besondere Vorlieben und individuelle Wünsche Ihrer Kunden dokumentieren und allen Mitarbeitern zugänglich machen?

Kapitel 4
Die Erfolgsfaktoren für Ihre unternehmerische Weiterentwicklung – die Mitarbeiter

Im Mittelpunkt des Handlungsfeldes „M" stehen die Mitarbeiter, deren Einbindung in das Unternehmen und ihre Entwicklungspotenziale.

Erfolgsfaktor 3:
Die Mitarbeiter – gemeinsam am Unternehmen arbeiten

Mitarbeiter haben Bedürfnisse, haben Vorstellungen von der Zukunft ihres Lebens und von der Ausgestaltung ihres Arbeitsplatzes. „Unsere Mitarbeiter werden bezahlt, dafür sollen sie arbeiten" ist ebenso veraltet wie der Ausspruch „Du wirst fürs Arbeiten bezahlt – nicht fürs Denken!". In einem funktionierenden Team sitzen alle in einem Boot und arbeiten für die gleiche Sache.

Wie aber lassen sich Menschen motivieren, gemeinsam am Unternehmen zu arbeiten? Eines vorneweg: Geld alleine ist es nicht. Natürlich ist eine vernünftige und leistungsgerechte Bezahlung wichtig, damit jeder ein möglichst sorgenfreies Leben führen kann. Als Motivationsfaktor ist Geld jedoch nicht geeignet. Untersuchungen zeigen, dass ein Motivationsschub, der durch eine Prämie oder eine Gehaltserhöhung erreicht wird, schon nach wenigen Tagen seine Wirkung verliert.

Was ist es dann? Eine gute und ehrliche Kommunikation ist für ein zukunftsfähiges Miteinander ebenso unentbehrlich wie die gegenseitige Wertschätzung. Entscheidend ist das „Arbeiten an der Unternehmenskultur". Das kostet nicht viel Geld, muss aber im Alltag konsequent und ehrlich gelebt werden.

Wenn Sie sich als Führungskraft dafür entscheiden, den Umgang mit Ihren Mitarbeitern zu verändern und zu verbessern, richten Sie sich bitte auf Gegenwind ein. Ein Mitarbeiter, der seit Jahren seinen Alltagstrott lebt, wird nicht unbedingt begeistert davon sein, wenn Sie jetzt mit ihm Mitarbeitergespräche führen oder mit ihm über seine Weiterbildung reden möchten.

Handlungsfeld 1:
Offen kommunizieren und informieren

„Solange man selbst redet, erfährt man nichts."

(MARIE VON EBNER-ESCHENBACH)

In vielen Gesprächen mit Unternehmern wird er laut: der Wunsch nach motivierten und eigenständig arbeitenden Mitarbeitern. Aber warum wird so oft darüber geklagt, dass Mitarbeiter eben nicht eigenständig mitarbeiten? Was brauchen Mitarbeiter, damit sie dies leisten können und wollen?

Ganz sicher bedarf es der Informationen über die Ausrichtung des Unternehmens und der Einbindung der Mitarbeiter in unternehmerische Entscheidungen: „Wohin soll die Reise gehen? Was ist unser Ziel? Welchen Sinn hat unsere Arbeit? Wie ist es gelaufen, wo gab es Schwierigkeiten oder Reklamationen?" Das sind die Fragen, auf die Sie Antworten geben müssen, wenn Sie den eigenständig mitarbeitenden Mitarbeiter wünschen.

Erfolg entsteht, wenn alle – Unternehmer und Mitarbeiter – an einem gemeinsamen Ziel arbeiten. Wie sollen aber alle an einem Strang ziehen, wenn die Richtung nicht klar ist? Notwendig dafür sind eine offene Kommunikationskultur und ein Vertrauensverhältnis zwischen Unternehmer und Mitarbeitern.

Offene Kommunikationskultur durch gelungene Mitarbeitergespräche

„Wir brauchen keine geplanten Mitarbeitergespräche. Wenn es etwas zu klären gibt, besprechen wir das sofort und spontan." Leider sieht die Realität oft anders aus, gerade in Kleinunternehmen. Im Alltagsgeschäft gibt es jede Menge Operatives zu klären: Termine, Projekte, konkrete Schritte und Maßnahmen – für die eigentliche Führungsarbeit und zielorientierte Mitarbeitergespräche bleibt oft keine Zeit.

Terminierte Mitarbeitergespräche stellen daher eine gute Gelegenheit dar, sich in Ruhe und konstruktiv über individuelle Fragestellungen, strategische Maßnahmen und Pläne auszutauschen. Je nach Reifegrad des Unternehmens kann über die Form dieses Austausches entschieden werden. Es muss nicht immer der „Chef" oder die Führungskraft sein, der bzw. die die Gespräche führt. Es kann unter Umständen ein Mentor oder Coach aus den Reihen des Teams sein, mit dem sich der Mitarbeiter über Ziele, Zukunftsvorstellungen, Weiterentwicklung oder persönliche Perspektiven austauschen kann.

Was bringen Mitarbeitergespräche? Führungskraft oder Chef tauschen sich direkt mit dem Mitarbeiter aus. Im Vordergrund steht die Weiterentwicklung des Mitarbeiters, die oft gleichbedeutend mit einer Weiterentwicklung des Unternehmens ist. Streitgespräche, Gehaltsverhandlungen oder zweckgebundene Kritikgespräche sollten Sie darum gesondert führen.

Nutzen Sie die Kraft des Mitarbeitergesprächs. Es gibt kaum ein Führungswerkzeug, welches ähnlich effektiv ist wie der direkte und konstruktive Austausch mit den Mitarbeitern. Es stellt eine Art der Wertschätzung dar, wenn Sie als Unternehmer wo immer möglich einen Teil Ihrer (wertvollen) Zeit ganz allein dem Mitarbeiter widmen.

Für die Vorbereitung eines Mitarbeitergesprächs empfehlen wir:
- Bereiten Sie sich intensiv auf den jeweiligen Mitarbeiter vor. Belegen Sie Ihre Aussagen. Verdeutlichen Sie Bewertungen anhand konkreter Verhaltensweisen und Situationen, die Sie beobachtet haben.
- Laden Sie mit ausreichend Vorlauf zu dem Mitarbeitergespräch ein. Eine Frist von mindestens einer Woche vor dem Gesprächstermin ist ratsam.

Ideal ist es, wenn Ihre Mitarbeiter wissen, dass zum Beispiel jedes Jahr Ende November ein Gespräch stattfindet. Dies muss kontinuierlich und regelmäßig erfolgen.

- Teilen Sie die Inhalte des Gesprächs mit. Worum geht es?
  - Feedback zu Geleistetem, gemeinsames Resümee ziehen
  - Zielfestlegung: in kleinen Unternehmen können die Jahreszielgespräche mit den Mitarbeitergesprächen verbunden werden
  - Austausch zur Weiterentwicklung und Weiterbildung, Förderung des Mitarbeiters durch das Unternehmen
  - Beitrag des Mitarbeiters für das Unternehmen
  - Ideen und Verbesserungen
- Mit einem einfachen Formblatt und gezielten Fragestellungen helfen Sie Ihren Mitarbeitern bei der Vorbereitung auf ein Mitarbeitergespräch.
- Vor der Einführung von Mitarbeitergesprächen ist es hilfreich, den Mitarbeitern in einer Betriebsversammlung oder einem Workshop die Aufgabe und Funktion der Maßnahmen zu erläutern. Es geht nicht um Kritik oder eine negative Grundstimmung. Im Vordergrund stehen die Weiterentwicklung und Förderung des Mitarbeiters und dessen Ideen und Beitrag zur Weiterentwicklung des Unternehmens.
- Das Gespräch findet in einer ruhigen und ungestörten Atmosphäre statt – das heißt: Tür zu, Telefon aus, Störungen werden unterbunden. Es geht einzig und allein um Ihr Gespräch.
- Zur Wertschätzung gegenüber Ihrem Mitarbeiter gehört es, ihm etwas zu trinken anzubieten und eine angenehme Umgebung zu schaffen.

Bei dem Gespräch selbst beachten Sie bitte:

- Sie hören zu, fragen nach und lassen den Mitarbeiter erzählen. Aus Faustformel gilt: Der Redeanteil des Mitarbeiters beträgt 70 Prozent, Ihr Redeanteil höchstens 30 Prozent.
- Fragen Sie nach. Ihr Ziel ist es, herauszufinden, was den Mitarbeiter bewegt.
- Notieren Sie: Was ist positiv, was eher negativ? Wo gibt es Verbesserungspotenzial? Halten Sie die getroffenen Vereinbarungen fest. Nach dem Gespräch werden Ihre Notizen und Aufzeichnungen kopiert, Sie und Ihr Mitarbeiter erhalten je eine Ausfertigung. Diese ist nicht für die Personalakte bestimmt – nur für Ihre persönlichen Aufzeichnungen.

- Ziele, To-dos und Maßnahmen werden besprochen, schriftlich fixiert und die Zuständigkeiten ebenso wie die ersten Schritte festgehalten.
- Das Gespräch sollte harmonisch beendet werden. Danken Sie Ihrem Mitarbeiter für seinen Einsatz, sein Vertrauen oder Engagement. Vereinbaren Sie einen Termin für das nächste Gespräch.

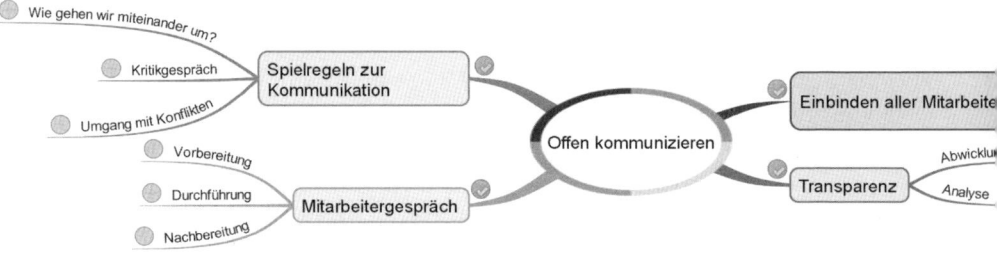

Abbildung 26: Merkmale einer offenen Kommunikationskultur

Kommen wir zur Nachbereitungsphase: Arbeiten Sie Ihre To-dos ab. Wichtig ist: Wenn Sie etwas zugesagt haben, halten Sie es auf jeden Fall ein, um das Vertrauensverhältnis zu stärken.

Natürlich ersetzt ein Mitarbeitergespräch pro Halbjahr oder alle drei Monate nicht die laufende Kommunikation, es ist aber eine große Hilfestellung, ein Ausdruck der Wertschätzung und ein sehr effektives Instrument der Weiterentwicklung. Dabei gilt: Das Einführen der Mitarbeitergespräche kann durch die Hilfe eines externen Beraters oder Moderators erleichtert werden.

Handlungsfeld „Offen kommunizieren und informieren":
Wie Sie in die Fitnesszone I gelangen

FITNESSZONE III

Es wird nicht kommuniziert und informiert – Misstrauen und Tabus
bestimmen den Alltag.
Nur vereinzelt und punktuell erhalten Mitarbeiter Informationen. Es wird
mehr übereinander als miteinander geredet.

Ihre Mitarbeiter sind nicht über ihren eigenen Arbeitsbereich hinaus über das
Unternehmen informiert. Es herrscht die Angst vor, die Mitarbeiter könnten
zu tiefe Einblicke erhalten und die Informationen missbrauchen. Unange-
nehme Themen wie persönliche Konflikte oder ungeklärte Vorgänge aus der
Vergangenheit werden totgeschwiegen. „Die Mitarbeiter sind ausschließlich
zum Arbeiten da!" – das ist das Motto, welches vorherrscht.

Ihre To-dos:

▨ Informieren Sie Ihre wichtigsten Mitarbeiter über Entwicklungen, Unterneh-
menssziele, Perspektiven und binden Sie sie in Ihre Entscheidungen ein.
Je informierter Mitarbeiter sind, desto höher werden die Effizienz, die Eigen-
ständigkeit und die Motivation sein.
▨ Nutzen Sie die verschiedenen Möglichkeiten der Information, etwa Pinnwand,
Schwarzes Brett, Aushang im Frühstücksraum, Intranet, E-Mails, persönliche
Gespräche.

Der Informationsfluss geht über das Alltagsgeschäft hinaus. Informationen werden selektiert und an die Mitarbeiter weitergegeben.
In regelmäßigen Gesprächsrunden werden einige Mitarbeiter über zentrale Entwicklungen informiert. Mitarbeitergespräche finden systematisch statt. Konflikte werden als Chance erkannt.

Es findet ein Informationsfluss statt. Ihre Führungskräfte sind in die unternehmerische Arbeit eingebunden. Andere Mitarbeiter werden mit selektierten Informationen versorgt. In Mitarbeitergesprächen findet ein individueller Austausch statt. Treten zwischenmenschliche Spannungen auf, werden diese angesprochen und aus dem Weg geräumt.

Ihre To-dos:

- Binden Sie konsequent alle Mitarbeiter ein. Die Informationen über die Situation des Unternehmens, aktuelle Entwicklungen und die Perspektiven stehen allen zur Verfügung und werden im Bedarfsfall erläutert.
- Neue Mitarbeiter werden umfassend und zeitnah in den Informationsfluss eingebunden. Laden Sie neue Mitarbeiter zu einem Informationsaustausch, etwa bei einem Abendessen, ein.
- Leben Sie eine „Politik der offenen Tür" – es herrschen flache Hierarchien, als Chef stehen Sie ständig als Ansprechpartner zur Verfügung.
- Arbeiten Sie Konflikte auf. Räumen Sie auch „Altlasten" aus dem Weg. Nur so erreichen Sie ein Umfeld, in dem Ehrlichkeit und Vertrauen dominieren.

Es herrscht ein hohes Maß an Transparenz im Unternehmen. Betriebswirtschaftliche Daten, Kennzahlen und Plan-Ist-Zahlen werden kommuniziert und den Mitarbeitern zugänglich gemacht, ebenso wie die Unternehmensziele und Entwicklungen – die Mitarbeiter werden hier eingebunden. Es gibt Gesprächsrunden mit allen Mitarbeitern und individuelle Mitarbeitergespräche. Flache Hierarchien und ein offener Umgang miteinander sind Grundvoraussetzungen für die Arbeit in einem Team und werden im Alltag gelebt.

Ihre To-dos:

- ▨ Verfolgen Sie konsequent die beschriebenen Maßnahmen und schaffen Sie regelmäßige und fest vereinbarte Termine mit Ihren Mitarbeitern (Mitarbeitergespräche, Jahresplanungstage).
- ▨ Räumen Sie diesen Maßnahmen höchste Priorität ein, sie dürfen niemals im Alltagsgeschäft untergehen.

Handlungsfeld 2:
Mitdenken fördern

„Es geht um Freude an der Arbeit. Es gibt kein größeres Glück als die Erkenntnis, dass wir etwas erreicht haben."

(HENRY FORD)

Betrachten Sie Ihre Arbeitnehmer noch als „fleißige Hände" und nicht als „mitdenkende Köpfe"? Dann sollten Sie das schnellstens ändern. Denn der Bedarf an guten und kreativen Arbeitskräften steigt und der Kampf um sie wird härter. Aus den Arbeitnehmern sind längst Mitdenker geworden, die ein großes Potenzial für das Unternehmen darstellen. Sie sorgen bei entsprechender Unternehmensphilosophie für Innovationen und Wachstum. Besonders an Innovationen hapert es in deutschen Betrieben. Seit Jahren ist die Zahl der angemeldeten Patente oder Gebrauchsmuster in Deutschland rückläufig. Eine Ursache ist wahrscheinlich die vielfach schwierige Umsetzung von Forschungsergebnissen in die Praxis der Kleinbetriebe. In größeren Unternehmen lässt sich mithilfe der Begleitung einer externen Fachkraft zum Beispiel die Anwendung wissenschaftlich abgesicherter Ansätze leichter umsetzen.

Die Chancen, die sich für ein Unternehmen durch mitdenkende Mitarbeiter ergeben, sind groß. Wichtig sind das Vertrauen des Unternehmers in die

Fähigkeiten seiner Mitarbeiter sowie der Zugang der Mitarbeiter zu den für betriebliche Entscheidungen erforderlichen Daten und Fakten. Für dominante Unternehmer ist dies zuweilen ein beschwerlicher Weg, denn er erfordert Mut, Vertrauen und die Überzeugung, dass Mitarbeiter gute, wenn auch manchmal ungewöhnliche Ideen haben.

Mitdenkende Mitarbeiter gewinnen

Um Mitdenker zu gewinnen, müssen Sie zuerst die Eigenverantwortung Ihrer Mitarbeiter stärken und Hierarchien abschaffen. Lernen Sie zu delegieren und Verantwortung zu übertragen. Es gibt eine Reihe von Bezeichnungen für diese Art der Führung, zum Beispiel kontinuierlicher Verbesserungsprozess (KVP), Kaizen, TQM und Innovations- oder Ideenmanagement. Sie funktioniert aber nur, wenn sie vom Unternehmer oder den Führungskräften mitgetragen wird. Deren Rolle ist entscheidend für den Erfolg dieser Art der Führung. Versagen der Unternehmer und die Führungskräfte, indem sie zum Beispiel die Verbesserungsvorschläge der Mitarbeiter unter den Tisch fallen lassen, wird das System in sich zusammenbrechen.

Das Mitdenkertum ist eine vom Unternehmer gewollte Entscheidung, die nur funktioniert, wenn das Mitdenkertum als Wert im Unternehmen und in der Unternehmensstrategie verankert wird. Werte sind immer mit Kontrollen verbunden, die neben einer Aufsichts- und Erinnerungsfunktion auch eine gewisse Sicherheit geben. Diese Kontrollmechanismen müssen klar und transparent sein, damit sie jeder im Unternehmen versteht. Ein offener Umgang mit Fehlern und die Erkenntnis, dass aus diesen Fehlern ganz wesentliche Impulse für eine Verbesserung hervorgehen, sind ein erster Schritt in die richtige Richtung. Aus diesem offenen Umgang entsteht für die Mitarbeiter die Eigenmotivation, ihre Fachkompetenz auszubauen und ins Unternehmen einzubringen. Sie möchten zeigen, was in ihnen steckt.

Das bedarf einer Einführungszeit und der Schulung durch erfahrene Mitarbeiter, die schon einmal mit Verbesserungsprozessen gearbeitet haben. Für Mitarbeiter, die neu in das Unternehmen eintreten, haben sich Mentorenkonzepte bewährt, bei denen ältere Mitarbeiter (im Sinne der Betriebszugehörigkeit und Erfahrung) die Einarbeitung in das Mitdenkersystem erleichtern.

Kontinuierliche Verbesserungsprozesse (KVP) anstoßen

Diese Form der Mitarbeiterführung ist nur durch ein großes Maß an offener Kommunikation möglich. Ansonsten sind Verbesserungen nur begrenzt möglich und selten motivierend. Auch hier spielt die Strategie des Unternehmens eine Rolle. Die Mitarbeiter müssen wissen, wohin die Reise geht. Wie sollen sie sonst Verbesserungen oder Ideen einbringen? Es wirkt sehr demotivierend, wenn Ideen zwar für gut befunden, aber als nicht zielführend abgelehnt werden. Das macht kein Mitarbeiter lange mit. Am besten ist es, wenn sie selbst Einfluss auf die Unternehmensziele haben oder sich zumindest damit identifizieren können.

Um ein Ideenmanagement in ein bestehendes Unternehmen einzuführen, bedarf es einiger Zeit. Ein guter Weg ist die Vorbereitung der Mitarbeiter durch Einführungskurse, um zum Beispiel das Modell des KVP vorzustellen und an die Unternehmensstruktur anzupassen. Erfahrungswerte besagen, dass bei einem Unternehmen von ca. 20 Mitarbeitern ein Einführungsworkshop ca. drei bis vier Tage dauert und nachfolgend alle zwei Monate der KVP-Beauftragte ca. vier bis sechs Stunden für die Bearbeitung der Vorschläge benötigt. Alle anderen Mitarbeiter kommen ca. zweimal pro Jahr für zwei bis vier Stunden zusammen, um die Entwicklungen zu diskutieren oder Kritik zu äußern.

Die Vorteile liegen auf der Hand: Durch die neuen Ideen kommt es zu Einsparungen, höherer Motivation und Arbeitszufriedenheit, einer verbesserten Wettbewerbsfähigkeit, weniger Konflikten und einer besseren Wissensvermittlung. Das Lernen am Arbeitsplatz nimmt zu.

Anlaufschwierigkeiten bei der Einführung von KVP sind normal. Erfahrungsgemäß gibt es Akzeptanzprobleme, wenn plötzlich Kreativität gefordert wird. In diesem Fall sind Konsequenz und Geduld gefragt. Schlussendlich muss klar sein: Wer die Strategie des Unternehmens nicht mitträgt, braucht vielleicht eine Luftveränderung. Auf der anderen Seite kann einem gut funktionierenden KVP auch einmal die Luft ausgehen, wenn das Unternehmen durch einen Wechsel an der Unternehmensspitze oder der Unternehmenspolitik (Strategie, Werte) für die Mitarbeiter unattraktiv wird. Die Motivation zu Verbesserungen ist dann rückläufig. Auch in Unternehmen, die in einer Sa-

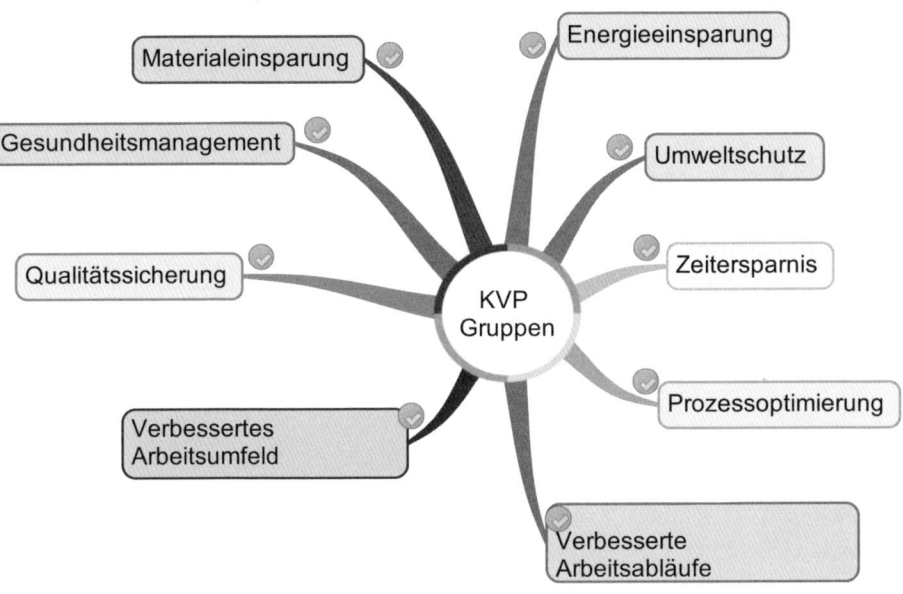

Abbildung 27: Kontinuierlicher Verbesserungsprozess –
beteiligte Gruppen und Vorteile

nierungsphase stecken oder die durch Umstrukturierungen oder Auftragsmangel einen Personalabbau hinter sich haben, sind die Mitarbeiter für KVPs
nur schwer zu gewinnen.

Damit ein KVP im Unternehmen dauerhaft etabliert werden kann, müssen
die Führungskräfte und der Unternehmer den Prozess koordinieren. Hinzu
kommt: Vergessen Sie bei den „Mitdenkern" eine wichtige Gruppe nicht –
Ihre Kunden. Durch die Bildung eines Kundenbeirats oder eines Ideenwettbewerbs können Sie wertvolle Impulse für die Entwicklung Ihres Unternehmens gewinnen.

Ein modernes Unternehmen ist eine lernende Organisation, die sich durch aktives Wissensmanagement auszeichnet und Mitarbeiter ständig weiterentwickelt. Darum: Entwickeln Sie die Mitarbeiter zu Mitdenkern und die Mitdenker zu Mitunternehmern.

Ein einfaches Werkzeug für die Sicherung des KVP ist es, Fehlerquellen und Verbesserungsvorschläge sofort zu notieren. Das kann eine Liste (Papierform oder digital) sein, die von allen mit Inhalt gefüllt wird – und zwar immer direkt dann, wenn etwas auffällt. So geht nichts verloren und die relevanten Punkte können im weiteren Ablauf zielorientiert angegangen werden (Zielformulierung, Verbesserung des Services, Optimierung der Abläufe).

Handlungsfeld „Mitdenken fördern": Wie Sie in die Fitnesszone I gelangen

FITNESSZONE III

Es herrscht Dienst nach Vorschrift. Die Mitarbeiter fungieren nicht als Problemlöser und sehen sich selbst auch nicht als solche. Innovationen werden durch den Chef oder die Führungskräfte in das Unternehmen eingebracht und unreflektiert umgesetzt.

Es gibt bei Ihnen kein systematisches System zur Erfassung von Verbesserungsvorschlägen. Ihre Mitarbeiter warten auf Vorschläge vom Unternehmer oder den Führungskräften, gelegentlich äußert der ein oder andere Mitarbeiter Ideen. Die Mitarbeiter wissen weder über die Strategie des Unternehmens noch über dessen Ziele Bescheid.

Ihre To-dos:

- Motivieren Sie Ihre Führungskräfte oder Ihre Mitarbeiter dazu, sich aktiv mit Vorschlägen zur Verbesserung der Arbeitssituation, der Produkte oder Dienstleistungen einzubringen. Gemeinsam können Sie die anstehenden Aufgaben besser meistern. Das ist eine gute Gelegenheit, auch zu sehen, ob der richtige Mitarbeiter am richtigen Arbeitsplatz ist. Ist der Wille zum Mitdenken da oder weigert sich der Mitarbeiter? Denken Sie über eine Alternative nach.
- Informieren Sie sich über die Einführung eines Ideen- oder Innovationsmanagements in Ihrem Unternehmen. Welche Systeme und Möglichkeiten gibt es? Benötigen Sie Hilfe von außen oder schaffen Sie das selbst? Welche Verfahren sind möglich und wer muss informiert werden?
- Erstellen Sie ein Formblatt zur schnellen Erfassung von Verbesserungsvorschlägen oder Ideen.
- Suchen Sie Fehler und schauen Sie sich diese Fehler genau an? Welches (Verbesserungs-)Potenzial liegt in ihnen? Gibt es Einsparungsmöglichkeiten oder Verbesserungen bei der betrieblichen Sicherheit? Fehler sind gut, wenn man sie sieht und Verbesserungen aus ihnen ableitet.

FITNESSZONE II

Unsere Mitarbeiter machen Vorschläge zu ihren Bereichen in Bezug auf Abläufe und technische Aspekte, trotzdem erfolgen Verbesserungen oft noch zufällig.

Wir haben ein strukturiertes Verbesserungs- und Vorschlagswesen, in dem Verbesserungen unbürokratisch umgesetzt werden. Alle bringen sich ein.

Ihre Mitarbeiter haben ihre Furcht und Skepsis gegenüber einem KVP verloren. Nun geht es an die Einführung einer Struktur. Die Unternehmensstrategie wird hinsichtlich eines Ideenmanagements erweitert, die Ziele und Werte sind angepasst. Mittlerweile beteiligt sich rund ein Drittel der Mitarbeiter mit Verbesserungsvorschlägen. Es haben sich Arbeitsgruppen gebildet, die sich in regelmäßigen Abständen zu KVP-Sitzungen treffen.

Ihre To-dos:

- Jeder Mitarbeiter soll sich aktiv an der Verbesserung des Unternehmens beteiligen. Dazu bedarf es der Ermunterung durch den Unternehmer oder die Führungskräfte. Einerseits bedeutet dies eine Kultur des Lobens, andererseits die Einführung von Zielvereinbarungen für Verbesserungsvorschläge. Vereinbaren Sie in den Mitarbeitergesprächen die aktive Teilnahme mit einer definierten Menge an Verbesserungsvorschlägen pro Mitarbeiter und Zeiteinheit, meistens jährlich.
- Reservieren Sie genügend Raum für das Treffen der Mitarbeiter des KVP-Zirkels, und machen Sie deutlich, wie wichtig diese Arbeit für die Wettbewerbsfähigkeit des Unternehmens und damit für den Erhalt der Arbeitsplätze ist.
- Ermutigen Sie Ihre Mitarbeiter, mit offenen Augen durch Ihren Betrieb zu gehen und Verbesserungspotenziale zu erkennen und zu nennen.
- Kommunizieren Sie unternehmensöffentlich, wie viele und welche Vorschläge eingegangen sind und welchen Effekt sie hatten.
- Erstellen Sie klare Definitionen für einen Verbesserungsvorschlag: Was muss er enthalten, auf welchen Bereich muss/darf/soll er sich beziehen?

FITNESSZONE **❙**

Alle Mitarbeiter erhöhen die Wirksamkeit des Unternehmens permanent durch Achtsamkeit, Mitdenken und aktives Umsetzen. Veränderungen beziehen sich auf Großes und Kleines. Wir haben den Mut und die Fähigkeiten, auch ganze Systeme neu zu denken.

Mehr als die Hälfte Ihrer Mitarbeiter beteiligt sich in KVP-Gruppen mit Vorschlägen. Die Umsetzungsquote und die Ergebnisse der Vorschläge werden durch Kennzahlen erfasst und an zentraler Stelle im Unternehmen (Schwarzes Brett, Newsletter) veröffentlicht. Es gibt eine Kultur der Wertschätzung, die sich materiell und ideell darstellen lässt (Hall of Fame, Rangliste der erfolgreichsten Vorschläge, höchstes Einsparpotenzial, beste Außenwirkung).

Sie als Unternehmer sind nicht mehr aktiv an der Bewertung der Vorschläge beteiligt und haben mehr Zeit für die Arbeit am Unternehmen.

Ihre To-dos:

- Bauen Sie den Prozess des KVP aus und leben Sie diesen. Sorgen Sie dafür, dass Ihre Mitarbeiter regelmäßig Weiterbildungen besuchen und den Blick über den Tellerrand wagen.
- Wie machen das andere Unternehmen aus Ihrer Branche? Informieren Sie Ihre Kunden und Ihre Mitarbeiter regelmäßig über die aktuellen Innovationen und Verbesserungen, zum Beispiel im Newsletter. Nennen Sie dabei Ross und Reiter – welche Mitarbeiter haben besonders innovative Ideen eingebracht? Die Größe oder der Umfang spielt dabei keine Rolle.
- Geben Sie Ihren Mitarbeitern ausreichende Kompetenzen, sodass sie auch finanziell die erforderlichen Maßnahmen ergreifen und umsetzen können.
- Denken Sie immer daran: Der größte Feind der Innovationen ist die Gewohnheit. Hüten Sie sich vor Trampelpfaden und lang eingeübten Verhaltensmustern („Haben wir schon immer so gemacht").
- Vermeiden Sie Stress. Er verhindert den Blick auf die Zusammenhänge.

Umsetzungsfragen für das Handlungsfeld „Mitdenken fördern"

1. Welche Innovationen oder Verbesserungen gab es in den letzten sechs Monaten im Unternehmen?
2. Fördern Unternehmer oder Führungskräfte die Mitarbeiter bei der Erstellung von Verbesserungsvorschlägen?
3. Wo gibt es dringenden Verbesserungsbedarf im Unternehmen?
4. Gibt es einen Erfassungsbogen für Verbesserungsvorschläge?
5. Wer entscheidet, welche Vorschläge umgesetzt oder verworfen werden?
6. Wie gehen Führungskräfte und Unternehmer mit den Verbesserungsvorschlägen um? Gibt es Beschwerden?

Handlungsfeld 3:
Entwicklung fördern

„Etwas nicht zu können, ist kein Grund, es nicht zu tun."

(ALF)

Der Begriff des „lebenslangen Lernens" ist in aller Munde. Nie war es so wichtig, Entwicklungen zu verfolgen, neue Produkte zu kennen oder innovative Ideen zu haben wie heute. Die Kunden sind oftmals bestens über ein Produkt informiert und der technische Fortschritt schreitet rasend schnell voran – fast in allen Branchen. Waren früher nur wenige Gewerke erforderlich, um ein einfaches Einfamilienhaus zu bauen, sind heute Spezialisten aus den unterschiedlichsten Sparten zu koordinieren: Energie, Wärmedämmmung, Elektronik, Bodenaufbauten, Gestaltung und vieles mehr.

In einem Unternehmen muss nicht der „Chef" der Spezialist für alles sein – Mitarbeiter können sich ihren Stärken und eigenen Vorlieben entsprechend weiterbilden und sich zu Spezialisten entwickeln. Das entlastet den Unternehmer und stärkt im Gegenzug den Mitarbeiter in seiner Position, was wiederum Sinn stiftet und Wertschätzung bedeutet.

Engagierte Mitarbeiter wollen in die unternehmerischen Entscheidungen eingebunden sein und nicht nur „Dienst nach Vorschrift" verrichten. Themen wie Kommunikation, Konfliktmanagement, Führung oder Kundenservice nehmen einen immer höheren Stellenwert ein – Mitarbeiter wollen sich auch in diesen Bereichen ständig weiterentwickeln. Weiterentwicklung heißt dabei nicht, dass jeder Mitarbeiter zur Führungskraft oder zum Chef wird. Es ist aber immer ein Mindestmaß an unternehmerischem Denken erforderlich und an Bewusstsein dafür, wohin sich das Unternehmen entwickeln soll und was der Beitrag eines jeden Einzelnen im Rahmen seiner Möglichkeiten dazu sein kann. So entstehen Teams, die sich gegenseitig unterstützen und das Unternehmen zu einer ständig lernenden Einheit formen.

Strebt der Unternehmer eine Entwicklung seines Unternehmens im Sinne der TEMP-Methode an, geht es um begeisterte Kunden, mitdenkende und engagierte Mitarbeiter, sinnstiftendes Arbeiten, klare und effiziente Abläufe und vieles mehr. Dieser Weg kann nur beschritten werden, wenn die Mitarbeiter in der Entwicklung gefördert und gefordert werden.

Handlungsfeld „Entwicklung fördern": Wie Sie in die Fitnesszone I gelangen

FITNESSZONE III

Langjährige Betriebszugehörigkeit gilt als ausreichende Kompetenz. Weiterbildung ist nicht gefragt.
Führungskräfte und Mitarbeiter besuchen vereinzelt angebotene Weiterbildungsmaßnahmen. Die Auswahl erfolgt spontan.

Alte Denkstrukturen bestimmen Ihr Unternehmen: Wer lange dabei ist, hat auch viel Ahnung. Gezielte Weiterbildung ist kein relevantes Thema in Ihrem Unternehmen, vereinzelt wird zwar schon einmal ein Seminar besucht, es fehlt jedoch ein strukturiertes Weiterbildungskonzept. Es gibt keine Verpflichtung zur Weiterbildung. Die Notwendigkeit, dass Sie und Ihre Mitarbeiter ständig dazulernen müssen, wird nicht erkannt.

Ihre To-dos:

- Machen Sie Weiterbildung in Ihrem Unternehmen präsent. Bieten Sie die Teilnahme an Seminaren an, das Unternehmen übernimmt die anfallenden Kosten.
- Ermitteln Sie die Stärken Ihrer Mitarbeiter. Dies ist bei der Einsatzplanung zu berücksichtigen. Fragen Sie Ihre Mitarbeiter nach deren Vorstellungen und

Wünschen, auch nach den Erwartungen, die Ihre Mitarbeiter an einen erfüllenden Arbeitsplatz haben.
- Schaffen Sie Anreize für Weiterbildung. Welche Mitarbeiter tun sich schwer und wieso? Welche Hemmschuhe gibt es und wie können Sie Weiterbildung attraktiver machen?
- Welcher Weiterbildungsbedarf besteht in Ihrem Unternehmen? Erstellen Sie eine Liste, am besten gemeinsam mit Ihren Führungskräften.

FITNESSZONE II

Die Wichtigkeit der Weiterbildung ist erkannt. Alle Mitarbeiter und Führungskräfte besuchen regelmäßig Weiterbildungsmaßnahmen.
Das individuelle Entwicklungspotenzial der Mitarbeiter ist erkannt und die Basis für persönliche Weiterbildung. Mitarbeiter werden gemäß ihren Stärken eingesetzt und gefördert.

Alle Mitarbeiter besuchen regelmäßig Seminare. Die Auswahl erfolgt meist durch den Chef und richtet sich nach den Stärken und dem Einsatzbereich des jeweiligen Mitarbeiters. Die Kosten für die Weiterbildung trägt das Unternehmen. Dafür profitieren alle von der Weiterbildung einzelner Mitarbeiter. Es erfolgt beispielsweise ein Kurzbericht über die Inhalte oder es werden aus der Fortbildung mindestens drei relevante Punkte für das Unternehmen herausgearbeitet und umgesetzt. Die Stärken der Mitarbeiter sind Ihnen und diesen selbst bekannt und werden bei dem Einsatz der Mitarbeiter im Alltag berücksichtigt.

 Ihre To-dos:

- Arbeiten Sie mit Ihren Mitarbeitern deren Rolle im Unternehmen heraus.
- Klären Sie ab: Welchen Beitrag leistet der einzelne Mitarbeiter zur Erreichung der Jahresziele und der langfristigen Unternehmensziele? Wie kann er hierbei gefördert werden?

Ihre Mitarbeiter sind in die Prozesse und die strategische Entwicklung des Unternehmens eingebunden. Jeder kann selbst entscheiden, in welchen Bereichen er Förderung und Weiterbildung wünscht. Dies wird dann in Absprache mit der Unternehmensführung umgesetzt.

Im Unternehmen findet eine gegenseitige Weiterbildung – unabhängig von Hierarchien oder Machtpositionen – statt. Mitarbeiter schulen sich gegenseitig und transportieren ihr Know-how auch in Richtung der Unternehmensführung. Der einzelne Mitarbeiter entwickelt sich zu einem Spezialisten in seinem Bereich, profitiert selbst davon und lässt andere mit profitieren.

Ihre To-dos:

- ▣ Planen Sie regelmäßig Weiterbildungsveranstaltungen mit ein und berücksichtigen Sie dabei immer die Wünsche und Ideen Ihrer Mitarbeiter.
- ▣ Prüfen Sie konsequent, in welchen Bereichen Weiterbildung notwendig ist und Ihnen und Ihren Mitarbeitern helfen kann, den gesetzten Zielen näher zu kommen.
- ▣ Unterscheiden Sie fachliche Weiterbildung von Maßnahmen zur Persönlichkeitsentwicklung (Kommunikation, Verkaufstraining, Persönlichkeitsmodelle).

1. Welche Stärken haben Ihre einzelnen Mitarbeiter? Werden diese in der Einsatzplanung berücksichtigt?
2. Welche Wünsche an Weiterbildung oder Förderung haben Ihre Mitarbeiter? Fragen Sie sie!
3. Können Ihre Mitarbeiter voneinander profitieren, indem sie sich gegenseitig weiterbilden?

Handlungsfeld 4:
Verantwortung tragen, Entscheidungen treffen

„Wenn jeder auf seinem Platz das Beste tut, wird es in der Welt bald besser aussehen."

(ADOLPH KOLPING)

Jeder, der Entscheidungen trifft, übernimmt damit Verantwortung. Um Verantwortung zu übernehmen, braucht es Sicherheit und das Gefühl einer „Rückendeckung" – Vertrauen ist dafür die Basis. In einem zukunftsfähigen Unternehmen ist es nicht der Unternehmer alleine, der alle Entscheidungen treffen muss. Es gibt Verantwortliche für die einzelnen Bereiche, die wiederum entsprechend ihrem Budget und ihren Kompetenzen Entscheidungen treffen. Ziel hierbei ist es nicht, die Entscheidung genau so zu treffen, wie der Unternehmer sie treffen würde, sondern durchdacht und eigenverantwortlich. Im Rahmen eines Feedbackgespräches kann über Entscheidungsprozesse konstruktiv gesprochen und an dem eigenen System gearbeitet werden.

Der Chef hat zwar die Macht dazu, die Entscheidungen zu treffen, ist jedoch oftmals nicht nahe genug am Thema dran. Die Entscheidung wird daher an einen Mitarbeiter übertragen, der in diesem Bereich arbeitet und daher die meiste Ahnung davon hat. In solchen Unternehmen ist der Unternehmer der Trainer, der das Umfeld schafft, in dem Menschen entsprechend ihren Stärken eingesetzt werden und arbeiten können.

Handlungsfeld „Verantwortung tragen, Entscheidungen treffen": Wie Sie in die Fitnesszone I gelangen

FITNESSZONE III

Der Chef entscheidet, die Verantwortung liegt bei ihm.
Die Mitarbeiter dürfen nicht selbstständig entscheiden und werden bei der Entscheidungsfindung nur punktuell hinzugezogen.

Chef und Führungskräfte halten sich für die besten Einkäufer, Planer, Ausführenden und Verkäufer. Sätze wie „Da müssen wir den Chef fragen ..." oder „Ich kann das nicht sagen, das muss der Chef entscheiden" sind an der Tagesordnung. Ist der Chef außer Haus, kommen weite Teile des Unternehmens zum Erliegen. Immerhin: Ihre Führungskräfte sind in Teilbereichen in Entscheidungen eingebunden und werden gehört.

Ihre To-dos:

- Binden Sie Ihre Mitarbeiter in Entscheidungen ein. Schaffen Sie Teilbereiche, in denen Mitarbeiter eigenständig Entscheidungen treffen (bis zu einem bestimmten Budget oder für einen bestimmten Fachbereich).
- Informieren Sie Ihre Mitarbeiter: Wurden Entscheidungen getroffen, wollen die Mitarbeiter informiert sein. Halten Sie diese auf dem Laufenden, was im Unternehmen passiert oder geplant ist. Regelmäßige Versammlungen, Gespräche oder Inforunden sind dafür geeignete Mittel.

Mitarbeiter diskutieren, geben ihr Votum ab, aber der Chef entscheidet.
In ihren Fachbereichen entscheiden Mitarbeiter im Rahmen von Budgets
und Kompetenzen alleine.

Ihre Mitarbeiter sind in Entscheidungen und unternehmerische Fragen involviert und diskutieren darüber (Personalfragen, Investitionen, Marketingmaßnahmen, Umstrukturierungen, Arbeitsschwerpunkte). Die Entscheidung wird meist durch den Chef getroffen. Es gibt definierte Teilbereiche im Unternehmen, in denen die Mitarbeiter eigenständig Entscheidungen treffen. Diese betreffen meist deren Fachbereich.

Ihre To-dos:

- Qualifizieren Sie Ihre Mitarbeiter. Um Entscheidungen treffen zu können, wird Wissen benötigt. Fachwissen ist unerlässlich, damit Entscheidungen im Alltag sicher getroffen werden können, aber auch das Wissen über Betriebswirtschaft, Strategie und Persönlichkeit hilft den Mitarbeitern, verantwortungsbewusst zu agieren.
- Binden Sie Mitarbeiter in die Unternehmensstrategie ein. Die Kenntnis über die Gesamtausrichtung des Unternehmens ist wichtig, um im Alltag Entscheidungen treffen zu können, die in genau diese Richtung gehen: „Wer ist unsere Zielgruppe? Auf welchen Produkten liegt der Schwerpunkt? Was ist für die nächsten zwei, drei, fünf Jahre geplant?" Diskutieren Sie diese Fragen mit Ihren Mitarbeitern und tauschen Sie sich mit ihnen aus. Wie sehen die Mitarbeiter Ihre Pläne und Vorstellungen? Übertragen Sie die Verantwortung für das operative Geschäft an Ihre Mitarbeiter. Schaffen Sie Strukturen, in denen die Zuständigkeiten klar sind und jeder sein Aufgabengebiet hat. Fördern Sie den Austausch unter den Mitarbeitern und deren Lust an Verantwortung. Sie selbst stehen bei schwierigen Fragestellungen als „Berater" zur Verfügung.

In operativen Fragestellungen gelangen Ihre Mitarbeiter eigenständig zu Entscheidungen. Erst in schwierigen Situationen oder ab einem bestimmten Budget werden Sie als Unternehmer als „Berater" hinzugezogen. In der Regel gilt: Die Mitarbeiter beraten sich untereinander. Es trifft derjenige die Entscheidung, der am nächsten am Problem dran ist. Das Team trägt diese Entscheidungen mit. Die Wirkung von Entscheidungen wird beobachtet und kritisch hinterfragt. Für zukünftige Entscheidungen werden Lehren daraus gezogen. Ihr Vorteil: Sie selbst haben ausreichend Freiraum für strategische Überlegungen und Ihre Unternehmeraufgaben.

Ihre To-dos:

- Es steht eine Entscheidung an: Fragen Sie sich ehrlich, wer diese treffen kann. Streben Sie an, möglichst viele Entscheidungen von Ihren Mitarbeitern treffen zu lassen. Dies entlastet Sie und trainiert die Mitarbeiter. Seien Sie dabei konsequent, ehrlich und fair.
- Unterstützen Sie Ihre Mitarbeiter, und ermutigen Sie sie, Verantwortung zu übernehmen. Schaffen und erhalten Sie ein Umfeld des Vertrauens und der Wertschätzung – darin besteht Ihre eigentliche Führungsarbeit.

Handlungsfeld 5:
Vertretungsfähigkeit garantieren

*„Wer noch nie einen Fehler gemacht hat, hat sich noch nie
an etwas Neuem versucht."*

(ALBERT EINSTEIN)

Kleinunternehmen haben mit vielen Herausforderungen zu kämpfen. Eine davon ist die dünne Mitarbeiterdecke, die immer häufiger auch mit ungelernten Arbeitskräften erweitert oder ausgefüllt wird. Sobald jedoch ein Mitarbeiter aus Krankheitsgründen, wegen Verrentung oder Arbeitsplatzwechsel ausfällt, lassen sich die fachlichen und personellen Lücken nur schwer ausfüllen. Häufig springt der Unternehmer selbst wieder ein, um zumindest kurzfristig diesen Engpass zu füllen. Er wird zur operativ ausführenden Fachkraft.

Jobrotation als Lösung

Eine lösungsorientierte Herangehensweise an diese kritische Situation der Personalknappheit setzt weit vor dem eigentlichen Notfall ein. Sie beruht auf der Überlegung, dass krankheits- oder urlaubsbedingte Engpässe durch eine Jobrotation auf vielen Arbeitsplätzen im Unternehmen vermeidbar sind. Das Ziel: Jeder Mitarbeiter bekommt nicht nur einen Eindruck von den anderen Arbeitsabläufen, sondern er beherrscht sie auch zum großen Teil. Zusätzlich erwirbt er dadurch weitere Qualifikationen und sichert dauerhaft seinen Arbeitsplatz. Die Mitarbeiter werden zur Schlüsselposition im Unternehmen und sind zunehmend für den Erfolg des Unternehmens zuständig. Flapsig ausgedrückt: Jeder muss alles können.

Der Unternehmer oder die Führungskraft erfüllen im besten Fall noch eine Art Coachingfunktion, um die Mitarbeiter bei der Entwicklung ihres Potenzials zu unterstützen. Das Unternehmen bleibt dadurch auch in Krisensituationen handlungsfähig.

Das erfordert vom Unternehmer Weitsicht, und zwar schon dann, wenn er neue Mitarbeiter sucht. Bei der Suche nach Führungskräften könnte er sich zum Beispiel die Frage stellen, ob der Bewerber zeitweise sogar die Unternehmensleitung übernehmen könnte (bei Urlaub und Krankheit). Eine weitere Überlegung kann der Wunsch nach mehr Freizeit sein: Wie kann der Unternehmer seine Mitarbeiter so anleiten, dass sie mitdenken und ihm mehr Freiraum verschaffen? Schon bei den Einstellungsgesprächen muss diese Frage, oder besser: Forderung, eine Rolle spielen. Weigert sich der Bewerber, zeitweise an einer Jobrotation teilzunehmen, ist er vielleicht nicht die passende Arbeitskraft. Schwierig wird das in Betrieben, bei denen Mitarbeiter schon lange in ein und derselben Position bzw. am selben Arbeitsplatz tätig sind. Die Angst, die vertraute Sicherheit durch einen neuen Job zu verlieren oder sich vielleicht sogar zu blamieren, sitzt tief. Oftmals herrscht auch die Angst vor, dass ein langjähriger Mitarbeiter seine Stellung als Spezialist verlieren könnte, wenn er sein Wissen oder seine Erfahrung teilt. Der Unternehmer oder die Führungskraft müssen hier große Sensibilität beweisen und einen längeren Zeitrahmen für die Zielerreichung einplanen. Ansonsten macht sich schnell Frustration unter den Mitarbeitern breit. Die Angst vor Umstrukturierungen oder Arbeitsplatzverlust steckt in jedem von uns.

Intelligentes Unternehmen schaffen

Um die Vertretungsfähigkeit und damit die Mitverantwortung zu garantieren, sind flankierende Maßnahmen erforderlich. Dazu gehört die Beschreibung der Arbeitsplätze und der Arbeitsabläufe. Schriftlich formulierte und an einem zentralen Platz abgelegte Dienst-, Sicherheits- und Arbeitsanweisungen sind eine große Hilfe. Denn wenn ein Mitarbeiter über eine gewisse Zeitspanne eine andere Aufgabe übernommen hat, vergisst er einen Teil der Arbeitsabläufe und Anforderungen wieder, sobald er im „gewohnten Trott" ist. Diese Anweisungen sollten auch allgemeine Standards definieren und am besten von dem jeweiligen Arbeitsplatzinhaber unter Mitarbeit der Führungskraft entwickelt werden. Achten Sie darauf, dass solche Anweisungen in regelmäßigen Abständen auf ihre Aktualität überprüft werden.

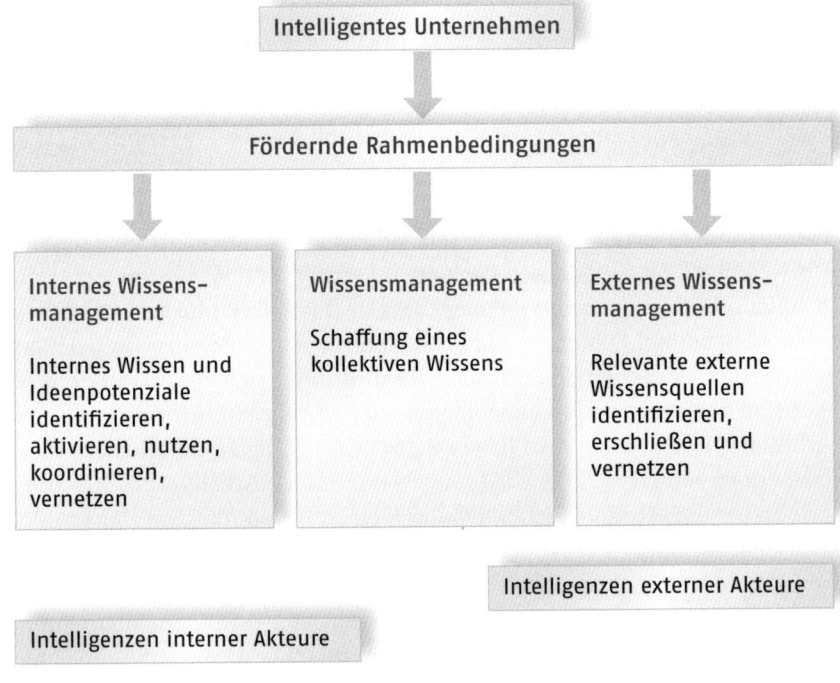

Abbildung 28: Aufbau des Wissensmanagements in einem intelligenten Unternehmen

Das übergeordnete Ziel der geschilderten Maßnahmen besteht darin, ein intelligentes Unternehmen aufzubauen, in dem der Wissenstransfer zukunftssicher geregelt ist.

Handlungsfeld „Vertretungsfähigkeit garantieren": Wie Sie in die Fitnesszone I gelangen

FITNESSZONE III

Jeder von uns arbeitet in vorgegebenen Aufgabenbereichen ohne Dokumentation von Arbeitsabläufen. Die Krankheit von Mitarbeitern löst vorübergehende Diskussionen über die Notwendigkeit von Vertretungsregelungen aus.

Die Arbeitsplätze in Ihrem Unternehmen sind klar definiert, die Arbeitsaufgaben dagegen nur mündlich weitergegeben worden. Neue Mitarbeiter bekommen eine mündliche Einführung und erkennen ihre Aufgaben durch „Learning by Doing". Sie haben einen Ordner mit Arbeitsplatzbeschreibungen und Dienstanweisungen, die an zentraler Stelle für alle Mitarbeiter einsehbar sind.

Trotzdem haben nur wenige Mitarbeiter einen Überblick hinsichtlich der für das Unternehmen erforderlichen Arbeiten und Arbeitsplätze. Es haben sich Vorlieben und Spezialisten in bestimmten Arbeitsfeldern entwickelt, ihr Nutzen für das Unternehmen ist bekannt. Allrounder gibt es quasi nicht mehr im Unternehmen. Das Wissen der spezialisierten Mitarbeiter wird nicht festgehalten, es besteht keine klar definierte Vertretungsfähigkeit. Die Mitarbeiter tun sich schwer, in andere Bereiche zu wechseln oder dort Aufgaben zu übernehmen. Sie tun dies nur mit großem Widerstand.

 Ihre To-dos:

- Entwickeln Sie Szenarien, wann es zu personellen Engpässen kommt oder kommen kann. Haben Sie besonders großen Personalbedarf in arbeitsreichen Zeiten, weil zu dieser Zeit hohe Krankenstände vorherrschen oder die „Spezialisten" überall gebraucht werden, aber sie eben nicht überall gleichzeitig sein können? Wann sind diese Zeiten und wie haben sie sich in den letzten Jahren entwickelt? Gibt es vermehrt krankheitsbedingte Ausfälle? Wenn ja, wo liegen die Ursachen? Es gibt mittlerweile eine Reihe von Krankenkassen, die sich mit Ihnen gemeinsam Möglichkeiten zum Gesundheitsmanagement im Unternehmen überlegen und nach Ursachen hoher Krankenstände suchen. Das können Überlastung, Motivationslosigkeit, innere Kündigung, Angst vor Arbeitsplatzverlust oder Mobbing sein. Gehen Sie der Sache nach.
- Beginnen Sie damit, die Aufgaben an den Arbeitsplätzen zu formulieren. Schaffen Sie Klarheit über Arbeitsabläufe, Arbeitssicherheit und Materialflüsse. Halten Sie diese Erkenntnisse am besten gemeinsam mit den Mitarbeitern fest.
- Beginnen Sie damit, Ihre Mitarbeiter mit dem Gedanken der Jobrotation vertraut zu machen. Das ist ein langwieriger Prozess. Starten Sie damit am besten bei einer Betriebsversammlung, und erklären Sie die Hintergründe und die Vorteile, die dabei für alle Beteiligten entstehen – etwa weniger Monotonie am Arbeitsplatz, weniger Belastung, verbessertes Betriebsklima, höhere Flexibilität bei Arbeitsspitzen, höhere Qualifikation der Mitarbeiter, gesteigerte Qualität, höhere Wertschätzung der Mitarbeiter.

FITNESSZONE II

Innerhalb des Unternehmens erwerben unsere Mitarbeiter durch gegenseitige Einarbeitung und Schulung weitere Qualifikationen. Das Bewusstsein für die Bedeutung der Dokumentation der Arbeitsabläufe ist vorhanden. Die wichtigsten Geschäftsabläufe und Vertretungsregelungen sind dokumentiert.

Sie als Unternehmer und Ihre Führungskräfte haben den Überblick über die Arbeitsabläufe. Sie entscheiden, welcher Mitarbeiter an welchem Arbeitsplatz steht und wer ihn vertreten kann. Die Vertretungsfähigkeit wird von zentraler Stelle koordiniert und bestimmt. Die Mitarbeiter haben keinen Einfluss darauf. Neue Mitarbeiter oder die für den Arbeitsplatz vorgesehenen Vertreter werden vom Unternehmer oder den Führungskräften eingearbeitet. Dafür gibt es klare Richtlinien und Arbeitsplatzbeschreibungen, die von den entsprechenden Mitarbeitern eingesehen werden können. Den Verantwortlichen ist bewusst, welcher Mitarbeiter über welche Qualifikationen verfügt und wo er am besten eingesetzt werden kann.

Ihre To-dos:

- Stellen Sie fest, welche Eigenschaften und Kenntnisse Ihre Mitarbeiter haben. Suchen Sie nach den Spezialisten und definieren Sie deren Eigenschaften und Spezialkenntnisse. Dann schauen Sie sich nach geeigneten Vertretern um. Berücksichtigen Sie dabei Neigungen und Möglichkeiten der Vertreter. Über- oder Unterforderung führt sehr schnell zu Demotivation.
- Stellen Sie das Fernziel des intelligenten Unternehmens vor. Achten Sie auf Misstöne. Manche Mitarbeiter möchten ihre Sonderstellung nicht aufgeben und versuchen, ihr Fachwissen für sich zu behalten. Hier sollten Sie sofort reagieren und klare Anweisungen und Zielvereinbarungen treffen.
- Beginnen Sie mit internen Schulungen, bei denen Mitarbeiter sich weiterqualifizieren können und begreifen, worauf es bei der Jobrotation ankommt. Stellen Sie die Vorteile einer internen Weiterbildung heraus.
- Beginnen Sie mit der Ausbildung von Jobpaten. Sie sorgen dafür, dass die Übergänge von einem zum anderen Arbeitsplatz harmonisch verlaufen und die Mitarbeiter verstehen, dass es sich um eine neue Unternehmensphilosophie handelt. Ein Jobpate übernimmt die Funktion eines Einweisers. Er stellt seinen Arbeitsplatz oder einen Arbeitsplatz in seiner Abteilung oder Kolonne einem neuen Kollegen vor, erklärt die Arbeitsabläufe, Herausforderungen, Anforderungen und den Stellenwert des Arbeitsplatzes im Betriebs- oder Produktionsablauf. Das Ziel muss sein, dass Ihre Mitarbeiter selbst in der Lage sind, Vertreter auszubilden, und ihr Wissen gerne weitergeben – und zwar mit der Sicherheit, dass es langfristig zur Sicherung des eigenen Arbeits-

platzes beiträgt. Dazu ist allerdings eine Lernbereitschaft erforderlich. Fehlt diese bei einzelnen Mitarbeitern, sollten Sie in Gesprächen die Ursache herausfinden. Auf Dauer sollten die Bremser im Unternehmen durch lernwillige Mitarbeiter ersetzt werden.

FITNESSZONE |

Unsere Mitarbeiter schulen sich gegenseitig und stellen ihr Wissen bereichsübergreifend zur Verfügung. Geschäftsabläufe sind durchgängig dokumentiert und schnell verfügbar. Engpässe gibt es nicht, da unsere Mitarbeiter bereichsübergreifend einsetzbar sind, selbstständig Lösungen erarbeiten und auf den Weg bringen.

Die Mehrheit der Mitarbeiter hat sich durch Jobrotation und Schulungen so fortgebildet, dass sie an mehreren Arbeitsplätzen einsetzbar ist. Die Führungskräfte und Sie als Unternehmer werden regelmäßig über Vertretungen und Engpässe informiert, haben mit der Lösung jedoch nichts mehr zu tun. Das übernehmen Ihre Mitarbeiter selbst. Die Spezialisten im Unternehmen geben ihr Wissen gerne weiter, da sie selbst von dem Wissen anderer Spezialisten profitieren. Arbeitsabläufe und Dienstanweisungen sind vorhanden und werden regelmäßig aktualisiert, durch die interne Wissensvermittlung haben sie jedoch an Bedeutung verloren.

Ihre To-dos:

■ Überarbeiten Sie Ihre Lohnstruktur, und lösen Sie sich von alten Entlohnungsmodellen, die auf Ausbildung oder Dienstalter beruhen (soweit das in Ihrem Bereich möglich ist). Die Vertretungsfähigkeit und der Erwerb von Wissen sowie die Fähigkeit zu selbstständigem Arbeiten müssen sich auch in der Entlohnung Ihrer Mitarbeiter widerspiegeln. Sie dürfen dabei natürlich nicht gegen gesetzliche Regelungen verstoßen.

- Sorgen Sie dafür, dass sich Ihre Mitarbeiter regelmäßig weiterbilden können. Falls Sie in Kooperationen mit anderen Unternehmen stehen, versuchen Sie, eine außerbetriebliche Jobrotation zu installieren. Eventuell muss dazu ein Anreiz geschaffen werden, um den Mitarbeitern den Wechsel in ein anderes Unternehmen schmackhaft zu machen. Allerdings sollten Sie sich sicher sein, dass die Mitarbeiter anschließend auch wieder zu Ihnen zurückkommen möchten.

- Seien Sie sich stets der Tatsache bewusst, dass durch die Überalterung unserer Gesellschaft der Verlust an Know-how und Kompetenzen noch steigen wird. Hüten Sie sich vor einer Überforderung des Nachwuchses, die zwangsläufig zu Frustrationen führt.

Umsetzungsfragen für das Handlungsfeld „Vertretungsfähigkeit garantieren"

1. Wann besteht der größte Engpass an Arbeitskräften?
2. Haben Sie ausreichend Spezialisten, oder haben Sie nur willige Hände eingestellt, eventuell auch, um selbst der Beste zu sein?
3. Wer sind die Leistungs- und Wissensträger im Unternehmen? In welchen Bereichen sind sie unersetzlich?
4. Gibt es Bedenkenträger, die ihr Wissen nicht weitergeben wollen oder können? Wenn ja, wer ist das und wie überzeugen Sie diese Mitarbeiter?
5. Welche Widerstände gegenüber einer Jobrotation könnte es in Ihrem Unternehmen geben? Wie argumentieren Sie?
6. Gibt es Betriebe, mit denen Sie eine externe Jobrotation installieren könnten? Wenn ja, in welchen Bereichen? Für welche Mitarbeiter kommt das infrage? Können Sie einen Mitarbeitertausch organisieren, um Kapazitätsverluste im eigenen Unternehmen zu reduzieren? Wann wäre die optimale Zeit dafür?
7. Planen Sie Zeit für Weiterbildung und Jobrotation ein. Die Einarbeitung dauert. Wann ist ein guter Zeitpunkt dafür?

Handlungsfeld 6:
Gemeinsam planen, arbeiten und feiern

„Nach unserer Überzeugung gibt es kein größeres und wirksameres Mittel zu wechselseitiger Bildung als das Zusammenarbeiten."

(JOHANN WOLFGANG VON GOETHE)

Der Mitarbeiter als Mitunternehmer – das ist die Idealvorstellung eines Unternehmers und ein großes Ziel. Damit wirklich alle in einem Boot sitzen, bedarf es in einem Unternehmen etwas ganz Besonderen, das sich einfach anhört, aber in der Praxis oft schwerfällt: Wertschätzung, und zwar gegenseitiger Wertschätzung.

Es geht nicht darum, gute Leistungen gleich mit einem Bonus zu belohnen. Studien zeigen, dass monetäre Zuwendungen bereits nach wenigen Tagen ihre motivierende Wirkung verlieren. Es geht um Feedback, Lob, ein Füreinandereinstehen und das Bewusstsein dafür, dass tatsächlich alle in einem Boot sitzen. Entscheidungen werden gemeinsam getragen, egal, wer sie getroffen hat. Unstimmigkeiten und Diskussionen hierüber gehören nicht in die Öffentlichkeit, sondern werden intern geklärt. Die Konsequenz:

Die Mitarbeiter verlassen sich auf die Unternehmensführung –
und der Unternehmer verlässt sich auf seine Mitarbeiter.

Zu einem funktionierenden Team gehört der Zusammenhalt in den unterschiedlichen Phasen des Arbeitsalltags. Bei einer Sportmannschaft sind es die langen und anstrengenden Trainingsphasen, der eigentliche Wettkampf und nachher das gemeinsame Feiern des Sieges – oder auch die Trauer über die Niederlage. Diese Phasen lassen sich in ihren Grundprinzipien auf ein Unternehmen übertragen. Interne Leistungen wie Produktion und Organisation stehen vor dem „Auftritt" beim Kunden. Der „Auftritt" selbst kann dann die Anlieferung sein, die Montage, die Dienstleistung oder die Bauausführung. Im Nachgang gibt es einen zufriedenen Kunden – ein Anlass wiederum für eine interne „Feier" –, je nach Umfang kann das ein Essen sein, ein gemeinsames Frühstück, ein kleiner Umtrunk oder sonst eine aufmerksame Geste für die Mitarbeiter. Ist der Kunde unzufrieden oder gibt es Reklamationen und Ärger, ist dies ein Anlass, gemeinsam die Abläufe zu überprüfen, Fehlerquellen zu finden und Verbesserungen zu erarbeiten.

Wertschätzung kann jeder lernen: Loben Sie gute Leistungen, suchen Sie nach Anlässen, damit Sie Ihre Mitarbeiter loben können. Es gilt die Grundregel: Loben darf und sollte öffentlich geschehen, Kritik unter vier Augen. Nehmen Sie sich beispielsweise vor, jeden Mitarbeiter mindestens einmal pro Woche zu loben. Und zwar direkt, ehrlich und ganz konkret für eine erbrachte Leistung oder eine gute Idee.

Wertschätzung zeigt sich auch in der Kommunikation: aktiv zuhören, sich auf das Gespräch konzentrieren und dabei nicht parallel telefonieren oder E-Mails checken, dem Gesprächspartner Aufmerksamkeit und Respekt entgegenbringen. Zuhören und die Meinung des Gegenübers akzeptieren – das gehört ebenso dazu wie der Versuch, seine Sicht der Dinge nachzuvollziehen und zu verstehen.

Des Weiteren können Erfolgsbeteiligungen an die Mitarbeiter ausgezahlt werden. Hierbei ist – wie bei allen Prämiensystemen und finanziellen Zuwendungen – das Fingerspitzengefühl des Unternehmers gefordert. Allzu schnell entwickeln sich Prämien, die eigentlich gut gemeint waren, zu Ursachen für Spannungen, Neid oder Konflikte.

Darum: Erfolgsbeteiligungen müssen nachvollziehbar und transparent sein. Dazu müssen Unternehmenszahlen bekannt sein, der derzeit aktuelle Stand muss kommuniziert werden, ebenso wie der Weg, wie sich daraus eine Prämie errechnet. Dies wird umso wichtiger, wenn Prämien nicht mehr gleichmäßig für alle Mitarbeiter (zum Beispiel bei einem insgesamt guten Betriebsergebnis) ausgezahlt werden, sondern individuell für einzelne Führungskräfte, Abteilungen oder Vorarbeiter.

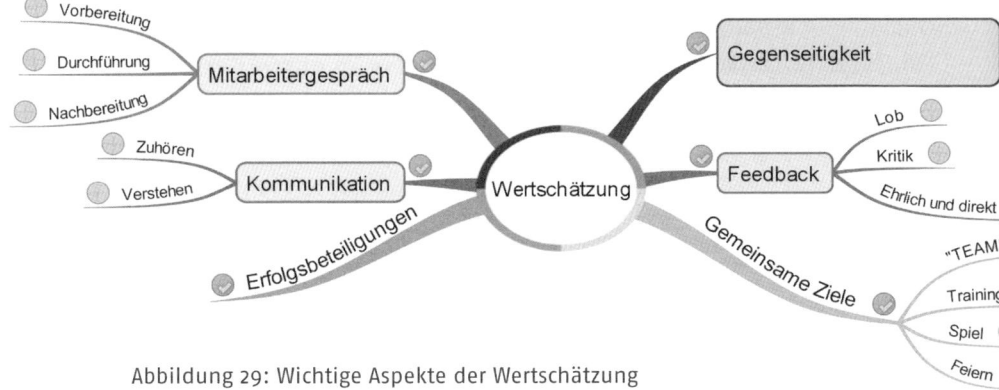

Abbildung 29: Wichtige Aspekte der Wertschätzung

Handlungsfeld „Gemeinsam planen, arbeiten und feiern": Wie Sie in die Fitnesszone I gelangen

FITNESSZONE ▌▌▌

Jeder Mitarbeiter erhält seinen Lohn bzw. sein Gehalt.
Es überwiegt das Alltagsgeschäft. Führungskräfte bekommen gelegentlich eine Erfolgsbeteiligung.

Jeder macht seine Arbeit und diese ist mit dem Lohn oder Gehalt abgegolten. Wenn es gut läuft, bekommen einige Führungskräfte oder besonders verdiente Mitarbeiter eine Prämie nach Ermessen des Chefs.

Ihre To-dos:

▨ Feiern Sie die Erfolge – ein Grillabend, frischer Kuchen für alle in der nachmittäglichen Besprechung: Gute Leistungen sollen auch honoriert werden. Davon sollen alle Mitarbeiter profitieren. Dies muss nicht zwingend eine Prämie sein – kleine Aufmerksamkeiten und nette Gesten zählen ebenso viel oder gar mehr.

■ Sorgen Sie für eine Erfolgsbeteiligung: Wenn Sie Erfolgsbeteiligungen einführen, dann für alle Mitarbeiter, denn ein gutes Ergebnis ist meist das Werk der gesamten Mannschaft. Gehen Sie dabei mit Bedacht vor: Ein Prämiensystem, das als ungerecht empfunden wird, ruft schnell Unmut hervor.

FITNESSZONE **II**

Alle Mitarbeiter partizipieren am Erfolg über eine Erfolgsbeteiligung oder regelmäßige Zuwendungen, deren Höhe der Chef festlegt. Nicht nur der Einzelne, auch das Team profitiert.
Es gibt immer mal wieder gemeinsame Aktionen des „Feierns".

Sie haben ein Erfolgssystem, von dem alle Mitarbeiter profitieren, eingeführt. Den Umfang der Prämien und die Verteilung legt der Chef nach seinem Ermessen fest. Regelmäßig finden Betriebsfeiern, auch mit Familien und Freunden, statt, die das Zusammengehörigkeitsgefühl stärken.

Ihre To-dos:

■ Binden Sie alle Mitarbeiter in ein transparentes Prämiensystem ein. Die Soll-Ziele und der Istzustand müssen für die Mitarbeiter erkennbar und nachvollziehbar sein.
■ Fördern Sie Flexibilität, Ideenreichtum und Kreativität. In Mitarbeitern stecken oftmals ungeahnte Fähigkeiten und Talente, die in klassischen Hierarchiestrukturen meist untergehen und nicht erkannt werden. Lassen Sie Freiraum für „Spinnereien", Brainstormings oder kreative Runden: Innovationen und Neuerungen kommen erst zustande, wenn Sie den Mainstream – die „normale Mitte" – verlassen.

Es gibt in Ihrem Unternehmen ein Prämiensystem, von dem alle profitieren. Wann und in welcher Höhe es Prämien gibt, ist allen bekannt und für jeden nachvollziehbar. Die Mitarbeiter stehen füreinander und für das Unternehmen ein – ebenso wie das Unternehmen das Wohl der Mitarbeiter für wichtig erachtet und fördert. Nach außen tritt das Unternehmen als Mannschaft auf. Konflikte, Unstimmigkeiten und Unklarheiten werden intern geregelt.

Ihre To-dos:

- Prüfen Sie kritisch, ob und in welchen Bereichen Sie aktiv das „Wir-Gefühl" weiter verbessern und was Sie selbst dazu beitragen können.
- Vor Einführung eines Prämiensystems müssen viele „Eckdaten" stimmen, ansonsten bringt das die Gefahr von Neid, Ungerechtigkeit und Unmut mit sich. Bedenken Sie dies und überprüfen Sie die Rahmenbedingungen.

Umsetzungsfragen für das Handlungsfeld „Gemeinsam planen, arbeiten und feiern"

1. Wie können Sie Ihre Mitarbeiter einfach und wirkungsvoll für gute Leistungen belohnen?
2. Woran können Sie ein Prämiensystem in Ihrem Unternehmen festmachen?
3. Was können Sie tun, um den Zusammenhalt, das „Team", zu fördern?

Handlungsfeld 7:
Mitarbeiter wertschätzen

„Mitarbeiter können alles: wenn man sie weiterbildet, wenn man ihnen Werkzeuge gibt, vor allem aber, wenn man es ihnen zutraut."

(HANS-OLAF HENKEL)

Die Generation Y, aktuell also die jungen Menschen zwischen 15 und 30 Jahren, steht vor gewaltigen Herausforderungen und einer ungewissen Zukunft. Eine sichere Berufswahl bis zum Lebensende ist ihr genauso fremd wie ein Leben ohne digitale Medien und Smartphone. Vielleicht sind den Menschen der Generation WHY, für das der Buchstabe Y steht, deshalb die Fragen nach dem Sinn ihrer Tätigkeiten, ihrer Beschäftigungen und ihres Lebens so wichtig. In diesen Fragen spiegelt sich vor allem der Wunsch der Arbeitnehmer nach Anerkennung und Lob wider. Die Generation Y ist dadurch wesentlich pragmatischer in ihren Entscheidungen. Erkennt sie den Sinn für sich in einem Job nicht, wird der Arbeitsplatz gewechselt. In Zeiten, in denen es an Fachkräften mangelt, ist es für Unternehmer keine einfache Aufgabe, diese Mitarbeiter zu motivieren, zu fördern und zu halten. Zu den Führungsinstrumenten eines Unternehmers sollte darum auf jeden Fall die Wertschätzung gehören. Die zentralen Elemente dabei sind:

- loben und ermuntern
- Talente fördern und ausbauen – dazu gehört auch ein regelmäßiges Feedback, wie der Mitarbeiter seine Fähigkeiten ausbauen kann und wo er zurzeit steht
- gemeinsame Wertebasis
- Freiräume für individuelle Entwicklung der Mitarbeiter

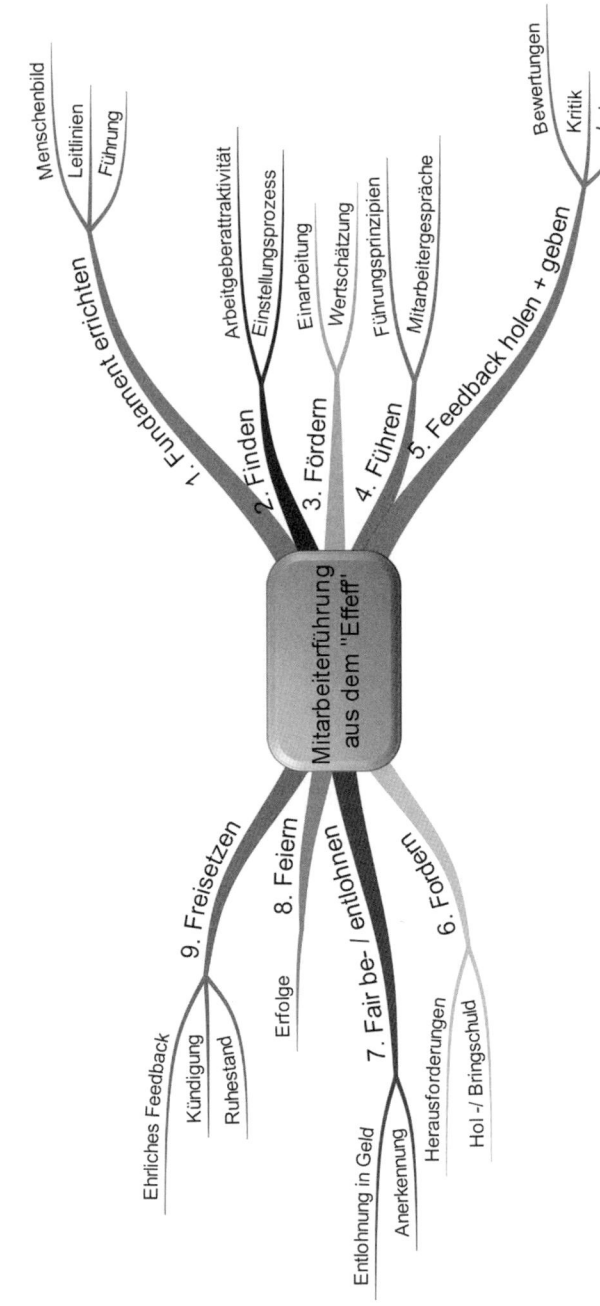

Abbildung 30: Mitarbeiterführung aus dem „Effeff" (nach XPAND)

Das Führungsinstrument „Wertschätzung" richtig einsetzen

Was heißt das für ein Unternehmen im Detail? Eine wertschätzende Haltung zeigt ein Unternehmer dann, wenn er die besonderen Stärken seiner Mitarbeiter erkennt und schätzt und sie entsprechend einsetzt. Im Umkehrschluss bedeutet dies, dass Mitarbeiter für ihre Leistungen Anerkennung bekommen. Sie wünschen sich sinnvolle, interessante Tätigkeiten sowie ein gutes und angemessenes Einkommen. Wertschätzung ist weit mehr als nur ein Loben. Sie drückt sich aus in:

- Verzicht auf Diskriminierung (Religion, Hautfarbe, Geschlecht etc.)
- Gleichstellung (Respekt, Achtung, Wahrnehmung, Kommunikation)
- Chancengleichheit (Entlohnung, Karriere, Verantwortung)
- optimalen Arbeitsmitteln, die am Arbeitsplatz zur Verfügung gestellt werden

Fehlen diese zentralen Elemente der Wertschätzung in einem Unternehmen, führt das über kurz oder lang zu unerwünschten Reaktionen der Mitarbeiter. Wer als Unternehmer Glück hat und sensibel ist, merkt das noch rechtzeitig. Wer im Alltag feststeckt, wird die Anzeichen vielleicht zu spät bemerken und mit den Reaktionen leben müssen. Zu wenig oder gar keine Wertschätzung kann zu folgenden Gedankengängen des Mitarbeiters führen:

- „Das lohnt sich doch alles nicht!"
- „Das ärgert mich jetzt aber."
- „Ich werde missachtet" (im Sinne von „nicht beachtet").
- „Das macht mich ganz krank."
- „Ich bleibe wann immer möglich zu Hause."
- „Ich mache jetzt Dienst nach Vorschrift" (in Verbindung mit Qualitätsverlust).

Und vorbei ist es mit den motivierten Mitarbeitern, die innere Kündigung ist vollzogen. Studien zu diesem Thema haben gezeigt, dass 40 Prozent der Fehlzeiten psychische Ursachen haben und rund 10 Prozent psychosomatische Ursachen. Das bedeutet: Unternehmer, die für gute Arbeitsbedingungen sorgen, können die Fehlzeiten im Unternehmen um die Hälfte reduzieren.

Die Kleinunternehmen sind gegenüber den größeren mittelständischen Unternehmen und den Großunternehmen wieder einmal im Vorteil. Hier ist der Chef in direktem Kontakt mit seinen Mitarbeitern und kann viel schneller reagieren, wenn ein Mitarbeiter innerlich gekündigt hat. Mit ein wenig Achtsamkeit kann er es erkennen, wenn sich die Mitarbeiter zu wenig wertgeschätzt fühlen. Das bedeutet aber auch: Häufig liegen die Ursachen dafür beim Unternehmer selbst, sofern er nämlich seinen Mitarbeitern zu wenig Wertschätzung entgegenbringt. Unserer Beobachtung und Erfahrung nach liegt die Ursache dafür teilweise in einem geringen Selbstwertgefühl, das auf Vorgängen in der Kindheit oder Jugend des Unternehmers basiert. Für eine erfolgreiche Wertschätzung anderer Menschen muss ich im Reinen mit mir selbst sein.

Die Vorbildfunktion ist maßgeblich für den Erfolg einer wertschätzenden Unternehmenskultur. Sie findet auf allen Ebenen im Unternehmen statt, zwischen dem Unternehmer und den Beschäftigten, zwischen den Führungskräften, zwischen den Mitarbeitern.

Ist die Vorbildfunktion gestört, klappt es auch mit der Wertschätzung nicht. Menschen erkennen fehlende Integrität sehr schnell.

Übrigens ist auch das Festhalten an C-Mitarbeitern ein Zeichen fehlender Wertschätzung gegenüber den A- und B-Mitarbeitern. Wieso soll sich ein motivierter Mitarbeiter noch engagieren, wenn andere „mit durchgeschleppt" werden? Wertschätzung kann also auch ein schmerzhafter Prozess sein, der sich auf alle Personengruppen in einem Unternehmen bezieht. Dazu gehören etwa Frauen, Männer, Jungen, Mädchen, Deutsche, Migranten, Teilzeit- und Vollzeitkräfte, Leiharbeiter, Nebenerwerbstätige, Subunternehmer, Studenten, Schüler, angelernte Arbeitskräfte, Akademiker, Meister und Auszubildende. Ihnen allen gerecht zu werden, erfordert viel Aufmerksamkeit.

Auf dem Weg zur wertschätzenden Kultur in einem Unternehmen bedeutet Kommunikation alles. Nur wer klar, deutlich, konsequent und partnerschaftlich ist, wird dauerhaft wertschätzend führen können. Es beginnt damit, dass ein Mitarbeiter alles wissen muss, was seine Arbeit angeht. Die Ergebnisse werden offen und schonungslos kommuniziert. Viele Mitarbeiter beginnen ab diesem Zeitpunkt, sich über viele Dinge Gedanken zu machen. Aus Mitarbeitern sind dann Mitdenker geworden. Darum: Schätzen Sie Ihre Mitarbeiter wert – es wird Ihnen gelohnt durch:

- mehr Vertrauen und weniger innere Kündigungen
- dauerhaft gesündere und belastbarere Mitarbeiter
- höhere Produktivität und damit nachhaltige Wertschöpfung
- mehr Motivation
- mehr Kreativität und Engagement
- höhere Identifikation mit dem Unternehmen
- geringere Fluktuation im Unternehmen

Handlungsfeld „Mitarbeiter wertschätzen": Wie Sie in die Fitnesszone I gelangen

FITNESSZONE III

Unsere Mitarbeiter kosten Geld. Wir merken aber langsam, dass Produkte und Dienstleistungen besser gepflegt werden als die Mitarbeiter. Kommunikation findet nicht statt.

Die beste Möglichkeit zur Kosteneinsparung bei einem Rückgang des Unternehmensgewinns ist das Reduzieren der Mitarbeiterzahl. Gehaltserhöhungen gibt es nicht und die Produktivität wird durch regelmäßige Kontrollen und Konsequenzen bei Kontrollen erreicht. Der Krankenstand im Unternehmen ist im Vergleich der Kennzahlen zu anderen Unternehmen deutlich höher, die Zahl der langfristigen Krankmeldungen (länger als sechs Wochen) nimmt zu. Ihre Mitarbeiter verrichten ihren Dienst, sind aber nicht bereit, herausragende Leistungen zu erbringen. Die Fluktuation ist hoch.

Ihre To-dos:

- Entwickeln Sie einen partnerschaftlichen Führungsstil. Sie brauchen Mitunternehmer und keine Mitarbeiter. Reflektieren Sie Ihr Verhalten und das Ihrer Führungskräfte. Gemeinsam sollten Sie im Führungskreis herausfinden, ob Ihr Führungsstil wertschätzende Elemente enthält oder nicht.
- Beginnen Sie mit einer realistischen Selbsteinschätzung (auch mithilfe von Persönlichkeitsmodellen wie etwa DISG), wie Sie als Führungskraft wirken. Finden Sie mithilfe eines Coachs heraus, wieso Ihre Mitarbeiter unzufrieden sind. Für den Einsatz eines Coachs spricht: In der Regel werden die Fragen neutraler Dritter deutlich offener beantwortet als bei internen Befragungen mithilfe von Fragebögen oder in Mitarbeitergesprächen. Oft sind die Mitarbeiter auch erst durch das Gespräch mit einem in den Fragetechniken geschulten Coach in der Lage, ihre Ängste, Sorgen und Bedürfnisse festzustellen und zu artikulieren.
- Versuchen Sie gemeinsam herauszufinden, welche Veränderungen notwendig sind, um optimale Arbeitsergebnisse zu erhalten. Wie schaffen Sie am besten ein positives Arbeitsumfeld?
- Beginnen Sie zu loben. Übung macht den Meister. Beginnen Sie sofort und seien Sie ehrlich. Unehrlichkeit verrät Ihr Körper durch die entsprechende Körpersprache, und das spürt Ihr Gegenüber sofort, wenn auch oft auf einer unbewussten Ebene.

FITNESSZONE **II**

Die Bedürfnisse unserer Mitarbeiter werden erfragt und erste Erkenntnisse umgesetzt. Nur durch Zufall oder bei außerordentlichen Leistungen erfahren die Mitarbeiter etwas über Ziele und Strategien des Unternehmens. Wünsche und Bedürfnisse der Mitarbeiter werden in regelmäßigen Gesprächen erfragt. An einer gemeinsamen Wertebasis wird gearbeitet.

In den Mitarbeitergesprächen und in betriebsinternen Umfragen erfassen Sie die Bedürfnisse Ihrer Mitarbeiter. Die Umfragen werden regelmäßig wiederholt. Sie haben erkannt, dass Ihr Unternehmen nur mithilfe von leistungsstarken und motivierten Mitunternehmern erfolgreich sein kann bzw. sein wird. Dazu führen Sie regelmäßig „Wertschätzungsgespräche" mit Ihren Mitarbeitern, in denen Sie beurteilen, loben und ermutigen. Sie haben die ersten Erfahrungen im Umgang mit Persönlichkeitsmodellen gemacht und nutzen sie, um noch intensiver auf die Bedürfnisse Ihrer Mitarbeiter eingehen zu können. Auch Ihre Führungskräfte beschäftigen sich mit diesen Modellen.

Ihre To-dos:

- Beginnen Sie mit der Einführung von Bewertungssystemen. Es gibt eine Reihe von Möglichkeiten dazu, die Literatur ist mannigfaltig. Suchen Sie sich ein passendes System für Ihr Unternehmen heraus. Oder adaptieren Sie ein vorhandenes System.
- Lernen Sie, emotional, konkret und fair zu kritisieren. Mitarbeiter haben ein Recht darauf, dass ihre Leistungen beurteilt werden. Sie erwarten es sogar. Beginnen Sie in der Eingewöhnungsphase damit, dass Ihre Mitarbeiter Sie als Unternehmer und auch Ihre Führungskräfte bewerten. Die Bewertung beginnt also „Bottom-up" – von unten nach oben. Das motiviert, gibt Sicherheit im Umgang mit diesem Werkzeug und schafft Transparenz. Sie sollten die Ergebnisse der Führungskräftebeurteilung veröffentlichen. Beginnen Sie mit der Entwicklung eines Wertesystems im Unternehmen.
- Denken Sie einmal über Ihr Entlohnungssystem nach. Ist es gerecht? Gibt es Unzufriedenheit aufgrund von individuellen Empfindungen, ungerecht entlohnt zu werden?

Eine Kultur des Lobens, Förderns und Bewertens ist bei uns Standard. Die gemeinsame Wertebasis ist die Grundlage der Personalarbeit. Es gibt ein Gesundheitsmanagement. Loben und Wertschätzen sind als Unternehmensziele schriftlich verankert.

Ihre Informationspolitik im Unternehmen ist vorbildlich. Jeder Mitarbeiter weiß über die Vorgänge im Unternehmen und an seinem Arbeitsplatz genauestens Bescheid. Die Eigenverantwortung ist hoch. Gegenseitige Bewertungen von Mitarbeitern und Führungskräften sind Routine und werden eingefordert. Sie fördern Ihre Mitarbeiter durch Fortbildungen und eine offene Kommunikation. Die gemeinsamen Werte dienen als Regulativ im Unternehmen und entwickeln durch die motivierten Mitarbeiter auch eine Strahlkraft nach außen. Die Bewerberzahlen steigen, die Fluktuation sinkt, der Krankenstand ist auf dem niedrigsten Niveau seit Jahren. Geld als Entlohnungsfaktor ist zweitrangig geworden, denn gute und motivierte Mitarbeiter verdienen auch gutes Geld. Sie haben erkannt, dass Geld als Motivator schnell an Grenzen stößt. Wenn Sie die Herzen Ihrer Mitarbeiter für „ihr" Unternehmen gewonnen haben, ist der Effekt wesentlich größer.

Ihre To-dos:

- Coachen Sie Ihre Mitarbeiter. Entweder tun Sie oder Ihre Führungskräfte es nach einer entsprechenden Ausbildung selbst oder Sie engagieren einen externen Coach. Letzteres ist oftmals effizienter.
- Optimieren Sie das Arbeitsumfeld Ihrer Mitarbeiter immer weiter. Dazu gehört Flexibilität. Vielleicht haben sich die Prioritäten verschoben, eine Weiterbildung steht an oder der Mitarbeiter braucht flexiblere Arbeitszeiten. Entwerfen Sie einen Lösungsweg, der allen Ansprüchen, auch denen der Kollegen, gerecht wird. Übertragen Sie den Mitarbeitern dafür auch die Verantwortung.
- Achten Sie auf genügend Zeit für Kreativität und leben Sie das vor. Gönnen Sie sich Ihren Dream-Day und seien Sie Vorbild im Vorleben der Unternehmenswerte. Eröffnen Sie Ihren Mitarbeitern die Möglichkeit, sich im Unternehmen

zu verwirklichen und ihre Kreativität, die sie sonst nur am Wochenende oder nach Feierabend einsetzen, am Arbeitsplatz auszuleben.

▨ Stehen Sie zu Ihren Fehlern und lernen Sie daraus. Fehler sind kein Problem, solange man aus ihnen lernt.

Umsetzungsfragen für das Handlungsfeld „Mitarbeiter wertschätzen"

1. Wie kommunizieren Sie Wertschätzung?
2. Führen Sie einen Wertschätzungskalender, in dem Sie die kurzen „Wertschätzungstermine" mit jedem Mitarbeiter regelmäßig eintragen (nicht zu verwechseln mit dem jährlichen Mitarbeitergespräch)?
3. Kennen Sie die Werte Ihrer Mitarbeiter, insbesondere der einzelnen Personengruppen (Migranten, Christen, Muslime, Frauen, Männer etc.)?
4. Führen Sie für jeden Mitarbeiter ein Informationsblatt, auf dem Sie notieren, was Sie an ihm besonders schätzen?
5. Welche Mitarbeiter laufen nur mit und haben sich innerlich schon vom Unternehmen verabschiedet? Welche Mitarbeiter sind Stützen des Unternehmens?
6. Wie wichtig sind diese Mitarbeiter für das Unternehmen? Bremsen Sie motivierte Mitarbeiter aus? Behandeln Sie alle Mitarbeiter gleich, egal, wie viel sie geleistet haben?
7. Sind Sie bereit, aus Ihren Mitarbeitern in Zukunft Mitunternehmer zu machen?

Kapitel 5
Die Erfolgsfaktoren für Ihre unternehmerische Weiterentwicklung – die Prozesse

Prozesse in einem kleinen Unternehmen? Was gibt es da zu optimieren? Das wird sich jetzt vielleicht so mancher Kleinunternehmer fragen. Aber lesen Sie weiter und beschäftigen Sie sich mit dem Handlungsfeld „P".

Erfolgsfaktor 4:
Die Prozesse optimieren

Alle wiederkehrenden Abläufe in einem Unternehmen stellen einen Prozess dar. Am Anfang steht eine Anforderung, etwa eines Kunden, dann erfolgt die innerbetriebliche Abwicklung, und am Ende des Ablaufes steht ein Ergebnis, welches im Idealfall den Kunden zufriedenstellt.

Ein erster Entwicklungsschritt besteht darin, sich über die eigenen Prozesse oder Abläufe und die jeweiligen Zuständigkeiten Klarheit zu verschaffen. Beispiele für typische Prozesse sind:

- Materialbestellung: Wann und ab welchem Mindestbestand wird Material bestellt? Wer bestellt das und wo? Wer kontrolliert die Lieferung?
- Bearbeitung einer Kundenanfrage: Wer bearbeitet eine eingehende Kundenanfrage (etwa per E-Mail)? In welchem Zeitraum? Was soll das Ergebnis sein (Terminierung, Angebotserstellung, Auftrag)?

Es ist im Sinne der Unternehmensentwicklung, wenn Abläufe mit möglichst wenig Fehlerpotenzial behaftet sind – wir sprechen in diesem Zusammenhang von Prozessoptimierung. Hierbei hilft es, sich die Prozesse und die daraus resultierende Prozesslandschaft im eigenen Unternehmen einmal vor Augen zu führen und schriftlich festzuhalten.

Handlungsfeld 1:
Ordnung halten

„Alles hat seinen Platz – alles hat einen Platz."

(JÜRGEN KURZ)

Chaotische Ordnungssysteme werden oftmals verteidigt mit Aussagen wie „Hier wird kreativ gearbeitet" oder „Außer mir muss sich hier ja keiner zurecht finden – und ich weiß, wo alles ist". Aber was ist mit der Vertretung in der Urlaubszeit oder im Krankheitsfall? Oder dem Kollegen, der in Abwesenheit des Chaosbeherrschers mal eben etwas sucht?

Zu klaren und strukturierten Abläufen gehört auch ein gewisses Maß an Ordnung. Ansonsten werden sich hohe Reibungsverluste und Suchzeiten einstellen. Die Erfahrung zeigt, dass Ordnung im System eine Grundvoraussetzung für alle kommenden Unternehmensentwicklungen ist: schnellere Abläufe, höhere Produktivität, zufriedenere Kunden, motiviertere Mitarbeiter.

Ordnung spart Kosten. Untersuchungen decken immer wieder auf, wie viel Zeit in einem Unternehmen (Büro, Werkstatt, Lager) durch Suchen verloren geht. Zeit, in der keine produktive Arbeit geleistet werden kann. Ein strukturiertes System der Ordnung verringert Suchzeiten, erleichtert die Ablage und das Wegräumen und schafft Platz und Freiraum.

Abbildung 31: Ein erster Schritt in Richtung Ordnung

Abbildung 32: So kann es gehen – Ordnung ohne hohe Kosten und viel
Aufwand

5. Erfolgsfaktor 4: „Die Prozesse"

Der räumliche Freiraum sorgt auch für Freiraum im Kopf der Mitarbeiter. Aufgeräumte Arbeitsplätze und freie Arbeitsflächen ermöglichen es, sich auf die auszuführende Tätigkeit zu konzentrieren. Dies erhöht die Motivation und die Effizienz. Und ganz nebenbei werden Arbeitsunfälle vermieden, da sicher und strukturiert gearbeitet wird.

Die Ordnungsstandards werden im Unternehmen bzw. in der Abteilung durch die Mitarbeiter erarbeitet, festgehalten und gelebt. Eine Dokumentation kann mit Fotos erfolgen – entweder nach der „Vorher-Nachher"-Struktur oder auch mithilfe eines Fotos von einem aufgeräumten Arbeitsplatz, so wie er als Standard definiert ist und erhalten bleiben soll.

Handlungsfeld „Ordnung halten":
Wie Sie in die Fitnesszone I gelangen

FITNESSZONE III

Man sieht, dass Schreibtische und Arbeitsplätze schon lange nicht mehr aufgeräumt wurden. Auslagen und Infotafeln sind teilweise veraltet. Es liegen derzeit nicht benötigte Gegenstände herum. Arbeitsmittel werden nicht systematisch aufbewahrt.

Schreibtische und Werkbänke sind nicht aufgeräumt, Werkzeuge und Arbeitsmaterialien liegen herum und stapeln sich – es herrscht „Chaos". Einheitliche Ordnungsstandards, die gemeinsam erarbeitet und im Unternehmen definiert wurden, existieren nicht. Einige Mitarbeiter erkennen, dass in einer geordneten und organisierten Arbeitsumgebung produktiver gearbeitet werden kann.

Ihre To-dos:

- Aussortieren und wegwerfen. Sortieren Sie alles aus, was herumliegt und nicht benötigt wird: ausgetrocknete Stifte, vereinzelte Notizzettel, Material-reste. Beginnen Sie mit Ihrem eigenen Arbeitsplatz.
- Starten Sie eine Aufräumaktion. Benennen Sie für jeden Bereich Verantwortli-che und dann geht es los: Arbeitsflächen freiräumen, die Ablage (Papier und digital) organisieren, Ablageflächen, Schränke und Regale freiräumen und neu sortieren. Ganz wichtig: wegwerfen – ein Richtwert besagt: „Alles, was du ein Jahr nicht in der Hand hattest, kann weg!" Aber Achtung: Beachten Sie die gesetzlichen Aufbewahrungspflichten.
- Dokumentieren Sie das Ergebnis. Nach der Aufräumaktion wird das Ergeb-nis dokumentiert und visualisiert. Machen Sie Fotos der Bereiche und Arbeits-plätze, und hängen Sie sie dort auf, wo sie für Ordnung sorgen sollen.
- Feiern Sie den Erfolg. Nach einer erfolgreichen Aufräumaktion herrscht meist eine gute und lockere Stimmung. Nutzen Sie diesen Moment und feiern Sie ihn.

FITNESSZONE II

Materialien und Arbeitsmittel sind beschriftet und sortiert und werden von Beteiligten schnell gefunden. Mitarbeiter beginnen selbst, ihr Arbeitsum-feld zu standardisieren und Ordnung zu halten.

Die Arbeitsplätze und Ablageflächen sind frei, aufgeräumt und benutzbar. Es kann konzentriert gearbeitet werden, da immer nur ein Vorgang bearbeitet wird und dafür die entsprechenden Unterlagen und Materialien vorliegen – sonst nichts. Lager- und Regalflächen sind beschriftet und ordentlich einge-räumt. Das Ordnungssystem ist standardisiert und wird von den meisten Mit-arbeitern gepflegt.

- Führen Sie selbstregulierende Systeme ein. In Lager, Büro und Werkstatt sind die jeweiligen Mindeststückzahlen dokumentiert, Bestellungen laufen automatisch. Ein Verantwortlicher hierfür ist benannt und überwacht das Ordnungssystem.
- Erstellen Sie Checklisten für regelmäßig wiederkehrende Abläufe und für die Ablage und Wartungs- und Reinigungspläne. Diese helfen, die Prozesse zu visualisieren und Abläufe zu regeln. Wer ist wofür verantwortlich und welche Arbeitsschritte sind notwendig?
- Fragen Sie sich: Ist Ihr Ordnungssystem ein offenes und ehrlich gelebtes oder gibt es in Ihrem Team „Gegner" des Systems? Klären Sie dies ab.

FITNESSZONE **|**

Die Ordnungsstandards sind optimal organisiert. Alle Beteiligten leben die Standards für Sauberkeit und Ordnung und setzen diese um.

Ihr Unternehmen ist aufgeräumt, das Lager beschriftet und ordentlich. Besucher und neue Mitarbeiter sind hierüber verblüfft und erwähnen die Ordnung und Sauberkeit lobend. Sich selbst steuernde Systeme sorgen dafür, dass die Materialbestände optimal sind und es keine Engpässe, aber auch keine übermäßigen Bestände gibt. Die Mitarbeiter werden im Bereich Ordnung und Organisation ständig geschult, das System entwickelt sich weiter und wird gelebt. Alle Mitarbeiter sind eingebunden und bringen Verbesserungsvorschläge und Ideen ein.

Ihre To-dos:

- Prüfen Sie kritisch: In welchen Bereichen können die Ordnung und die Standardisierung ausgebaut werden? Gibt es irgendwo noch „Leichen im Keller"?

- Achten Sie auf das gesunde Maß. Übertriebene Ordnungswut oder Kleinkrämerei sorgt für Unmut und Gegenwind.
- Sind alle Mitarbeiter eingebunden und leben das Ordnungssystem? Nehmen Sie kritische Äußerungen ernst.

Umsetzungsfragen für das Handlungsfeld „Ordnung halten"

1. Wo können Sie in Ihrem Unternehmen anfangen, Ordnung zu schaffen?
2. Wie sieht Ihr eigener Arbeitsplatz aus? Was können Sie hier verbessern und optimieren? Denken Sie an Ihre Vorbildfunktion.
3. Was kann weggeworfen werden?
4. Wann werden Sie eine große Aufräumaktion starten? Wie sehen Ihre ersten Schritte des Aufräumens aus? Wo beginnen Sie?

Handlungsfeld 2:
Qualität verbessern

„Alle Dinge sind Gift und nichts ohne Gift; allein die Dosis macht, dass ein Ding kein Gift ist."

(Paracelsus)

Den Begriff der Qualitätssicherung verbinden die meisten Menschen mit Kontrollmechanismen und Rationalisierungen. Das ist die altmodische Betrachtungsweise eines an sich sehr sinnvollen Instruments, das sich im Laufe der Industrialisierung mehrfach geändert hat. Frühe Qualitätssicherungssysteme beruhten auf dem Erkennen und anschließenden Abstellen von Fehlern. Mit der Zeit hat sich die Erkenntnis durchgesetzt, dass es für alle Beteiligten viel sinnvoller ist, frühzeitig mögliche Fehlerquellen zu identifizieren und Fehler vor ihrem Entstehen zu verhindern.

In manchen Branchen kann das lebensrettend sein. Seit sich dieser Gedanke durchgesetzt hat, weiß man, dass sich eine Qualitätsverbesserung nur bei der Betrachtung des gesamten Unternehmens erzielen lässt. Welche Qualitätsverbesserung würde es bringen, wenn in einer Tischlerei der Mitarbeiter in der Lackiererei zwar die Lacke für die entsprechenden Untergründe verbessert und die Applikationsverfahren optimiert, der Kollege in der Vorbereitung der Produkte jedoch die Rückstände der Klebebänder nicht beseitigt? Qualitätsverbesserung betrifft also das gesamte Unternehmen und fast alle Betriebs-abläufe. Dabei lautet das Motto:

Lieber eine einprozentige Verbesserung in 100 Dingen als eine hundertprozentige Verbesserung in einer Sache.

Qualitätssicherung und Qualitätsverbesserung

Bei der Betrachtung von Qualitätssicherungssystemen geht man davon aus, dass es drei Aspekte der Qualität gibt, die sich in einem Qualitätsdreieck (siehe Abbildung 33) darstellen lassen. An der Spitze des Dreiecks steht der Qualitätsnachfrager (interner oder externer Kunde). Er bestimmt letztendlich die geforderte Qualität. Um seine Erwartungen zu erfüllen, müssen wir seine Wünsche und Bedürfnisse erkennen und dann Maßnahmen finden, die für das Halten oder Verbessern der Standards erforderlich sind. In der anderen Ecke des Qualitätsdreiecks befindet sich der Qualitätslieferant (unser Unternehmen) und in der gegenüberliegenden das Qualitätsangebot (unsere Produkte oder Dienstleistungen).

Die Qualitätsverbesserung hat einen hohen Einfluss auf die Zufriedenheit und Motivation der Mitarbeiter. Jeder möchte gerne gute Arbeit abliefern und benötigt dafür die optimale Unterstützung seiner Kollegen. Wird ihm diese versagt, sinkt die Motivation trotz aller Wertschätzung durch die Führungskräfte. Qualitätsverbesserung funktioniert also nur, wenn jeder Beteiligte an jeder Stelle des Unternehmens dazu seinen Teil beiträgt. Das geschieht am besten, wenn sich jeder Mitarbeiter auch einmal in die Rolle des Kunden versetzt: Ist er mit der produzierten Qualität der Produkte oder Dienstleistungen zufrieden? Wenn nicht, woran liegt es?

Abbildung 33: Das Qualitätsdreieck

Zwei Menschen haben oft völlig unterschiedliche Anforderungen an die Qualität eines Produkts oder einer Dienstleistung. Die Optimierung liegt nun in der Harmonisierung dieser unterschiedlichen Anforderungen. Das sind einerseits die Anforderungen des Kunden an das Produkt und andererseits die Anforderungen der Mitarbeiter. Im Optimum liegen beide sehr nahe zusammen. Bei großen Abweichungen ist eine Klärung erforderlich.

Generell ist es löblich, wenn die Qualitätsanforderung der Mitarbeiter an ihre Produkte höher ist als die des Kunden. Allerdings: Wenn der Kunde diese Qualität nicht fordert, ist er oft auch nicht bereit, den entsprechenden Gegenwert zu bezahlen.

Ein Qualitätssicherungssystem ist auch aus einem anderen Grund wichtig. Je schlechter die Qualität eines Produktes oder einer Dienstleistung wird, desto schneller schaut sich der Kunde nach einer Alternative um, also nach einem Wettbewerber. Seine Loyalität sinkt und irgendwann wandert er ab. Dadurch sinkt der Gewinn des Unternehmens, die Qualität sinkt noch weiter und die Kunden teilen dies potenziellen Neukunden oder anderen Stammkunden mit. Die Abwärtsspirale beginnt.

Ein anderer Grund für mangelnde Qualität liegt in einer geringen Spezialisierung. „Gemischtwarenunternehmen" werden gegenüber hoch spezialisierten Unternehmen geringere Qualitäten aufweisen. Die Mitarbeiter können es aufgrund der Produkt- oder Leistungsvielfalt gar nicht zur Meisterschaft in ihrem Bereich bringen. Sie tanzen auf mehreren Hochzeiten – und das geht zulasten der Qualität.

Es gibt verschiedene Arten von Qualitätsverbesserungssystemen. Am bekanntesten ist sicherlich das TQM – Total-Quality-Management – oder das Kaizen-System. Weniger bekannt, jedoch sehr einfach einzusetzen ist der PDCA-Zyklus. Die Buchstaben PDCA stehen für P = plan, D = do, C = check und A = act und werden in einem Kreislauf dargestellt. Mit diesem System lassen sich relativ einfach und schnell Strategien erfassen und messbar machen. Eine grafische Darstellung ist bei diesem Prozess sehr hilfreich.

Abbildung 34: Darstellung des PDCA-Systems zur Verbesserung von Abläufen

Handlungsfeld „Qualität verbessern":
Wie Sie in die Fitnesszone I gelangen

FITNESSZONE III

Wir arbeiten „wie immer". Fehler und Reklamationen werden behoben,
ohne jedoch die Fehlerquelle zu beseitigen und sie zu dokumentieren.
Die Erwartungshaltung des Kunden spielt kaum eine Rolle. Der Qualitäts-
gedanke ist unseren Führungskräften und dem Chef bekannt.

Eine Qualitätsprüfung existiert in Ihrem Unternehmen nicht. Es gibt keine
festgelegten Kriterien, wann die Qualität eines Produktes oder einer Dienstleistung ausreichend, gut oder exzellent ist. Die letzte Prüfungsinstanz sind
Sie als Unternehmer oder Ihre Führungskräfte. Vor allem Ihnen muss die
Leistung gefallen. Die Mitarbeiter haben keine Entscheidungskompetenz
hinsichtlich der Qualitätsverbesserung. Zwar ist den meisten bewusst, dass
die Qualität dem Kunden gefallen muss und nicht dem Unternehmer oder
den Mitarbeitern – diese Erkenntnis wird jedoch im Unternehmen nicht umgesetzt. Aus den Kundenreklamationen, die regelmäßig im Unternehmen
anfallen, werden keine Konsequenzen hinsichtlich der Qualitätsverbesserung gezogen. Der Begriff „interner Kunde" existiert nicht.

Ihre To-dos:

▨ Gewinnen Sie Ihre Mitarbeiter für die Qualitätsverbesserung. Dazu müssen Sie
als Unternehmer oder Führungskraft zuerst einmal akzeptieren, dass Ihr Kunde die Qualität Ihrer Leistungen bewerten muss. „Der Köder muss dem Fisch
schmecken und nicht dem Angler", so ein bekanntes Sprichwort.

▨ Fragen Sie Ihre Mitarbeiter, ob sie ihr eigenes Produkt in dem abgelieferten
Zustand kaufen würden. Wenn nicht, worin liegen die Gründe? Was könnte
verbessert werden?

▨ Führen Sie den Begriff des internen Kunden ein. Jeder Mitarbeiter hat an
anderer Stelle einen Kollegen, der seine Produkte oder Dienstleistungen weiter bearbeitet oder verwendet. Jeder Mitarbeiter ist also auf einer Seite ein

Kunde und auf der anderen Seite ein Lieferant. Definieren Sie die internen Kunden und führen Sie eine Kundenzufriedenheitsabfrage ein. Das Ziel muss sein, dass nur noch höchste Qualität an einen internen Kunden weitergegeben wird.

■ Machen Sie Reklamationen öffentlich. Hängen Sie am Schwarzen Brett Beschwerdebriefe oder Fotos reklamierter Produkte aus. Definieren Sie die dadurch entstandenen Kosten, und motivieren Sie Ihre Mitarbeiter, an der Verbesserung der Situation zu arbeiten. Wichtig: Stellen Sie niemals Mitarbeiter an den Pranger, die eine Reklamation verursacht haben.

FITNESSZONE II

Die Qualität der Leistungserstellung ist die Aufgabe aller Mitarbeiter. In regelmäßigen Besprechungen werden Fehler gesammelt, ausgewertet und Gegenmaßnahmen eingeleitet.

Sie haben Mechanismen gefunden, um Fehlproduktionen oder mangelhafte Leistungen zu analysieren und die Ursachen zu beseitigen. Im Unternehmen herrscht die Erkenntnis, dass Fehler möglichst nur einmal gemacht werden. Mitarbeiter und Führungskräfte hinterfragen regelmäßig die Qualität der Produkte und Dienstleistungen des Unternehmens, damit sie auch den Qualitätsansprüchen Ihrer Kunden genügen. Regelmäßig wird im Unternehmen über die Qualität der Produkte diskutiert und nach Verbesserungen gesucht. Die immer seltener werdenden Reklamationen Ihrer Kunden bearbeiten Sie sofort. Sie nutzen die so erhaltenen Informationen zur ständigen Qualitätsverbesserung.

Ihre To-dos:

■ Beginnen Sie die Fehler zu dokumentieren. Tritt in einem Bereich ein Fehler oder Qualitätsmangel auf, so liefern die Verantwortlichen dazu ein kurzes Protokoll. Es beschreibt den Fehler, die Ursache und liefert am besten gleich eine Lösung dazu. Die besten Lösungen finden die Mitarbeiter selbst, denn sie sind nah dran am Kunden bzw. an der Produktion und wissen, welche Veränderungen erforderlich sind.

▨ Stellen Sie Ihren Mitarbeitern die Mittel zur Verfügung, die sie für eine Verbesserung der Qualität benötigen. Übertragen Sie ihnen auch die Verantwortung dafür, dass die Qualitätsanforderungen erfüllt werden. Messen Sie gemeinsam mit Ihren Mitarbeitern regelmäßig die Kundenzufriedenheit.

▨ Erstellen Sie Qualitätsstandards. Falls diese Standards schon existieren, werden sie regelmäßig nach Kunden- und Mitarbeitergesprächen angepasst. Das Aufstellen solcher Standards (etwa für Wartungsarbeiten, Ablage, Reparaturen, Sauberkeit am Arbeitsplatz) erleichtert auch die Einarbeitung neuer Mitarbeiter und verlängert die Lebensdauer Ihrer Geräte und Maschinen.

▨ Stimmen Sie sich mit Ihren Kunden ab. Nehmen Sie Ihre Mitarbeiter mit zu den Kunden, die reklamiert haben. Bitten Sie diese Kunden um ihre Meinung und um Vorschläge zur Qualitätsverbesserung. Sie werten damit Ihre Mitarbeiter auf, weil diese so mehr Verantwortung übernehmen dürfen und sollen. Machen Sie diese Vorgänge so transparent wie möglich, und vergessen Sie nicht, die Erfolge zu feiern.

▨ Veröffentlichen Sie Testimonials (Rückmeldungen von Kunden) über gelungene Verbesserungen, erfolgreiche Senkung von Reklamationen etc. Sie eignen sich sehr gut für einen Aushang am Schwarzen Brett.

FITNESSZONE **|**

Alle Beteiligten verstehen das Prinzip „Fehlervermeidung vor Fehlerbehebung". Jeder Fehler wird von uns als Herausforderung zur Verbesserung gesehen und konsequent abgestellt. Höchste Qualität ist das Herzensanliegen aller Mitarbeiter.

Sie sind auf einem sehr guten Weg. Die Kundenreklamationsrate und der Ausschuss sind gleich null. Alle im Unternehmen haben sich dazu verpflichtet, nur perfekte Qualität an den internen und externen Kunden weiterzugeben. Diese Werte werden im Leitbild verankert. Wer auch immer eine Reklamation eines Kunden bekommt, kümmert sich sofort selbst und vollständig darum. Die verantwortlichen Mitarbeiter haben die Kompetenzen erhalten, sich mit dem Kunden direkt in Verbindung zu setzen und nach Lösungen zu suchen, die zu Qualitätsverbesserungen führen. Es gibt ein festes Budget, über das die Mitarbeiter verfügen können. Übersteigt die Bearbeitung der Reklamationen dieses Budget, wird eine Führungskraft dazu befragt.

Ihre To-dos:

- Stellen Sie die interne und externe Qualitätskontrolle sicher. Dazu sollten Sie regelmäßig die Lieferungen an interne Kunden (von Abteilung zu Abteilung, von Arbeitsplatz zu Arbeitsplatz) bewerten und anschließend gemeinsam besprechen. Verbesserungsmaßnahmen führen Sie sofort durch.
- Fordern Sie Ihre Mitarbeiter dazu auf, auch bei externen Vorlieferanten diese Bewertung durchzuführen. Ergeben sich dabei Qualitätsschwankungen, dürfen die Mitarbeiter sofort mit dem Lieferanten in Kontakt treten und nach Lösungen suchen. Im schlimmsten Fall muss ein neuer Lieferant gesucht werden, sofern seine Qualitätsansprüche nicht mit den Ihren kompatibel sind.
- Vergleichen Sie sich regelmäßig mit Ihrem Wettbewerb. Welche Qualität liefert er ab? Ist sein Leumund beim Kunden besser als Ihrer? Hat er Qualitätsstandards gesetzt? Wenn ja, wie können Sie seine Qualität noch übertreffen? Schauen Sie auch hier über den Tellerrand, und informieren Sie sich bei Betrieben anderer Branchen, welche Qualitätsverbesserungssysteme dort mit welchem Erfolg praktiziert werden. Vielleicht können Sie davon etwas für Ihr Unternehmen übernehmen.

Umsetzungsfragen für das Handlungsfeld „Qualität verbessern"

1. Wie erfassen Sie Kundenreklamationen?
2. Wie nutzen Sie die Erfahrungen aus Reklamationen?
3. Gibt es Standards für die Bearbeitung von Reklamationen?
4. Wie hoch ist die Reklamationsrate in Ihrem Unternehmen im Verhältnis zu Ihren Aufträgen?
5. Wie hoch sind die Kosten für die Bearbeitung einer Reklamation?

Handlungsfeld 3:
Termintreue steigern, Zuverlässigkeit leben

„Die modernen Menschen werden nicht mit der Peitsche,
sondern mit Terminen geschlagen."

(TELLY SAVALAS)

In unserem nordeuropäischen Kulturkreis gilt Pünktlichkeit als hohes Gut.
Wer in geschäftlicher Mission unterwegs und unpünktlich ist, der hat schon
einmal schlechte Karten beim Gegenüber. Unpünktliche Menschen gelten als
unzuverlässig und unhöflich. Wer als Handwerker unterwegs ist und für Ge-
neralunternehmer arbeitet, weiß, was Termindruck bedeutet. Hier wird ver-
spätetes Abliefern, selbst wenn man gar keine Schuld daran trägt, mit Kon-
ventionalstrafen belegt. Erstaunlicherweise stimmt dieses Verhalten mit den
Wünschen vieler Menschen in unserer Gesellschaft nicht überein. Sie wünschen sich Entspannung und Ruhe, möchten lieber entschleunigen. Ironi-
scherweise bestellen sie dazu per Same-Day-Lieferung im Internet den passenden Ratgeber – und wehe, dieser wird einen Tag später geliefert, dann ist
es vorbei mit der Entschleunigung und der Entspannung.

Für Unternehmen wird es also immer wichtiger, hohe Qualität zu einem guten
Preis pünktlich zu liefern. Wie können wir als Unternehmen eine hohe Liefer-
treue garantieren? An welchen Stellschrauben können wir drehen, um unsere
Waren „just in time" zu liefern? Die Termintreue ist bei der Herstellung und
Verteilung von Waren und Dienstleistungen eine zentrale Herausforderung.

Was hindert ein Unternehmen an der Einhaltung von Terminen? Prinzipiell
muss sich der Unternehmer erst einmal bewusst machen, welche Faktoren

Einfluss auf die Liefertermine nehmen. Eine Auswahl der Faktoren ist in Abbildung 35 dargestellt. Jeder einzelne Faktor kann uns an der Einhaltung eines zugesagten Liefertermins hindern und dafür sorgen, dass sich ein Kunde über kurz oder lang aus der Geschäftsbeziehung zurückzieht. Ein Unternehmer sollte sich natürlich die Frage stellen, wie wichtig ihm oder seinen Kunden eine zugesagte oder verbindliche Lieferterminierung ist. Es gibt natürlich Kunden, die auf Liefer- und Termintreue keinen gesteigerten Wert legen. Dann ist jeder übertriebene Aufwand dafür zu teuer. Wenn Sie als Unternehmer Ihre Herstellungskosten mit den folgenden Überlegungen senken können, dann sollten Sie die Termintreue als Handlungsfeld anpacken. Wenn nicht, blättern Sie bitte weiter und widmen sich Handlungsfeldern, die Sie voranbringen.

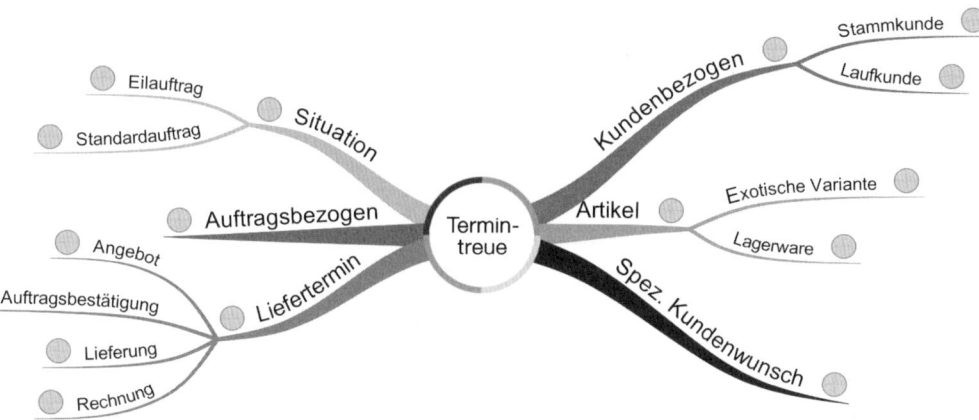

Abbildung 35: Einflussfaktoren bei der Termintreue eines Unternehmens

Die Frage der Messbarkeit

Zu Beginn der Überlegungen, wie die Termintreue gesteigert werden kann, steht wie immer die Frage nach der Messbarkeit: Wie kann ich die vorhandene Termin- oder Liefertreue meines Unternehmens messen und bewerten? Wie prüfe oder bewerte ich die Kundenwunschtermine? Sind sie überhaupt realistisch und für unser Unternehmen erfüllbar?

Wie aufwendig ist die Angabe realistischer Liefertermine? Dazu vorweg ein Hinweis: In vielen Bereichen (Internetshops, Fernabsatzgeschäfte) stellt sich diese Frage gar nicht mehr. Es gibt mittlerweile sehr viele Urteile, die dazu klar Stellung bezogen haben. So heißt „sofort lieferbar", dass die Ware am Lager sein muss und spätestens am nächsten Tag das Lager verlässt. Zudem müssen Sie beim Verkauf verbindliche Liefertermine angeben, sonst droht die nächste Abmahnwelle. Der Spielraum ist hier also deutlich eingeschränkt.

Doch zurück zur Messbarkeit von Lieferterminen. Wie immer sind Kennzahlen sehr wichtig. Sie können dazu bei Ihren Wettbewerbern im Internetshop recherchieren, welche Liefertermine dort angegeben werden. Als Handwerker haben Sie die Möglichkeit, sich in Erfa-Gruppen oder in Branchentreffs über die durchschnittlichen Wartezeiten zur Auftragsbearbeitung auszutauschen.

Ein häufiger Grund für unzufriedene Kunden sind verwirrende Aussagen zu Lieferterminen. Je nach Mitarbeiter bekommt der Kunde auf Nachfrage unterschiedliche Liefertermine genannt, auf einer Auftragsbestätigung oder beim Telefonat. Nach außen bietet das Unternehmen dann kein gutes Bild, es drückt Unsicherheit aus und lässt auf unklare Strukturen schließen. Besonders ärgerlich ist das aus Sicht eines Kunden, wenn er in Bedrängnis ist und die Ware oder Dienstleistung dringend benötigt. Bei der Lösung dieser Herausforderung spielen die interne Kommunikation und der interne Kunde eine große Rolle – dazu später mehr.

Mangelhafte Liefer- oder Termintreue kann für ein Unternehmen kostspielig werden. Es muss zur Fehlerbehebung Geld für Nachlieferungen, Expresslieferungen, Leiharbeiter, Überstunden, Verpackungen oder Subunternehmer bezahlen. Mit steigender Termintreue ergeben sich also Einsparungs- und Entwicklungsmöglichkeiten.

Ursachen für Terminverschiebungen

Aus Sicht des Unternehmers gibt es eine Vielzahl möglicher Entschuldigungen:

- unbeeinflussbare Störungen (Wetter, Materialengpässe)
- Sonderwünsche des Kunden hinsichtlich der Fertigung, Qualität etc.
- Mengenschwankungen
- Abweichungen von vereinbarten Abnahme- oder Produktionsmengen
- unzuverlässige Vorlieferanten oder andere Gewerke

Oft spielen Versorgungslücken eine große Rolle. Wenn Ihr Lieferant das Material nicht am Lager hat, können Sie unter Umständen mit Ihrer Produktion nicht beginnen. Bei exotischen Aufträgen oder Sonderkonstruktionen kann das mal passieren, auch wenn der Kunde überraschend einen Auftrag verändert oder abweichend von normalen Regellieferungen zusätzliche Leistungen bestellt. Bei regelmäßigen Lieferungen jedoch darf das nicht passieren. Auch im Handwerksbetrieb, der ja meist seine Aufträge lange Zeit vor Baubeginn erhält, ist die Beschaffungslogistik ein wesentlicher Bestandteil der Termintreue. Die schlechte oder ungenaue Disposition von Materialien führt dann bei Mitarbeitern und Kunden zur Demotivation.

Eine weitere Ursache sind interne Engpässe. Durch eine falsche Lagerhaltung oder unrealistische Zusagen wird der Liefertermin mehrfach verschoben. Ein gravierender Punkt ist das zu späte Erkennen von personellen Engpässen. Mitarbeiterurlaub und Auftragslage lassen sich relativ gut koordinieren, um auch bei einer plötzlichen Krankheit eines Mitarbeiters reagieren zu können. Vertretungsfähigkeit und Flexibilität von Mitarbeitern und Unternehmen spielen dabei eine wesentliche Rolle. Im Endeffekt sind es organisatorische Fehler (etwa Informationsdefizit, mangelnde Abstimmung der Abteilungen oder Beteiligten, fehlerhafte Bestandsführung), die zu Lieferengpässen führen. Natürlich kann es auch einmal passieren, dass man einen Auftrag nur aufgrund der Zusage eines „Kampftermins" bekommt. Es muss Klarheit darüber bestehen, dass dieser Auftrag zulasten anderer Projekte gehen wird. Sobald verschiedene Aufträge dieselben Ressourcen benötigen (Material, Fachkräfte, Maschinen etc.), ergeben sich Zeitprobleme bei der Bearbeitung der nächsten Aufträge und folglich Terminverschiebungen.

Die Lösung liegt in der direkten Kommunikation aller Beteiligten. Je direkter und schneller der Informationsaustausch läuft, desto schneller kann auf Engpässe reagiert werden.

Die Steigerung der Termintreue ist also eine Aufgabe für alle Mitarbeiter im Unternehmen. Die Vorteile einer hohen Termintreue liegen auf der Hand:

- Das Ansehen bei Ihren Kunden steigt.
- Der Cashflow pro Auftrag verbessert sich (wichtig sind eine gute Vor- und Nachkalkulation).
- Die Ad-hoc-Maßnahmen und der Stress für die Mitarbeiter sinken, es passieren weniger Fehler.
- Informierte und beteiligte Mitarbeiter arbeiten motivierter.

Dem Handwerker eilt der Ruf voraus, unpünktlich und unzuverlässig zu sein. Sind Sie in diesem oder einem angrenzenden Bereich tätig, beweisen Sie Ihren Kunden, dass es auch anders geht. Gerade in kleinen Betrieben herrscht oft eine hohe Auslastung – und damit eine lange Vorlaufzeit. Seien Sie ehrlich zu Ihren Kunden. Kommt ein reizvoller Auftrag herein oder spricht Sie ein wichtiger Kunde mit einem eiligen Anliegen an, informieren Sie ihn ehrlich über Ihre Auslastung und den voraussichtlichen Ausführungstermin. Oft hat der Anfragende Verständnis, wenn Sie erklären, dass Sie derzeit sechs Monate Vorlaufzeit haben. Wenig Verständnis wird er aufbringen können, wenn Sie ihm eine Ausführung in vier Wochen zusagen und den Termin mehrmals nach hinten verschieben müssen.

Handlungsfeld „Termintreue steigern, Zuverlässigkeit leben": Wie Sie in die Fitnesszone I gelangen

FITNESSZONE III

Lange Wartezeiten sind eher die Regel als eine Ausnahme und unsere Kunden sind aufgrund der Unzuverlässigkeit verärgert.
Wir bemühen uns um Termintreue und diskutieren Verbesserungsmöglichkeiten.

Ihre Kunden wissen, dass sie sich bei der Zusammenarbeit mit Ihnen auf lange Lieferzeiten oder Ausführungstermine einstellen müssen. Sie haben jedoch schon einige Kunden aufgrund nicht eingehaltener Termine verloren und wissen, dass Ihre Mitbewerber in diesem Bereich deutlich besser aufgestellt sind. Die Mitarbeiter sind demotiviert, da sie den Unmut der Kunden direkt zu spüren bekommen. Es herrscht ein ständiger Konflikt zwischen Büro (Planung) und Produktion und Ausführung über Vorplanungen, Bestellungen und Terminabsprachen. Durch Kampftermine kommt es zu zahlreichen Überstunden und spontanen Planänderungen.

Ihre To-dos:

■ Verschaffen Sie sich Klarheit über Ihre Liefertreue. Stellen Sie mittels Kennzahlen oder Checklisten modellhaft den Ablauf einer Lieferkette dar, wie viel Zeit Ihre Firma für die Ausführung oder Produktion braucht und welche Kosten daraus entstehen. Beachten Sie dabei die externen und die internen Kunden.
■ Visualisieren Sie die Liefertreue und machen Sie diese für alle Mitarbeiter öffentlich.
■ Beginnen Sie, nach Verbesserungen zu suchen. An welchen Stellen gibt es Verzögerungen? Wo ist Sand im Getriebe? Ermitteln Sie die Ursachen und nehmen Sie entsprechende Verbesserungen vor. Dazu zählen zum Beispiel die Absprachen zwischen Büro (Kalkulation, Auftragsbearbeitung, Disposition) und Fertigung (Handwerker, Techniker, Außendienstler). Wo stauen sich die Arbeit und das Material? Was sind die Ursachen? Wie können Sie das ändern? Welche

realistischen Vereinbarungen können Sie mit Ihren Mitarbeitern hinsichtlich der Termintreue treffen? Welche Hilfsmittel benötigen Sie dazu?

▪ Befragen Sie Ihre Kunden. Klassifizieren Sie Ihre Kunden nach Stammkunden, Laufkunden, Umsatzträgern, Gelegenheitseinkäufern etc. Ordnen Sie diesen Kundentypen eine Erwartungshaltung hinsichtlich ihrer Terminwünsche zu (etwa schnell, langsam, keine Termine, egal, sehr empfindlich gegenüber Terminverschiebungen).

▪ Untersuchen Sie, welche Faktoren in Ihrem Unternehmen Sie an der Einhaltung der Liefertermine hindern. Auch hier helfen Checklisten bei der Identifizierung von Störungsquellen. Nehmen Sie auf jeden Fall Ihre Mitarbeiter mit ins Boot, sie kennen die Engpässe meistens deutlich besser als die Führungskräfte.

· ·

FITNESSZONE **II**

Zusagen und Absprachen haben eine hohe Priorität. Unsere Kunden werden über Verspätungen informiert. Das gilt auch für Projekte von Kollegen und innerhalb des Unternehmens. Bei Verzögerungen informieren wir die Beteiligten. Unsere Planungen erfolgen systematisch.

Die Termintreue unterliegt einer ständigen Überwachung. Sie haben einen hohen Grad an eingehaltenen Terminen (mehr als 70 Prozent), Ihre Kunden honorieren das auch. Durch regelmäßige Besprechungen und ein gutes Informationssystem wissen Ihre Mitarbeiter genau, welche Arbeiten anliegen und wann. Sie erkennen rechtzeitig die zeitlichen Engpässe, Ihre Mitarbeiter reagieren hinsichtlich Überstunden und Urlaub flexibel. Wenn Sie zugesagte Termine nicht einhalten können, suchen Sie gemeinsam nach Alternativen, die Sie Ihrem Kunden anbieten können.

· ·

Ihre To-dos:

▪ Führen Sie ein Frühwarnsystem ein. Sobald ein Mitarbeiter merkt, dass sich eine Lieferung oder Produktion verzögert, informiert er das Team. Die Aufgaben der Verantwortlichen beschränken sich dabei nicht nur auf die Meldung, sondern auch auf die Suche nach Lösungen.

- Messen Sie die interne Liefertreue von Arbeitsplatz zu Arbeitsplatz. Definieren Sie die Liefertermine (Zeiten) mit Verantwortlichen, am besten arbeitsplatzübergreifend. Überlegen Sie genau, ob und welche Produkte Sie als Lagerware benötigen. Das Lager mit unbestellter Ware aufzufüllen, kostet Geld und Zeit. Investieren Sie diese Zeit und das Geld besser in die Optimierung der Liefertreue. Machen Sie die Kosten in einem Rundschreiben oder am Schwarzen Brett mit einer Information öffentlich (Kosten für Sonderfahrten, verpasste Termine, Fehlproduktionen, Expressfahrten etc.).
- Holen Sie Ihre Lieferanten ins Boot. Bei Betriebsversammlungen oder Teambesprechungen kann der Blick von außen für beide Seiten sehr hilfreich sein. Die meisten Lieferanten kennen Ihre internen Abläufe nicht – das führt oft zu Fehleinschätzungen und Missverständnissen. Die Kommunikation mit Ihren Lieferanten steht damit am Anfang der Überlegungen zur Verbesserung der Termintreue. Falls mehrere Lieferanten für die Materialbeschaffung in Betracht kommen, bewerten Sie die Firmen anhand einer Checkliste und mithilfe von Kennzahlen. Als Kriterien kommen zum Beispiel infrage: Mengentreue, Termintreue, Flexibilität, Reaktionsverhalten, Preisstruktur, Logistik (Anlieferung/Transport) und Fehlertoleranz. Eine offene und transparente, eventuell sogar regelmäßige Leistungsbewertung ist für alle beteiligten Partner hilfreich und zeigt Optimierungspotenziale auf.

FITNESSZONE |

Die Terminzusagen orientieren sich an den Bedürfnissen unserer Kunden und werden in der Regel eingehalten.
Unsere Termintreue gilt in der Branche als erstklassig.

Die Termintreue liegt über 90 Prozent. Die klassischen Zeiträuber und der Termindruck durch Kampftermine gehören der Vergangenheit an. Sie jagen keinen Terminen mehr hinterher. Ihre Kunden und Ihre Mitarbeiter kommunizieren direkt miteinander, um jeden Stolperstein auf dem Weg zur pünktlichen Lieferung aus dem Weg zu schaffen. Damit jeder Mitarbeiter die erforderlichen Produkte und Materialien zur Verfügung hat, gibt es entsprechende Systeme. Der Lagerbestand hat sich signifikant reduziert. Der Informationsfluss zwischen Büro und Fertigung oder Ausführung ist durch optimierte Vorlagen nahezu reibungslos geworden. Ihre Kunden sind begeistert von der Termintreue, in der Branche gehören Sie hinsichtlich der Termintreue zu den besten Unternehmen.

Ihre To-dos:

■ Schaffen Sie Anreize für optimale Termintreue. Entwickeln Sie ein Bonussystem für Mitarbeiter und Teams, die sich durch perfekte Termintreue auszeichnen. Natürlich nur, wenn es nicht zulasten der Qualität geht.
■ Bewerten Sie regelmäßig die Termintreue Ihrer Lieferanten. Toplieferanten laden Sie ein zu Ihren Strategiegesprächen. Gemeinsam mit ihnen entwickeln Sie neue, überraschende und kreative Ideen zur Steigerung der Termintreue. Das Ziel sind kurze und direkte Informationswege mit hoher Transparenz.

Umsetzungsfragen für das Handlungsfeld „Termintreue steigern, Zuverlässigkeit leben"

1. Wie wichtig ist der Liefertermin oder Ausführungstermin für Ihre Zielgruppe? Starten Sie eine Umfrage.
2. Wie lange brauchen Sie in der Regel, um eine Ware oder eine Dienstleistung auszuliefern bzw. auszuführen?
3. Welche Kennzahlen gibt es zur Liefertreue Ihrer Branche? Wie liegen Sie im Vergleich dazu? Gibt es Kennzahlen dafür?
4. Wo sind die Schwächen Ihrer Wettbewerber hinsichtlich der Termintreue? Kann diese Schwäche Ihre Stärke sein?
5. Können Sie sagen, wann genau ein Auftrag fertig ist?
6. Überschreiten Sie häufig die von Ihnen gemachten Terminzusagen? Wenn ja, worin liegen die Ursachen?
7. Kennen Sie Ihre Lagerbestände? Was sind Ladenhüter und welche Produkte horten Sie nur auf Vorrat (für den seltenen Bedarfsfall)?

Handlungsfeld 4:
Abläufe optimieren

„Wenn ich sieben Tage Zeit hätte, einen Baum zu fällen,
würde ich sechs Tage die Säge schärfen."

(ABRAHAM LINCOLN)

Nun gilt es, die Abläufe innerhalb des Unternehmens kritisch unter die Lupe zu legen. Ein wichtiger Schritt hierbei ist, die einzelnen Phasen eines Prozesses zu visualisieren. Nehmen Sie sich Zettel und Stift und stellen Sie Ihre wichtigen internen Abläufe dar. Wahrscheinlich wird dabei sehr schnell deutlich, wo es Schnittstellen gibt, die einen Reibungsverlust mit sich bringen. Die Ausrede „Das haben wir schon immer so gemacht" gilt dabei nicht mehr. Prüfen Sie genau und setzen Sie die „Betriebsbrille" ab. Auch diese Arbeit lässt sich sehr gut in Teams, in einem Workshop oder mithilfe eines externen Moderators durchführen.

Die Abbildung 36 zeigt den schematischen Ablauf eines Prozesses. Am Anfang steht der Kunde (intern oder extern), der eine Anforderung definiert. Innerbetrieblich gibt es eine Abfolge von einzelnen Schritten, die im Ergebnis den Kunden (intern oder extern) zufriedenstellen sollen. Den Abläufen im Unternehmen übergeordnet ist die Führung. Die in der Abbildung unten aufgelisteten Unterstützungsprozesse sorgen dafür, dass alle zum Ablauf notwendigen Ressourcen vorhanden sind (Material, Personal, Qualitätssicherung in den einzelnen Schritten).

In einem Kleinunternehmen muss nicht jeder einzelne Prozess dargestellt und bis ins Letzte verfeinert werden – was oftmals auch gar nicht möglich ist. Ebenso brauchen Sie keine DIN-konforme Darstellung der Prozessketten. Es genügt zunächst, die wichtigsten Prozesse zu berücksichtigen und sie in eine einfache, praxisnahe Darstellung zu fassen. Das Beschreiben der Prozesse und Abläufe übernimmt nicht der Chef oder der Vorgesetzte. Dafür sollte derjenige verantwortlich sein, der unmittelbar betroffen ist. Das Ganze kann im Team in Form von Workshops erfolgen, an denen die Prozessbeteiligten teilnehmen.

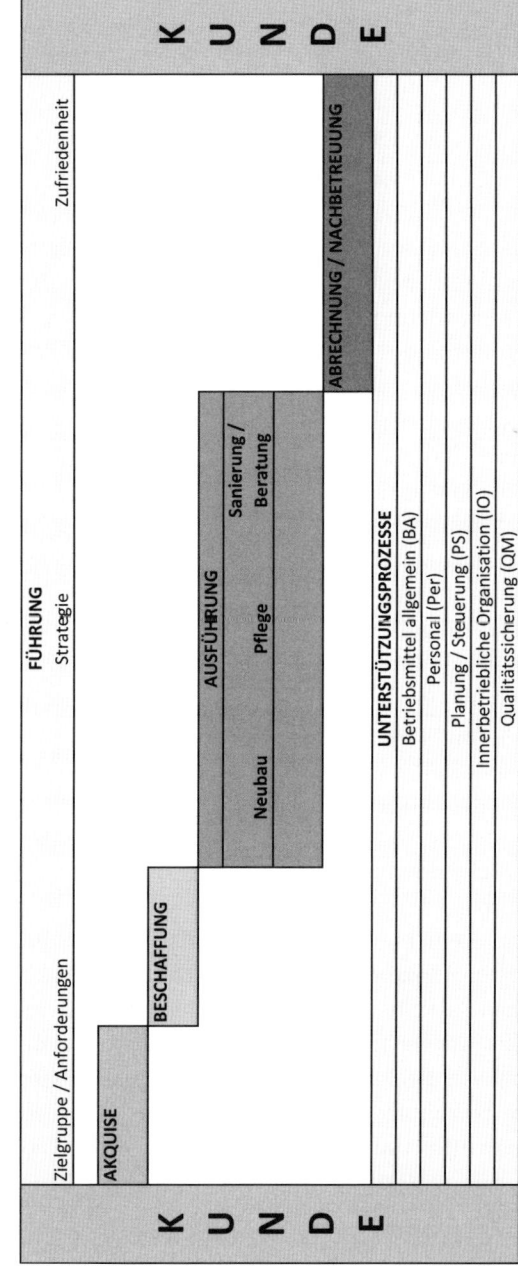

Abbildung 36: Beispielhafte Darstellung eines Prozessablaufes

FITNESSZONE **III**

Bestehende Arbeitsabläufe werden nicht hinterfragt. Reklamationen werden bearbeitet, sind aber kein Anlass zur Überprüfung der Abläufe. Einzelne Mitarbeiter haben erkannt, dass kontinuierliche Verbesserungen der internen Abläufe nötig sind, und beginnen in einzelnen Bereichen mit Optimierungen.

Es wird alles so gemacht wie immer. Viele Abläufe und Zuständigkeiten sind schwammig und unklar geregelt, werden aber nicht hinterfragt. Die Folge sind oftmals unerledigte Dinge, hohe Reibungsverluste oder vergessene Aufgaben, da sich niemand verantwortlich fühlt. Reklamationen werden bearbeitet, die Ursache für eine Reklamation wird nicht weiter hinterfragt. Vereinzelt erkennen Mitarbeiter, dass es Verbesserungsbedarf gibt, und versuchen, dies in ihren Bereichen umzusetzen.

Ihre To-dos:

■ Definieren Sie Ihre unternehmensinternen Prozesse. Wie ist der Ablauf von der Bestellung bis zum Versand oder von der Beauftragung bis zur Abwicklung einer Baustelle? Machen Sie diese Prozesse transparent – das kann mit allen zuständigen Mitarbeitern in einem Workshop passieren.

■ Schulen Sie Ihre Mitarbeiter im Erkennen und Optimieren von Abläufen. Diese müssen für einen kontinuierlichen Verbesserungsprozess (KVP) sensibilisiert werden. Verdeutlichen Sie, dass es nicht um Kritik an einer Person, sondern um „die Sache selbst" geht, also um das Unternehmen und die Abläufe. Reibungsverluste und Fehler sollen Anreiz geben, über die Abläufe nachzudenken und diese kritisch zu hinterfragen. Gerade bei langjährigen Mitarbeitern und einer eingefahrenen Organisationsstruktur herrscht oftmals eine ausgeprägte Betriebsblindheit vor.

■ Benennen Sie Zuständigkeiten. Im Rahmen von Workshops können Sie für die jeweiligen Prozesse zuständige Personen benennen, die in diesem Bereich involviert sind. Zum Beispiel: Wer kümmert sich um eine termingerechte Anfragenbearbeitung und Angebotserstellung? Wer ist verantwortlich für die Materialbestellungen bzw. für das Lager? Wann wird bestellt, bei wem, wie viel von was? Was ist bei der Qualitätskontrolle vor dem Versand zu beachten? Wer achtet darauf?

FITNESSZONE II

Mitarbeiter erkennen Verbesserungspotenzial und beginnen, von sich aus die Abläufe zu optimieren.
Beteiligte greifen Probleme auf, erarbeiten systematisch Lösungen und setzen diese nachhaltig um. Verbesserungspotenziale werden so genutzt und Reklamationen als Chance gesehen.

Die Prozesse in Ihrem Unternehmen sind dargestellt und den Mitarbeitern bekannt. Einzelne Mitarbeiter nutzen die Prozesse, um ihre Arbeitsschritte zu optimieren, und setzen diese um. Reklamationen werden als Chance und nicht als persönlicher Angriff gesehen. Es entsteht ein Bewusstsein dafür, dass es im Unternehmen eine ständige Weiterentwicklung gibt.

Ihre To-dos:

■ Hinterfragen Sie die dargestellten Prozesse. Ist der Ablauf so, wie er ist, wirklich sinnvoll? Wo besteht Optimierungsbedarf, wo sind Reibungsverluste? Sind die Prozesse für alle klar und eindeutig?
■ Erstellen Sie Checklisten. Die dargestellten Prozesse werden mithilfe von Checklisten überwacht und optimiert. Nur so ist sichergestellt, dass auch im Rahmen einer Vertretungszeit alles nach den festgelegten Qualitätsstandards abläuft.

- Analysieren Sie die Wertschöpfung. Wie viel Geld wird verdient bzw. wie viel Geld geht durch einen stockenden Ablauf verloren? Hierzu sind Kennzahlen hilfreich. Prüfen Sie die Prozessabläufe immer wieder auf Verschwendung. Wodurch geschieht Verschwendung? Beispiele sind: Unterbrechungen; Materialverlust, Verschnitt, Ausschuss; Wartezeiten; Fehler, Reklamationen; unnötige Bewegungen (Material oder Werkzeug vergessen, falsch bestellt, wird gesucht); zu hohe oder zu geringe Bestände.

FITNESSZONE

Bei jeder Tätigkeit wird überprüft, ob sie zur Wertschöpfung beiträgt. Alle wichtigen Abläufe sind identifiziert, dokumentiert und werden gelebt. Verantwortliche sind benannt.

Die Arbeitsabläufe sind so optimiert, dass sich Bearbeitungszeiten erheblich verkürzen. Reklamationen werden analysiert und dienen der Optimierung der Abläufe. Mitarbeiter entscheiden im Team über Anpassungen der Prozesse und Abweichungen.

Alle Mitarbeiter haben die Wirtschaftlichkeit im Blick und prüfen bei allen Tätigkeiten, ob diese zur Wertschöpfung beitragen. Wenn nicht, werden die Prozesse eigenständig überdacht und optimiert. Es wird nicht in starren Abläufen gedacht und gehandelt, sondern jeder hat in seinem Team die gemeinsamen Unternehmensziele im Blick und passt die Arbeit in seinem jeweiligen Bereich daran an.

Treten Reklamationen oder Unzufriedenheit auf, werden diese analysiert: Die Ergebnisse fließen in die täglichen Abläufe mit ein. Allen ist bewusst, dass eine Entwicklung in der Prozessoptimierung und Reklamationsbearbeitung niemals an ein Ende gelangt, sondern es immer wieder weiteren Optimierungsbedarf gibt.

Ihre To-dos:

- Überprüfen Sie Ihre Abläufe kontinuierlich nach Reibungsverlusten und Verbesserungspotenzialen.
- Klären Sie, wer für die Optimierung des jeweiligen Prozesses zuständig ist.

Bei der Optimierung von Prozessen und Abläufen gilt stets:

Ein Prozess ist dann optimal, wenn nichts mehr weggelassen werden kann, ohne das Ergebnis zu verschlechtern.

Umsetzungsfragen für das Handlungsfeld „Abläufe optimieren"

1. Welche Prozesse können Sie in Ihrem Unternehmen identifizieren? Beschreiben Sie diese detailliert in einem Ablaufdiagramm (oder mithilfe von Post-its oder einem Flipchart).
2. Wie können diese Prozesse optimiert werden? Wo findet Verschwendung statt (Zeit, Material, Engpässe)?
3. Wer kümmert sich darum, wie sind die Zuständigkeiten geklärt?

Handlungsfeld 5:
Kapazitäten optimieren

„Man kann kein Baby in einem Monat zur Welt bringen,
indem man neun Frauen gleichzeitig schwängert."

(UNBEKANNT)

Zu den Kapazitäten zählen Materialbestände im Lager, Maschinenvorhaltung, Logistik, Arbeitszeit oder Personalkapazitäten. Um die Prozesse zu optimieren, ist es notwendig, all dies möglichst optimal aufeinander abzustimmen.

Für ein Unternehmen ist eine gute Auslastung der Kapazitäten die Grundlage für wirtschaftlichen Erfolg. Fehlende Auslastung und dauerhafte Überlastung strapazieren das gesamte System und führen zu Verlusten – finanziell, ideell und menschlich. Verschaffen Sie sich mit einer vorausschauenden und transparenten Planung einen Überblick:

- Welche Mitarbeiter bearbeiten welches Projekt in welchem Zeitfenster?
- Welche Materialien sind erforderlich?
- Was muss mit welchem Vorlauf bestellt oder organisiert werden?

Auch „Notfallszenarien" gehören zu einer optimierten Kapazitätsplanung. Wie wird mit unvorhergesehenen Ereignissen umgegangen (Krankheit, Terminverschiebung, Maschinenausfall, Probleme in der Materialbeschaffung)? Grundsätzlich ist es richtig, übermäßige Lagerbestände zu reduzieren. Material, das am Lager liegt, bindet Kapital und Platz. Wie umfangreich Materialbestände sind und sein müssen, ist stark abhängig von der Branche und der Struktur des Unternehmens (etwa Grad der Spezialisierung und Vorlauf in der Auslastung).

Gerade in Handwerksbetrieben ist die Arbeitsvorbereitung das zentrale Element in der Kapazitätsplanung. Erhält ein Handwerksunternehmen den Auftrag für ein Projekt, gilt es, eine Terminplanung durchzuführen, in der alle wesentlichen Faktoren berücksichtigt sind – dies zeigt die Abbildung 37.

Abbildung 37: Faktoren der Arbeitsvorbereitung

Handlungsfeld „Kapazitäten optimieren":
Wie Sie in die Fitnesszone I gelangen

FITNESSZONE III

Über vorhandene Kapazitäten wird nicht nachgedacht. Sie sind einfach da
(„Ist-eh-da"-Prinzip).
Unkontrollierte Aktivitäten finden ohne Abstimmung mit den vorhandenen
Kapazitäten (Arbeitskräfte, Kapital, Technik) statt. Dadurch werden inten-
sive Diskussionen ausgelöst.

In Ihrem Lager stapeln sich Materialien, die dort schon lange liegen und
nicht gebraucht werden. Wird konkret etwas benötigt, beginnt im Lager eine gemeinschaftliche Suchaktion. Personalkapazitäten werden häufig kurzfristig umverteilt, immer dahin, wo es die höchste Dringlichkeit gibt. All dies
verursacht Unruhe und Unmut in Ihrem Unternehmen, bei den Mitarbeitern
wächst die Unzufriedenheit, die Produktivität ist gering.

Ihre To-dos:

- Durchforsten Sie Ihre Lagerbestände. Was wird nicht mehr benötigt? Was liegt schon lange rum? Hier ist oftmals Entsorgung der beste Weg. Vielleicht können Sie Ihre Ladenhüter über eine Sonderaktion verkaufen.
- Erstellen Sie Standards. Listen Sie auf, welche Materialien lagermäßig vorgehalten werden und in welchen Mindest- und Maximalmengen nachbestellt werden soll.
- Arbeitsplätze sind keine Lagerflächen. Schreibtisch, Werkbank, Ladentheke usw. sind keine Ablagen und sind freizuhalten für die laufende Arbeit an einem Vorgang. Sie dienen dazu, produktiv und aufgeräumt zu arbeiten. An den Arbeitsplätzen befinden sich nur die Dinge, die für den gerade zu bearbeitenden Vorgang benötigt werden.
- Schulen Sie Ihre Mitarbeiter. Es nützt wenig, wenn Unternehmer oder Chef in einem Anflug von Ordnungswut das gesamte Unternehmen auf den Kopf stellen. Es bedarf der Einsicht der Mitarbeiter, dass in einem aufgeräumten Arbeitsumfeld produktiver gearbeitet werden kann.

FITNESSZONE II

Aktivitäten werden teilweise anhand der vorhandenen Kapazitäten geplant.
Es gibt eine verlässliche und aussagefähige Übersicht über vorhandene Kapazitäten. Aktivitäten werden darauf abgestimmt.

Die Planung Ihrer Abläufe erfolgt mit Vorlauf und ausreichend Zeitpuffer. Bestellungen können projektbezogen durchgeführt werden, sodass unnötige Materialvorhaltungen entfallen. Die Produktivität wird gemessen (projektbezogen, bezogen auf Geschäftszweige) und in geeigneten Kennzahlen ausgedrückt. Diese sind branchenspezifisch ausgerichtet, beispielsweise in „Wertschöpfung je Produktivstunde" oder „Anteil der unproduktiven Zeiten (Wartezeiten, Leerlauf, Reklamation)". Die Planung ist transparent und für die Mitarbeiter einsehbar. Projektpläne, Produktionsaufträge und Bauzeitenpläne hängen aus, jeder kann erkennen, wie die Auslastung in den nächsten Tagen, Wochen und Monaten ausfallen wird.

Ihre To-dos:

▨ Installieren Sie selbstregulierende Prozesse. Ein Kanbansystem am Lager oder im Büro hilft, immer ausreichend Material zur Verfügung zu haben, aber auch nicht zu viel. Die Zuständigkeiten und Abläufe sind geklärt. Kanban heißt übersetzt „Karte" oder „Tafel": Für die einzelnen Lagermaterialien werden Kanbankarten angelegt, die in den jeweiligen Fächern liegen. Hierauf ist der Mindestbestand vermerkt; das Vorgehen, wenn dieser unterschritten wird, ist beschrieben. Beispiel: Es sollen zehn Pack Kopierpapier vorrätig sein. Diese liegen gestapelt im Regal. Auf dem drittletzten liegt die Kanbankarte, die zeigt, dass der Mindestbestand erreicht und eine neue Bestellung erforderlich ist. Ebenso ist ersichtlich, wer diese Bestellung durchführt – die Kanbankarte dient als Faxvorlage, um den Büromaterialhändler zu benachrichtigen.

▨ Vereinbaren Sie mit Mitarbeitern messbare Ziele. Im Hinblick auf Produktivität, Kennzahlen, Lagerbestände oder Verantwortlichkeiten lassen sich mit Mitarbeitern klare Ziele vereinbaren, die helfen, das Ordnungssystem auszubauen und zu optimieren.

▨ Standardisieren Sie die Ablage und das Ordnungssystem im gesamten Unternehmen. Materialien, Dokumente, Werkzeuge oder Akten werden konsequent an einem Ort abgelegt. Binden Sie Lieferanten mit ein. So kann etwa der örtliche Schreibwarenhändler in bestimmten Intervallen eigenständig Ihr Büromateriallager überprüfen und neu bestücken. Oder der Schraubenhändler kommt regelmäßig in Ihre Werkstatt und füllt im Magazin Kleinteile nach.

Kapazitäten und Projekte sind sorgfältig aufeinander abgestimmt. Mögliche Engpässe werden rechtzeitig erkannt und durch eingeleitete Maßnahmen gelöst. Alle Kapazitäten sind gut ausgelastet (aber nicht überlastet!). Es gibt eine funktionierende Strategie zur Überwindung von Spitzen und Engpässen. Die Mitarbeiter haben die Abläufe im Blick und optimieren Prozesse selbstständig in ihrem Team.

Alle Mitarbeiter sind in die Planung mit ausreichend Vorlauf eingebunden. Jeder hat seinen Aufgabenbereich selbstständig und verantwortungsvoll im Blick und steht im Dialog mit den Kunden, Kollegen und Vorgesetzten. Eine Projektvorbereitung erfolgt detailliert, zeitgerecht und schriftlich, sodass Engpässe im operativen Alltag vermieden werden können.

Die Kapazitäten in den Bereichen Material, Personal und Maschinen oder Werkzeuge sind sorgfältig aufeinander abgestimmt und ermöglichen ein kontinuierliches und ausgeglichenes Arbeiten. Leerlaufzeiten sind minimiert. Treten Engpässe auf (Zeit, Material, Personal), klären die zuständigen Mitarbeiter dies untereinander und selbstständig. Hinzu kommt: Die Lagerbestände werden über ein Kanbansystem oder etwas Vergleichbares gesteuert, sodass Überbestände und Materialmangel ausgeschlossen werden können.

Ihre To-dos:

- Betrachten Sie Abläufe und Projekte, nachdem diese abgeschlossen sind, kritisch, und hinterfragen Sie das Geschehene. Was kann besser oder anders laufen?
- Gibt es Leerlauf oder Reibungsverluste? Wenn ja, an welcher Stelle und wie kann dies optimiert werden?
- Bleiben Sie dabei konsequent und binden Sie alle Beteiligten ein.

1. Welche Kapazitäten haben Sie konkret in Ihrem Unternehmen?
2. Was können Sie an Ihrer Arbeitsvorbereitung optimieren?
3. Wo können Checklisten, Ablaufpläne oder ein Kanbansystem helfen?
4. Welches sind Ihre ersten Schritte zur Optimierung Ihrer Kapazitätsplanung?

Handlungsfeld 6:
Arbeitseffizienz messen

„Gesicherte Arbeitsplätze gibt es nur durch Qualität, Produktivität und zufriedengestellte Kunden."

(LEE IACOCCA)

Effizienz bedeutet: die Dinge richtig tun. Gemeint ist damit, die Prozesse im Unternehmen unter Zuhilfenahme von Leistungs- und Effizienzmessungswerkzeugen so zu optimieren, dass weniger Materialverbrauch, Ausschuss und Reklamationen entstehen.

Arbeitseffizienz alleine bringt keinen unternehmerischen und nachhaltigen Erfolg. Sie sollte jedoch als eine Art Grundhaltung in allen Bereichen des Unternehmens im Auge behalten werden. Im Grunde bedeutet Arbeitseffizienz nichts anderes als eine optimierte Planung: Wie ordnen Sie in Ihrem Unternehmen die vorhandene Arbeit den bestehenden Ressourcen so zu, dass sie quantitativ, qualitativ, zeitlich und räumlich den bestmöglichen Nutzen für das Unternehmen und die Mitarbeiter bringt?

Je mehr vereinheitlichte Arbeitsstandards es in Ihrem Unternehmen gibt, desto höher sind Ihre Erfolgschancen. Allerdings darf es der Inhaber eines Kleinunternehmens mit den Standards auch nicht übertreiben. Die Stärke kleiner Betriebe liegt in der Kreativität der Mitarbeiter, die sich bei einem zu starren Gerüst aus kategorisch durchgesetzten Standards jedoch auch schnell in die „Hoffentlich-bald-Feierabend-Lethargie" verabschieden kann. Flexibilität, Weitsicht und eine entsprechende Anpassungsfähigkeit müssen das Ziel bleiben.

Die Bedeutung des Arbeitsumfeldes

Um die Effizienz in einem Unternehmen zu steigern, bedarf es eines optimalen Arbeitsumfelds für die Mitarbeiter. Was dabei wichtig ist, zeigt die Abbildung 38.

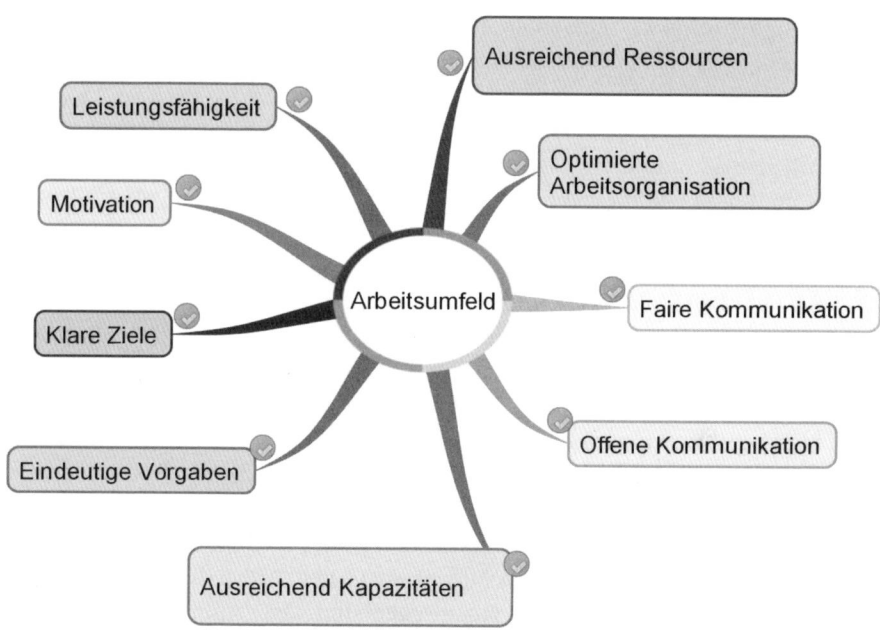

Abbildung 38: Faktoren des Arbeitsumfeldes

Da wir uns in diesem Handlungsfeld überwiegend mit der Arbeitsproduktivität beschäftigen, müssen wir eine Kennzahl definieren, um messbare Veränderungen aufzeigen zu können. In der Betriebswirtschaft wird die Arbeitsproduktivität definiert als:

$$\text{Arbeitsproduktivität Pa} = \frac{\text{betriebliche Gesamtleistung}}{\text{Arbeitsstunden oder Arbeitskosten (Arbeitskräfteeinsatz)}}$$

Mit dieser relativ einfachen Formel lässt sich die Produktivität eines Unternehmens schnell einschätzen. Was aber sagt diese Zahl am Ende aus? Sie hilft Ihnen als Unternehmer nur, wenn Sie Vergleiche anstellen, also den Branchenvergleich oder einen internen Vergleich, wenn Sie Veränderungen durchgeführt haben, zum Beispiel bei veränderten Arbeitsabläufen.

In der Praxis sind die besten Berater die Mitarbeiter selbst. Sie kennen ihren Arbeitsplatz und die entscheidenden Faktoren ihres Arbeitsumfeldes (etwa Hemmnisse wie doppelte Wege, Wartezeiten, Qualitätsmängel) am besten und haben oft auch schon Lösungsvorschläge zu bieten.

Bei Mitarbeitern kann die Neuigkeit, dass zukünftig die Messung der Arbeitseffizienz erfolgt, leicht zu Verunsicherung und Ängsten führen. Fliegt nun jeder raus, der sein Soll nicht schafft? Beginnt der Chef mit dem Arbeitsplatzabbau? Führungskräfte und Unternehmer sind gleichermaßen gefragt, die Leistungsbewertung transparent und offen zu gestalten. Sie muss nachvollziehbar und zeitnah erstellt werden und darf niemals diskriminierend sein.

Ein bekanntes Modell für die Verbesserung der Produktivität ist die 5A/5S-Methode des japanischen Autoherstellers Toyota, wobei die 5A die deutsche Übersetzung der 5S aus dem Japanischen sind. Die zentralen Punkte dieses Systems sind:
1. Aussortieren
2. Aufräumen
3. Arbeitsplatz sauber halten (Reinigen)
4. Anordnung zur Regel machen (Erhalten eines geordneten Zustands = Standardisieren)
5. Alle Schritte wiederholen (Disziplin und Verbessern)

Abbildung 39: Einflüsse auf den Arbeitsplatz und seine Gestaltung

Handlungsfeld „Arbeitseffizienz messen": Wie Sie in die Fitnesszone I gelangen

FITNESSZONE III

Das Tagesgeschäft gibt unser Arbeitspensum vor. Die anfallenden Arbeiten werden anhand eingeschliffener Abläufe und Vorgehensweisen erledigt. Über Effizienzsteigerung denken wir nach.

Es gibt keine definierten Standards im Unternehmen. Die Arbeitsabläufe werden von einem Mitarbeiter zum anderen weitergeben, der Neue lernt vom Senior. Verbesserungen erfolgen oft im Geheimen. Sind die Arbeiten ausgeführt, folgen neue Arbeiten, ohne dass sich jemand über die Qualität und Arbeitseffizienz der Arbeitsabläufe Gedanken machte. Es gibt keine Maßstäbe, nach denen Arbeiten beurteilt wurden. Beurteilungen finden höchstens durch den Vorarbeiter statt und am Ende durch den Kunden.

In den einzelnen Abteilungen gibt es Anstrengungen, Engpässe durch Optimierungen, Personalumstrukturierungen oder Personalaufbau zu kompensieren. Die erforderliche Kapazität an Ressourcen für Produktion und Verwaltung im Unternehmen ist unbekannt.

Ihre To-dos:

- Schaffen Sie Standards für messbare Leistungen. Bei Leistungen, die in Quadratmetern oder Stückzahlen berechnet werden, ist das relativ leicht. Überprüfen Sie, ob das pro Arbeitsplatz oder pro Team am besten messbar und ob es für Ihr Unternehmen sinnvoll ist.
- Informieren Sie Ihre Mitarbeiter zeitnah über vorliegende oder anstehende Aufträge, damit sie sich auf Arbeitsspitzen einstellen können. Schaffen Sie Transparenz bezüglich der Termine und Qualitätsanforderungen.
- Oft spielt die Materialbeschaffung bei der Arbeitseffizienz eine große Rolle. Je schneller das benötigte Arbeitsmaterial am Arbeitsplatz ist, desto besser für die Produktivität. Besprechen Sie das mit Ihren Mitarbeitern, denn diese wissen am besten, wann sie welche Materialien benötigen.
- Setzen Sie gemeinsam Prioritäten, welche Aufträge oder Arbeiten zuerst und in welcher Zeit erledigt sein müssen.
- Beginnen Sie schon jetzt mit der Zeiterfassung der Arbeiten. Welcher Prozess benötigt welche Zeit? Vergessen Sie dabei nicht die Verwaltungszeiten. Nichts ist ärgerlicher für einen Mitarbeiter in der Produktion, wenn der Auftrag mehrere Tage unbearbeitet im Büro liegt und ihm dann Zeit und Material für die Bearbeitung fehlen. Hinterlegen Sie die entsprechenden Vorgaben in den Standards.
- Versuchen Sie so viele Arbeits- und Produktionsabläufe wie möglich zu standardisieren und beginnen Sie mit der Soll-Ist-Erfassung. Bewährt haben sich für Leistungsbeschreibungen oder Arbeitsabläufe bebilderte Flussdiagramme, die sich leicht und schnell anpassen und verändern lassen.

■ Schauen Sie intensiv darauf, wo Sie die Verschwendung von Arbeitsmitteln und Arbeitszeit sofort reduzieren oder vermeiden können. Verschwendung kann erfolgen durch: Überproduktion, Wartezeiten, Transportwege, unüberlegte Arbeitsprozesse, zu hohe Lagerhaltung, überflüssige Arbeitsabläufe und Störungen der Produktionsabläufe.

■ Lassen Sie sich nicht abschrecken, wenn Ihre Produktivität im Jahresvergleich einmal schlechter wird. Insgesamt auf das Unternehmen bezogen werden Sie im Laufe der Zeit mit den geeigneten Maßnahmen und der passenden Struktur und Kultur immer produktiver.

FITNESSZONE II

Wir messen die Arbeitseffizienz einiger Arbeitsplätze anhand von Kennzahlen. Es gibt messbare Ziele zur Leistungssteigerung für alle Arbeitsplätze. Unser Ziel: Wir möchten ständig besser werden.

Sie haben einen festen Rahmen für die Erfassung von Arbeits- und Produktionsabläufen geschaffen. Es gibt einen regelmäßigen Abgleich mit Branchenkennzahlen. Sie haben gemeinsam mit Ihren Mitarbeitern feste Vorgaben für präzise beschriebene Arbeitsabläufe erarbeitet und visualisieren das regelmäßig zum Beispiel am Schwarzen Brett. Arbeitsinhalte für spezifische Tätigkeiten passen Sie regelmäßig den kundenspezifischen Anforderungen an.

Ihre To-dos:

■ Bilden Sie eine Arbeitsgruppe. Sie hat die Aufgabe, messbare Ziele zu definieren und bei Abweichungen nach den Ursachen zu suchen. Dieses Team ist für die Verbesserung der Arbeitsabläufe zuständig und hinterfragt die Prozesse kontinuierlich. Wenn die vereinbarten Ziele nicht eingehalten werden, suchen Sie nach Verbesserungspotenzial.

■ Machen Sie die Zahlen transparent, auch den Weg, mit dem Sie die Branchenbesten schlagen wollen. Der Satz „Das haben wir schon immer so gemacht!" hat ab diesem Zeitpunkt nichts mehr in Ihrem Unternehmen verloren. Er wird

ersetzt durch die Frage „Wie können wir das noch besser machen?". Diese
Frage wird im Team beantwortet.

- Vergleichen Sie Ihr Unternehmen mit den Branchenbesten. Die Kennzahlen-
vergleiche der Branchenverbände bieten dazu regelmäßig eine gute Gelegenheit. Kennzahlen sind hilfreiche Mittel, wenn es um den Vergleich von Unternehmen im Hinblick auf Wirtschaftlichkeit, Steuerung von Betriebsabläufen
oder die Beurteilung von Entscheidungen geht. Die Gefahr liegt in der Menge.
Je mehr Kennzahlen erfasst werden, desto umfangreicher und unübersicht-
licher kann die Auswertung werden. Besprechen Sie mit Ihrem Steuerberater
oder Arbeitswirtschaftler, welche Kennzahlen für die Beurteilung Ihrer unternehmerischen Arbeitseffizienz sinnvoll sind und ob die Erfassung im Verhältnis zur Aussagekraft steht.
- Denken Sie über ein Belohnungsprinzip nach. Wer gute Arbeit macht und sich
einsetzt, der soll auch davon profitieren.
- Fördern Sie die innerbetriebliche Schulung und Informationsweitergabe.
Jobrotationen sind für den KVP sehr hilfreich.

FITNESSZONE I

Alle Mitarbeiter erreichen kontinuierliche Leistungssteigerungen. Zur weiteren Verbesserung helfen wir uns gegenseitig durch offenes und konstruk-
tives Feedback. Unser Unternehmen vergleicht sich regelmäßig mit anderen
durch externes Benchmarking.

Die Arbeitseffizienz ist auf dem Höhepunkt. Jeder im Unternehmen hat verstanden, dass es durch die Verbesserung der Produktivität zu mehr Arbeits-
platzsicherheit kommt. Die Motivation steigt, und die Effizienz, visualisiert
durch Kennzahlen und Diagramme, beflügelt Ihre Mitarbeiter. Den Mitarbeitern macht es Spaß, sich mit anderen Unternehmen zu vergleichen.

Ihre To-dos:

- Bleiben Sie am Ball. Definieren Sie regelmäßig realistische Ziele und vereinbaren Sie in Mitarbeitergesprächen eine kontinuierliche Effizienzsteigerung und den Weg dorthin.
- Messen Sie intern Ihre Arbeitseffizienz möglichst häufig und beteiligen Sie sich an Unternehmenswettbewerben.
- Belohnen Sie Ihre Mitarbeiter bei Mitarbeiterbesprechungen, Betriebsversammlungen oder in Mitarbeiterzeitungen durch die offene Kommunikation der erreichten Ziele.
- Wegen des Fachkräftemangels ist eine Verbesserung der Arbeitseffizienz unumgänglich. Je weniger Fachkräfte es am Markt gibt, desto besser muss die Effizienz in einem Unternehmen ausfallen. Schlussendlich werden Sie mit weniger Mitarbeitern dieselben oder noch bessere Leistungen erbringen müssen. Und das geht nur, wenn der richtige Mitarbeiter am richtigen Platz ist. Jürgen Kurz (2014) hat dazu einen treffenden Satz geprägt: „Alles hat seinen Platz – alles hat einen Platz." Das bedeutet: Schauen Sie sich genau an, welcher Mitarbeiter an welchen Arbeitsplatz gehört. Das sollte unabhängig von Vorbildung oder Qualifikation erfolgen. Denn oft haben Mitarbeiter Qualitäten, die in ganz anderen Bereichen als ihrem angestammten Arbeitsplatz liegen.

Umsetzungsfragen für das Handlungsfeld „Arbeitseffizienz messen"

1. Gibt es definierte Standards für Arbeitsabläufe? Werden diese Standards regelmäßig überprüft und angepasst?
2. Sind die Vorlagen für diese Standards für jeden Mitarbeiter zugänglich?
3. Erfassen Sie die Arbeitseffizienz a) im Unternehmen und b) Ihrer Mitarbeiter?
4. Welche Branchenkennzahlen gibt es für Ihr Unternehmen und wie liegen Sie im Vergleich zu Ihren Branchenkollegen?

Handlungsfeld 7:
Netzwerkbeziehungen entwickeln

„Das Geheimnis des Erfolges ist, den Standpunkt des anderen zu verstehen."

(HENRY FORD)

Den Motivationsspruch „Gemeinsam sind wir stark" kennt wahrscheinlich jeder von Ihnen. Dies bedeutet im Grunde nichts anderes, als mit anderen Menschen gemeinsam noch bessere und größere Ziele erreichen zu können, als dies allein möglich ist: „Aus eins plus eins wird drei." In Kleinunternehmen drückt sich dieser Gedanken zum Beispiel bei Arbeitsgemeinschaften mit mehreren Unternehmen aus, um ein großes Bauvorhaben zu bewältigen oder einen Produktionsengpass zu meistern. Selten werden die Netzwerkbeziehungen von Unternehmern in Kleinstbetrieben bewusst ausgebaut. Dabei ist „Netzwerken" heute nur ein anderer Begriff für „Beziehungen pflegen". Einem Unternehmer, der gute Beziehungen zu Menschen oder Behörden hat, unterstellt man meistens größeren Erfolg bei der Durchsetzung seiner Ziele und Vorhaben. „Der ist gut vernetzt", heißt es dann. Wieso verzichten dann heute so viele Unternehmer auf aktives Netzwerken, das durch die Neuen Medien sogar deutlich leichter geworden ist? Allerdings zugegebenermaßen auch ein wenig anonymer.

Netzwerke kontinuierlich und ehrlich pflegen

Um die Wettbewerbsfähigkeit eines Unternehmens in der heutigen Zeit zu festigen, ist ein aktives und gepflegtes Netzwerk unersetzlich. Die Betonung liegt auf „gepflegt". Denn bei Netzwerken ist weniger die Größe als die Qualität der entscheidende Erfolgsfaktor. Unternehmen schaffen sich mit Netzwerken oft einen Informationsvorsprung. Wer Produkte für junge Menschen produziert, kommt um eine aktive Beteiligung in sozialen Netzwerken gar nicht herum. Das erfordert Zeit und Konsequenz – und vor allem ein gewisses Maß an Sensibilität, um zu verstehen, wie die Nutzer dieses Netzwerks kommunizieren, worüber sie schreiben und sprechen.

Die aktive Nutzung von Netzwerken ist in vielen Bereichen hilfreich. So können in Lieferantennetzwerken gemeinsame Strategien zu kürzeren Produktions- oder Lieferzeiten erarbeitet werden, oder man kommt an neue Kontakte, die für eine Entwicklung neuer Geschäftsbereiche optimale Voraussetzungen bieten. Schlussendlich geht es beim aktiven Netzwerken darum, dem Wettbewerb einen Schritt voraus zu sein und die eigenen Marktanteile zu verbessern. Unternehmer, die das gut können, „hören das Gras wachsen".

Grundvoraussetzungen für den Aufbau eines erfolgreichen Netzwerkes sind Ehrlichkeit und Vertrauen. Nur so kommen Sie zu einer Win-win-Situation für alle Teilnehmer. Sie müssen sehr viel Arbeit in den Aufbau von Vertrauen investieren, bevor Sie davon profitieren können. Wenn Sie Ihr Gegenüber enttäuschen oder gar täuschen, rutscht der eingezahlte Vertrauensvorschuss schnell ins Minus. Bis Sie wieder im Plus sind, vergeht unter Umständen viel Zeit. Daher sind aktive und gelebte Netzwerke unbezahlbar. Die erfolgreichen Netzwerkpartner stehen dabei ständig in der Pflicht, ihre eigenen Stärken und Schwächen zu reflektieren. Dabei geht der Blick weit über das eigene (Arbeits-)Feld hinaus.

Handlungsfeld „Netzwerkbeziehungen entwickeln": Wie Sie in die Fitnesszone I gelangen

FITNESSZONE III

Wir pflegen kaum Beziehungen zu anderen Unternehmen und Lieferanten. Wir haben aber erkannt, dass Netzwerke für die aktuellen Arbeitsbeziehungen wichtig sind, und tauschen uns darum gelegentlich aus.

Es dominiert die Einstellung, dass Lieferanten nun mal reine Lieferanten sind. Die zeitnahe Lieferung ist wichtig, alles andere bedarf keiner Absprachen. Funktioniert das nicht, gibt es ja genügend Alternativen auf dem Lieferantensektor. Die Kommunikation zwischen den Lieferanten und dem Unternehmen beschränkt sich auf Preisverhandlungen und den Austausch von Weihnachtsgrüßen. Bei Reklamationen herrscht ein rauer Umgangston.

Langsam macht sich allerdings der Gedanke im Unternehmen breit, dass gemeinsam mit den Lieferanten die eine oder andere Herausforderung besser gelöst werden könnte. Besonders, da Sie mit vielen Lieferanten schon seit vielen Jahren gemeinsam arbeiten und diese Lieferanten ganz andere Einblicke in den Markt haben als Ihr Unternehmen. Bei näherer Betrachtung stellen Sie fest, dass Ihre Lieferanten in vielen Netzwerken aktiv sind, die auch für Ihr Unternehmen hilfreich sein könnten. Der Erfahrungsaustausch erfolgt allerdings eher sporadisch als regelmäßig.

Ihre To-dos:

▓ Schauen Sie sich Ihre Lieferantenbeziehungen und Ihren Markt genau an. Welche Netzwerke nutzen Ihre Lieferanten und Ihre Kunden? Sind Sie in den Netzwerken selbst auch aktiv? Suchen Sie den Erfahrungsaustausch mit Ihren Lieferanten. Stellen Sie fest, welche der von ihnen genutzten Netzwerke auch für Sie hilfreich sein könnten. Vielleicht werden Sie sogar von ihnen dazu eingeladen. Um die Effektivität der Zusammenarbeit mit Ihren Lieferanten zu verbessern, müssen Sie für einen regelmäßigen Informationsaustausch sorgen. Nutzen Sie die Vertreterbesuche Ihrer Stammlieferanten: Sie erfahren bei genauem Zuhören und Nachfragen sehr viel über den Markt, oft viel mehr als Sie selbst in Erfahrung bringen könnten, denn die Außendienstler kommen viel herum.

▓ Intensivieren Sie den Informationsaustausch mit Ihren Hauptlieferanten. Suchen Sie den Kontakt zu Netzwerken in Ihrer Gemeinde oder Stadt. Als Unternehmer ist man in den meisten Netzwerken ein gern gesehener Gast. Motivieren Sie Ihre Mitarbeiter dazu, sich in ihren Netzwerken zu engagieren und Augen und Ohren offen zu halten. So bekommen Sie mit, wie der Markt tickt.

Wir intensivieren unsere Netzwerkbeziehungen. Die Mitgliedschaft im Branchenfachverband ist erfolgt und unsere bestehenden Partnerschaften werden intensiv gepflegt. Es findet ein nachhaltiger und regelmäßiger Austausch auch über die Branchengrenzen hinaus statt.

Das Netzwerk mit Ihren Lieferanten steht. Der regelmäßige Austausch an Informationen macht sich in verbesserten Betriebsabläufen bemerkbar, auch monetär schlägt sich die verbesserte Zusammenarbeit nieder. Sie können die Kosten senken, beide Partner profitieren von dem intensiven und regelmäßigen Wissens- und Erfahrungsaustausch. Sie haben sich dazu entschieden, einem Branchenverband beizutreten. Aktiv nutzen Sie den Austausch mit den Kollegen. Es gibt immer häufiger gemeinsame Aktivitäten, zum Beispiel wird bei größeren Projekten zusammengearbeitet. Durch die Mitgliedschaft in einem Verein, einer Partei oder einem Klub sind Sie in der Lage, auch über die Branchengrenzen hinaus nach Ideen und Verbesserungen für Ihr Unternehmen zu suchen. Ihre Mitarbeiter sind für das Netzwerken geschult und sensibilisiert.

Ihre To-dos:

- Führen Sie ein regelmäßiges Benchmarking ein. Das geht auch bei Netzwerken. Sie merken relativ schnell, ob sich ein Netzwerk für Sie als Unternehmer oder für Sie als Privatperson lohnt. Beides ist wichtig, nur müssen Sie auch hier lernen, Prioritäten zu setzen. Wenn Ihre Kundengruppe keine sozialen Netzwerke im Internet nutzt, müssen Sie damit auch keine Zeit verschwenden.
- Führen Sie auch hier einen KVP ein. Je mehr und je besser kommuniziert wird, desto besser ist das für Ihr Unternehmen. Gerade bei Netzwerken, die auch Ihre Kunden besuchen, ist Regelmäßigkeit wichtig. Achtung: Stellen Sie bei sozialen Netzwerken nicht Ihre wirtschaftlichen Interessen in den Vordergrund: Sie haben als Unternehmer auch eine Verpflichtung, sich in der und für die Gesellschaft zu engagieren.

Ihr Unternehmen ist bekannt. Über die Branche hinaus sind Ihre Mitarbeiter und Sie selbst aktiv und bestens vernetzt. Ihre Netzwerkpartner haben erkannt, dass es sich lohnt, mit Ihnen vernetzt zu sein. Es entsteht eine Win-win-Situation für alle Beteiligten, und Sie sind bekannt dafür, viel für Ihre guten Beziehungen zu investieren. Für Sie ist der regelmäßige Austausch keine Pflichtübung mehr. Ihnen und Ihren Mitarbeitern macht Netzwerken einfach Spaß. Und der Erfolg gibt Ihnen recht.

Ihre To-dos:

- Laden Sie Ihre Netzwerkpartner, besonders Lieferanten, zu Ihren Strategietagen ein.
- Riskieren Sie auch einmal den Blick in angrenzende Netzwerke. Gibt es dort spannende Entwicklungen oder interessante Märkte, in denen Ihre Kernkompetenzen gefragt sein könnten? Gibt es Bedarf in sozialen Einrichtungen, die stets auf Investitionen von außen angewiesen sind und denen Sie zum Beispiel mit Ihren Dienstleistungen helfen könnten? Sie brauchen kein schlechtes Gewissen zu haben, wenn ein Journalist dann darüber schreibt. „Tue Gutes und rede darüber" – das ist immer noch die beste Öffentlichkeitsarbeit.

1. Welche Netzwerke besuchen Ihre Kunden? Haben Sie eine Liste mit geeigneten Netzwerken für Ihre unterschiedlichen Zielgruppen erstellt?
2. Wie hoch ist Ihr Einsatz, um in diesen Netzwerken Fuß fassen zu können? Was für ein Einsatz ist das und was kostet er Sie?
3. Welche Branchentreffs gibt es? In welchen Verbänden sind Sie Mitglied? Lohnt sich die Mitgliedschaft noch, oder zählt lediglich die alte Verbundenheit, die allerdings ohne konkreten Nutzen ist?
4. Welche Netzwerke nutzen Ihre Mitarbeiter?
5. Welche Mitarbeiter sind gute Netzwerker? Wer hat gute Beziehungen und wie machen sie das? Welche Mitarbeiter können unter Umständen zu Unternehmensnetzwerkern werden?

Kapitel 6
Aller Anfang ist schwer –
die Umsetzung

Sie haben nun bezüglich der 28 Handlungsfelder eine Einschätzung Ihres Istzustandes vorgenommen und während der Lektüre des Buches mithilfe der To-do-Listen bestimmt einige Hinweise erhalten, wie Sie zu Verbesserungen und Veränderungen gelangen. Und wahrscheinlich haben Sie auch eigene Ideen für die Weiterentwicklung Ihres Unternehmens entwickelt. Wie kann nun das weitere Vorgehen ausschauen?

Gehen Sie planvoll vor

Es gibt zwar keinen „Königsweg" – wir empfehlen Ihnen aber, Prioritäten zu setzen. Es müssen nicht die am schlechtesten bewerteten Bereiche sein, mit denen Sie beginnen – es kann auch förderlich sein, die Stärken weiter zu stärken und die Schwächen zunächst zu ignorieren.

Eine andere Strategie ist die Entwicklung der Mitte. Oftmals zeigt sich – ganz allgemein gesprochen – eine Verteilung von 20 Prozent im oberen Leistungsbereich und 20 Prozent im unteren Leistungsbereich und 60 Prozent machen die breite Mitte aus. Dies trifft sowohl auf die Handlungsfelder eines Unternehmens zu als auch auf die Mitarbeiterstruktur. Diese 60 Prozent aus der breiten Mitte sind es wert, entwickelt und gefördert zu werden, da sich hier oftmals mit einem geringen Mittel- und Maßnahmenkatalog am meisten bewegen lässt.

Wichtig ist, die gesetzten Prioritäten mit klaren Zielen und Maßnahmenbeschreibungen zu verbinden. Erstellen Sie also für jedes Ziel und jede Maßnahme einen Maßnahmenplan – zum Beispiel mithilfe des Schemas, das Sie in der Abbildung 40 finden.

Maßnahmeplan für Jahresziel Nr.					

Mitarbeiter: _____   Aufgabenbereich: _____

Zielbezeichnung: _____   Arbeitstage für dieses Ziel: _____

Maximalziel: _____   Führungskraft: _____

Planziel: _____   Beginn: _____ Ende: _____

Minimalziel: _____   Berichtstermine: _____

Nr.	Maßnahme (Was?)	Umsetzung (Wie?)	Verantwortlich	Termin	Kosten/ Aufwand

Abbildung 40: Detaillierte Planung für die Umsetzung von Zielen

Wenn Sie alleine den Weg nach vorne antreten, sind fünf Aktionspläne eine Obergrenze – ansonsten drohen Sie sich schnell zu verzetteln. Haben Sie Mitstreiter, können Sie die Aufgaben auf mehrere Schultern verteilen, die Weiterentwicklung schreitet schneller voran, und es macht auch mehr Spaß, im Team vorzugehen.

Bedenken Sie: Sie müssen auch nicht alles umsetzen. Schauen Sie, was Ihnen erst einmal am meisten bringt und Ihnen am leichtesten fällt. Vielleicht werden Sie auch einige Maßnahmen angehen und nach einiger Zeit feststellen, dass es nicht das Passende für Ihr Unternehmen ist. Das ist auch gut so!

Binden Sie möglichst viele Ihrer Mitarbeiter ein, nur so wird der Prozess von allen mitgetragen. Die Wirkung lässt rasch nach, wenn einer alleine vorprescht und der Rest der Mannschaft kopfschüttelnd zuschaut und nicht mitkommt. Schaffen Sie Transparenz. Bei der Entwicklung eines Unternehmens – gleich, ob dies mit der TEMP-Methode® geschieht oder ohne – handelt es sich immer um einen langen Prozess der Verbesserung und der

Veränderung, der Zeit braucht. Zu Beginn ist eine Verbesserung um eine Note pro Jahr das Maximum, das aus unserer Sicht sinnvoll erreicht werden kann. Im Laufe der Jahre wird eine weitere Verbesserung immer schwieriger – sie geht dann auch langsamer voran.

„Jede große Reise beginnt mit dem ersten Schritt"

Und dann gibt es noch die vielen Tipps aus all den Seminaren, Büchern und Coaching-Ratgebern: neue Gewohnheiten entwickeln, einen Coach suchen oder einen Mentor, Disziplin und Achtsamkeit üben. Aber dann kommt er doch oft wieder ins Spiel: der innere Schweinehund! Manche nennen ihn Günther, andere Schorsch oder Limbi oder, oder, oder. Fest steht, dass er uns das Leben ganz schön schwer machen kann und wir uns am besten stehen, wenn wir uns ihn zum Freund machen.

Raucht Ihnen vielleicht der Kopf, da Sie derzeit keinen Anfang finden und sich ohnehin fragen, wie das Ganze in Ihrem Unternehmen umgesetzt werden soll? Oftmals ist es hilfreich, einen externen Menschen als Begleiter mit ins Boot zu nehmen. Das kann ein Unternehmerkollege sein, ein Freund mit entsprechenden Erfahrungen oder ein professioneller Berater oder Begleiter. Keine Sorge, es muss nicht gleich jemand sein, der Ihnen 3.000 Euro Tagessatz in Rechnung stellt. Eine Begleitung in regelmäßigen Abständen sichert jedoch die Umsetzung der Maßnahmen mit einer deutlich höheren Wahrscheinlichkeit, als wenn Sie dies alleine neben Ihrem Tagesgeschäft bewerkstelligen.

Wir sagen auch nicht, dass der Weg zur persönlichen oder unternehmerischen Weiterentwicklung einfach ist, aber er lohnt sich – und muss erst einmal angetreten werden. Dabei lassen wir Sie nicht alleine. Sie finden auf unserer Website (www.dieentwickler.biz) eine Fülle an Vorlagen, Hilfestellungen und viele Tipps, um Ihnen Ihren Weg zur Unternehmensfitness zu erleichtern. Aber wir wollen Ihnen auch jetzt schon einige wertvolle Hinweise geben.

Hier erhalten Sie weitere Informationen

Mentoren Schleswig-Holstein

Die Mentoren sind „alte Hasen" – erfolgreiche Unternehmer und Manager aus verschiedenen Branchen, die nicht mehr im operativen Hauptgeschäft tätig sind und ihre berufliche Erfahrung sowie ihre Netzwerke bei der individuellen Beratung oder in Beiräten als Dialogpartner auf Augenhöhe zur Verfügung stellen. Diese Fachleute helfen Ihnen völlig unabhängig, kompetent und schnell auf ehrenamtlicher Basis weiter.
www.mentoren-sh.de

Unternehmercoach GmbH

Gegründet vom Bestsellerautor Stefan Merath, kümmert sich die Unternehmercoach GmbH ausschließlich um Unternehmer. Angestellte Führungskräfte finden hier keine Aufnahme. Im Coaching arbeiten Coach und Coachee die zentralen Ansatzpunkte heraus, um die gewünschten Änderungen herbeizuführen. Ziel ist es, die Unternehmerpersönlichkeit und das Unternehmen in Einklang zu bringen, damit sich das Leben erfüllter gestalten lässt.
www.unternehmercoach.com

Tempus

Das Unternehmen TEMPUS ist eine Unternehmensberatung, die sich der Unternehmensfitness verschrieben hat. Mithilfe von Tableaus, die aus diversen Erfolgs- und Handlungsfeldern aufgebaut sind, können der Unternehmer und die Führungskräfte schnell anhand eines Schulnotensystems ihren Beratungsbedarf ermitteln. Die Methode ist ursprünglich für mittelständische Unternehmen entwickelt worden. Durch das weitreichende Netzwerk von TEMP-Lizenznehmern gibt es mittlerweile Tableaus und Berater für Handwerker, Händler, Berater, Optiker, Gemeinden und Behörden usw.
www.tempus.de

Ein bewährtes Konzept mit vielen Namen. Erfahrene Unternehmer und Führungskräfte helfen jungen Unternehmern. Auf ehrenamtlicher Basis unterstützen sie Gründer – vom Erstellen des Businessplans bis zu Bankverhandlungen. Die Bundesarbeitsgemeinschaft bündelt die unterschiedlichen Vereine unter einem Dach und bietet einen schnellen Kontakt zur entsprechenden Landesstelle.

www.althilftjung.de

XPAND

XPAND ist ein internationales Beraternetzwerk, bei dem Werte und die Ausrichtung nach den Bedürfnissen der Menschen im Vordergrund stehen. Beratungen und Seminare zu Themen wie Führung, Strategieentwicklung und Kommunikation gehören zu den Hauptaufgabenbereichen.

www.xpand.pro

Die Entwickler

Die Autoren des vorliegenden Buches bieten die dargestellten Inhalte und Wege als Seminare und individuelle Beratungen und Begleitungen an. Der Arbeitsschwerpunkt der „Entwickler" liegt auf der praxisnahen, menschenorientierten und zukunftsfähigen Führung von Unternehmen und Menschen. Auf der Website finden Sie Vorlagen, Formulare und Tipps, die Sie auf dem Weg zur Unternehmensfitness unterstützen.

www.dieentwickler.biz

Die vier TEMP-Tableaus

Auf den nächsten acht Seiten finden Sie zu jedem der vier Erfolgsfaktoren eine Doppelseite. Sie wissen ja: Jeder Erfolgsfaktor ist in sieben Handlungsfelder unterteilt. In den Tableaus können Sie sich mithilfe der Beschreibungen für jedes der 28 Handlungsfelder eine Schulnote („6" bis „1") geben und damit einer Fitnesszone zuordnen. Nutzen Sie dazu die Ankreuzkästchen.

Bitte errechnen Sie sich dann eine Durchschnittsnote für den jeweiligen Erfolgsfaktor. Am Ende teilen Sie die Gesamtsumme aller Faktoren durch vier und erhalten so eine Durchschnittsnote für Ihr Unternehmen – eine Standortbestimmung, die Ihnen zeigt, in welchen Bereichen Sie an der einen oder anderen Stellschraube drehen sollten, um Ihr Unternehmen fit für die Zukunft zu machen. Denn: In den Kapiteln 2 bis 5 finden Sie für jeden Erfolgsfaktor und Ihre jeweilige Fitnesszone Handlungsempfehlungen.

Unser Tipp: Sie können die Tableaus auch auf unserer Homepage www.dieentwickler.biz downloaden. Drucken Sie sich die Tableaus möglichst in Farbe aus, um sie neben das Buch zu legen. So können Sie unseren Hinweisen und Anregungen im Buch am besten folgen.

Datum:	Note 6	Note 5	Note 4
	Fitnesszone III		**Fitnesszo**
Handlungs-feld T1 Sich selbst führen – Führungsper-sönlichkeit sein	Ich fühle mich persönlich überfordert: Ich bin ausgelaugt, antriebslos, reizbar, soziale Kontakte sind auf ein Minimum beschränkt.	Vieles gelingt, und trotzdem bleibt vieles unerledigt, nach dem Leitspruch „Keine Zeit".	Meine Rolle im Arbeits- und Privatleben ist geklärt. Ich kann Fragen beantworter wie: „Was kann ich?" „Wohin will ich?"
	☐	☐	☐
Handlungs-feld T2 Werte und Leitbild entwickeln und leben	Über Aspekte wie Zielfoto, Mission, Werte und Leitbild haben wir noch nie nachgedacht. Das operative Geschäft dominiert.	Wichtige zukünftige Entwicklungen (zum Beispiel Zielgruppenbedürfnis-se, Innovationen, Geschäftsfelder) werden direkt und ohne weitere Planung ins Tagesgeschäft ein-bezogen.	Wir haben ein Bild von der Zukunft meines Unternehmer Themen wie Werteorientierur und Verhaltensspielregeln werden diskutiert.
	☐	☐	☐
Handlungs-feld T3 Strategisch planen	Das Tagesgeschäft dominiert unseren Tagesablauf. Die Zeit für strategische Planung fehlt.	Die Zeit für strategische Planung fehlt und das kurzfristige Handeln verhindert eine langfristige Planung. Statt konkreter Ziele haben wir nur gut gemeinte Absichten.	Ziele sind wichtig. Wir haben sie als maßgeblich für die En' wicklung und als Grundlage der Unternehmensstrategie erkannt und können mit dies Wissen auch Prioritäten setze
	☐	☐	☐
Handlungs-feld T4 Mitarbeiter auswählen	Wir stellen an neuen Mitarbeitern ein, was uns zur Verfügung steht.	Das Anforderungsprofil ist ungeklärt. Es existieren keine Aus-wahlkriterien. Es wird aktiv nach Bewerbern gesucht.	Die Bewerberauswahl erfolgt Aufgabenbeschreibung und Anforderungsprofil. Externe (öffentliche) Vermittlungsstel werden zurate gezogen.
	☐	☐	☐
Handlungs-feld T5 Erfolg mit Mitarbeitern vereinbaren	Mein Unternehmen funktioniert nach dem Prinzip von „Befehl und Gehorsam".	Es gibt sporadische Treffen im Führungskreis.	Planungstreffen mit Führung kräften finden regelmäßig st (mindestens einmal pro Jahr. Es wird ein Jahresmotto vere
	☐	☐	☐
Handlungs-feld T6 Profitabel wirtschaften	Die Kontostände stellen die Grund-lage für Entscheidungen dar. Eine Finanzplanung haben wir nicht.	Wir haben erkannt, dass außer dem Umsatz noch andere wichtige Kenn-größen existieren. Betriebswirt-schaftliche Auswertungen (BWAs) werden sporadisch erstellt.	Wir haben die für uns wichti Kennzahlen definiert. Es gibt regelmäßige Kennzah vergleiche (monatlich oder quartalsweise). Die Ergebniss nutzen wir jedoch nur spora
	☐	☐	☐
Handlungs-feld T7 Außendarstel-lung gestalten	Es gibt wenig Öffentlichkeitsarbeit. Ein einheitliches Erscheinungsbild wird nicht genutzt.	Zu besonderen Anlässen versuchen wir, die Öffentlichkeit zu informie-ren. Das Firmenlogo wird gelegent-lich benutzt.	Zur Öffentlichkeitsarbeit were externe Profis hinzugezogen. Es herrscht ein Bewusstsein f die Wichtigkeit einer aussage kräftigen Unternehmens-repräsentation in der Öffentli
	☐	☐	☐

Note 3	Note 2	Note 1

Fitnesszone I

Note 3	Note 2	Note 1
Die meisten Lebensbereiche sind in guter Balance. Zur Berufung als Führungskraft gibt es ein klares „Ja" von mir selbst, meiner Familie, Freunden, Mitarbeitern und Kunden.	Lebensziele und Lebensmotto für meine Lebensbereiche sind geklärt und existieren schriftlich. Das meiste gelingt in der Umsetzung. Ich kenne meine eigenen charakterlichen Eigenheiten und entwickle mich weiter.	Im Hinblick auf Selbstmanagement, Führungskompetenz und charakterliche Reife habe ich Vorbildfunktion. Auf mein Umfeld wirke ich prägend und inspirierend.
☐	☐	☐
Es gibt ein schriftliches Unternehmensleitbild, das die Grundlage für das Planen und Handeln im Alltag darstellt. Werte und Spielregeln sind notiert und bekannt.	Das Leitbild und die Wertebasis werden von uns im Alltag gelebt und stellen die Grundlage für Entscheidungen dar.	Eine dynamische, werteorientierte Organisation lebt. Die Begeisterung für Werte und Ziele inspiriert alle Mitarbeiter, Lieferanten und Kunden.
☐	☐	☐
Wir kennen die Bedürfnisse unserer Kunden und unserer Mitarbeiter. Auf Grundlage dieser Kenntnisse existiert eine mittelfristige Planung zur Entwicklung unseres Unternehmens (drei Jahre).	Eine langfristige Planung existiert (fünf Jahre). Wir erreichen unsere Planziele. Prognosen über die Unternehmens- und Marktentwicklung werden punktuell in die Planung einbezogen.	Gut durchdachte Planungsszenarien ermöglichen eine souveräne Reaktion auf „überraschende" Ereignisse. Marktentwicklungen beziehen wir systematisch ein. Das Unternehmen gestaltet Zukunft aktiv mit.
☐	☐	☐
Die Bewerberauswahl erfolgt sorgfältig nach definierten und abgestimmten Anforderungsprofilen.	Nicht die besten Bewerber werden genommen, sondern die richtigen. Anforderungsprofil und Aufgabenbeschreibungen werden beständig im Team weiterentwickelt und den Anforderungen angepasst.	Nicht der Beste, sondern der Richtige wird eingestellt. Das Team entscheidet mit. Person, Aufgabe und Werte werden sorgfältig abgeglichen. Persönliche Entwicklungsperspektiven sind definiert.
☐	☐	☐
Es gibt individuelle Zielvereinbarungen mit den Führungskräften. Die Umsetzung der Ziele wird sporadisch begleitet.	Alle Mitarbeiter sind in den Prozess der Zielvereinbarung und Umsetzung eingebunden. Individuelle Mitarbeitergespräche unterstützen die Umsetzung und den Mitarbeiter.	Mitarbeiter beteiligen sich in außergewöhnlicher Weise an der Erarbeitung und Umsetzung der eigenen Ziele und der Unternehmensziele. Werden die Unternehmensziele erreicht, profitieren alle davon.
☐	☐	☐
Maßnahmen aus dem Kennzahlenvergleich werden teilweise umgesetzt. Die Wirksamkeit der Maßnahmen liegt über 75 Prozent.	Unsere entscheidenden Kennzahlen werden regelmäßig mit den besten Unternehmen unserer Branche abgeglichen, und es werden entsprechende Maßnahmen ergriffen, falls die Kennzahlen abweichen.	Bei den entscheidenden Kennzahlen liegen wir mit vergleichbaren Dienstleistern an der Spitze.
☐	☐	☐
Ein Jahresthemenplan für die Innen- und Außendarstellung liegt vor und wird umgesetzt. Ein einheitliches Erscheinungsbild existiert in allen wesentlichen Unternehmensbereichen.	Die Öffentlichkeitsarbeit ist auf unsere Unternehmensstrategie und Positionierung ausgerichtet. Unsere Marktposition überprüfen wir und bauen diese weiter aus.	Unser Unternehmen ist als vertrauenswürdige und starke Marke bekannt. Die Medien kommen auf uns zu, um gezielt zu berichten.
☐	☐	☐

Erfolgsfaktor 1: Der Teamchef

Datum:	Note 6	Note 5	Note 4
	Fitnesszone III		**Fitnesszo**▶
Handlungs-feld E1 Kernkompeten-zen entwickeln	Unsere eigentlichen Kernkompetenzen sind unklar und schwammig.	Wir haben Kernkompetenzen nur in geringerem Maß entwickelt und fokussieren uns nicht auf sie. Wir nutzen sie nur sporadisch (auf Kun-denanfrage). ☐	Unsere Kernkompetenzen sind die zentrale Richtlinie unseres Handelns. ☐
	☐		
Handlungs-feld E2 Zielgruppen fokussieren	Wir forcieren unsere Lieblingspro-dukte und -dienstleistungen ohne Berücksichtigung der Bedürfnisse unserer Zielgruppe. ☐	Wir sehen überall potenzielle neue Kunden und bedienen diese ohne Rücksicht auf unsere Kernkompeten-zen oder Unternehmensziele. ☐	Unser Unternehmen arbeitet mit den verschiedensten Zielgruppen. Wir berücksichti▶ zunehmend deren Bedürfniss▶ und schätzen das Potenzial der Zielgruppe für uns ein. ☐
Handlungs-feld E3 Servicequalität steigern	Produkte und Dienstleistungen bil-den den Mittelpunkt unseres Unter-nehmens. Service am und für den Kunden spielt keine Rolle. ☐	Im Wettbewerb wird uns klar, dass der Service für die Kundenbindung und -gewinnung überlebenswichtig ist. ☐	Wir setzen den Service-gedanken um und praktizieren ihn. Der Service gewinnt zunehmend an Bedeutung. ☐
Handlungs-feld E4 Innovations-fähigkeit ausbauen	Im Unternehmen herrscht die Mei-nung: „Was gestern gut war, kann heute nicht schlecht sein." ☐	Wir haben erkannt, dass Dienstleis-tungen regelmäßig überprüft und angepasst werden sollten. Neue Pro-dukte integrieren wir nur sporadisch und spontan. ☐	Die Angebotspalette wird durchleuchtet und einzelne Dienstleistungen werden zu Dienstleistungspaketen zusammengeführt. ☐
Handlungs-feld E5 Verkauf stärken	Es gibt keine Maßnahmen zur Gewinnung neuer Kunden. Wir werden nur auf Anfrage potenzieller Kunden aktiv. Es erfolgt keine Marktbearbeitung. ☐	Wir versuchen gelegentlich, neue Kunden zu gewinnen. Unser Dienst-leistungsangebot wird unregelmäßig veröffentlicht (Website, Anzeigen). ☐	Wir haben ein Konzept für die Kundenfindung. Regelmäßig kommunizieren wir unsere Angebote (Presse, Website). ☐
Handlungs-feld E6 Kunden-zufriedenheit messen	Die Kundenzufriedenheit wird nicht ermittelt. ☐	Kundenzufriedenheit ist ein Thema, über das „gesprochen" wird. Es wird jedoch nichts umgesetzt. ☐	Die Zufriedenheit der Kunden▶ wird sporadisch ermittelt und▶ ausgewertet. Dabei werden alle Kunden befragt. ☐
Handlungs.feld E7 Kunden-beziehungen pflegen	Kundenbeziehungen werden nicht bewusst gepflegt. ☐	Kurzfristiger Erfolg und Alltagsge-schäft sind wichtiger als langfristige Kundenbindung. ☐	Kundenbeziehungen werden sporadisch gepflegt (zum Beispiel durch Zusendung einer Weihnachtsgrußkarte).

Note 3	Note 2	Note 1
	Fitnesszone I	
Auf Basis der Mitarbeiteranalysen bauen wir unsere Kernkompetenzen aus, um auf unserem Markt gut existieren und aktuelle oder zukünftige Kundenbedürfnisse befriedigen zu können. ☐	Wir erfassen mögliche Marktentwicklungen und versuchen, unsere bestehenden Kernkompetenzen entsprechend auszubauen. ☐	Neue Kernkompetenzen entwickeln wir beständig und systematisch, um mit unserem Unternehmen auf zukunftsträchtigen Märkten aktiv sein zu können. ☐
Neben einer erfolgreichen Basisarbeit treffen wir eine Vorauswahl für wichtige Zielgruppen und ermitteln deren Bedürfnisse. Wir berücksichtigen diese Bedürfnisse und schätzen das Potenzial der Zielgruppe für uns ein. Wir experimentieren mit ersten erkennbaren Erfolgen bei ausgewählten Zielgruppen. ☐	Wir kennen die gegenwärtigen und zukünftigen Bedürfnisse unserer Zielgruppen und finden spezifische Angebote für jede unserer Zielgruppen. ☐	Wir sind die erste Adresse in unserer Nische und damit Zielgruppenbesitzer. ☐
Es gibt Schulungen für unsere Mitarbeiter, und die neuen Ideen werden in regelmäßigen Besprechungen auf ihre Umsetzbarkeit überprüft. ☐	Unser Unternehmen hat Servicestandards definiert und hat immer wieder innovative Serviceideen. Kunden melden dies als „angenehm" zurück. ☐	Die Serviceleistungen verblüffen unsere Kunden immer wieder aufs Neue. Es gibt ein externes Servicesiegel und regelmäßige unabhängige Überprüfungen durch Fremdfirmen. ☐
Bestehendes wird zielgruppenorientiert weiterentwickelt (kundenorientierte Lösungsvorschläge). Neue Produkte werden geprüft und nach Bauchgefühl eingeführt. ☐	Bestehendes wird regelmäßig infrage gestellt, laufend verbessert oder durch andere bessere Dienstleistungen ersetzt. Neue Produkte werden zunächst im kleinen Rahmen vertrieben und anhand von Rückmeldungen verbessert und dann eingeführt. ☐	Das Unternehmen hat ein Sortiment von Dienstleistungen und Produkten mit Alleinstellungsmerkmal. Die Bedürfnisse der Zielgruppe werden regelmäßig analysiert, Produkte und Produktpalette werden angepasst. ☐
Alle Mitarbeiter sind sich der Bedeutung von Kundenfindung und -bindung bewusst. Verkauft wird aktiv durch einzelne Mitarbeiter. ☐	Unsere Mitarbeiter kennen und engagieren sich für die Leistungen des gesamten Unternehmens. Sie können deren Nutzen darstellen und sprechen gezielt Empfehlungen aus. ☐	Unsere Mitarbeiter empfehlen nicht nur, sondern wirken aktiv bei der Gewinnung und Aktivierung der Kunden bzw. beim Verkauf von zusätzlichen Dienstleistungen und Produkten mit. ☐
Die Zufriedenheit aller Kunden ist bekannt, die Ergebnisse fließen in das Tagesgeschäft mit ein. ☐	Daten über Kundenbetreuung, Kundenerwartung und Kundenbindung liegen allen Mitarbeitern vor und stellen die Handlungsgrundlage dar. ☐	Zwischen den Mitarbeitern des Unternehmens und den einzelnen Kunden besteht ein individueller Dialog. Die Zufriedenheit wird ständig gemessen und die Ergebnisse fließen in das Tagesgeschäft und die Strategie ein. ☐
Es wird versucht, alle Kundenbeziehungen ohne Vorauswahl zu pflegen. Der Aufwand ist enorm und führt ggf. zur Frustration. ☐	Kunden werden nach ihrer Bedeutung und ihren Betreuungswünschen klassifiziert und „gepflegt". ☐	Das Unternehmen hat Kultstatus. Begeisterte Kunden sind „Fans" und werben viele neue. Weiterempfehlungen werden gezielt forciert. ☐

Erfolgsfaktor 2: Erwartungen des Kunden

Datum:	Note 6	Note 5	Note 4
	Fitnesszone III		**Fitnesszon**
Handlungs-feld M1 Offen kommu-nizieren und informieren	Es wird nicht kommuniziert und informiert – Misstrauen und Tabus bestimmen den Alltag. ☐	Nur vereinzelt und punktuell erhalten Mitarbeiter Informationen. Es wird mehr übereinander als miteinander geredet. ☐	Über die Themen des Fachgeb hinaus wird nicht kommunizi Anlassbezogen werden Mitarb gespräche geführt. Einige Mitarbeiter werden beiläufig ü aktuelle Themen informiert. ☐
Handlungs-feld M2 Mitdenken fördern	Es herrscht Dienst nach Vorschrift. Unsere Mitarbeiter werden nicht als Problemlöser erkannt und sehen sich selbst auch nicht als solche. ☐	Wichtige zukünftige Entwicklungen und Innovationen werden durch den Chef oder die Führungskräfte in unser Unternehmen eingebracht und unreflektiert umgesetzt. ☐	Unsere Mitarbeiter machen Vorschläge zu ihren Bereichen in Bezug auf Abläufe und technische Aspekte, trotzdem erfolgen Verbesserungen eher zufällig. ☐
Handlungs-feld M3 Entwicklung fördern	Langjährige Betriebszugehörigkeit gilt als ausreichende Kompetenz. Weiterbildung ist nicht gefragt. ☐	Unsere Führungskräfte und Mitarbei-ter besuchen vereinzelt angebotene Weiterbildungsmaßnahmen. Die Auswahl erfolgt spontan. ☐	Die Wichtigkeit der Weiterbild ist erkannt. Mitarbeiter und Führungskräfte besuchen regelmäßig Weiterbildungs-maßnahmen. ☐
Handlungs-feld M4 Verantwortung tragen – Ent-scheidungen treffen	Ich als Chef entscheide, die Verant-wortung liegt bei mir. Die Mit-arbeiter dürfen nicht selbstständig entscheiden. ☐	Mitarbeiter werden bei der Entscheidungsfindung punktuell hinzugezogen. ☐	Unsere Mitarbeiter diskutieren geben ihr Votum ab, aber ich als Chef entscheide.
Handlungs-feld M5 Vertretungs-fähigkeit garantieren	Jeder arbeitet in vorgegebenen und abgegrenzten Funktionsbereichen. Eine Dokumentation von Arbeits-abläufen existiert nicht. ☐	Krankheit von Mitarbeitern und ähnliche Engpässe lösen vorüber-gehende Diskussionen über die Notwendigkeit von Vertretungs-regelungen aus. ☐	Innerhalb des Unternehmens werben unsere Mitarbeiter du gegenseitige Einarbeitung und Schulung weitere Qualifikatio-nen. Das Bewusstsein für die Bedeutung der Dokumentatio der Arbeitsabläufe ist vorhand ☐
Handlungs-feld M6 Gemeinsam planen, arbeiten und feiern	Jeder Mitarbeiter erhält seinen Lohn bzw. sein Gehalt. ☐	Es gibt eine Erfolgsbeteiligung, allerdings nur für Führungskräfte. Im Übrigen überwiegt das Alltags-geschäft. ☐	Es gibt eine Erfolgsbeteiligung auch für die Mitarbeiter. Die Höhe lege ich als Chef fest Es gibt immer mal wieder gemeinsame Aktionen des „Feierns". ☐
Handlungs-feld M7 Mitarbeiter wertschätzen	Angst und Druck dominieren. Unsere Mitarbeiter „kosten Geld". ☐	Wir merken langsam, dass Produkte und Dienstleistungen besser gepflegt werden als die Mitarbeiter. Kommu-nikation findet nicht statt. ☐	Die Mitarbeiterbedürfnisse we erfragt und erste Erkenntnisse umgesetzt. Nur durch Zufall o bei außerordentlichen Leistun erfahren die Mitarbeiter etwas über Ziele und Strategien des Unternehmens. ☐

Note 3	Note 2	Note 1

Fitnesszone I

In regelmäßigen Gesprächsrunden werden einige Mitarbeiter über zentrale Entwicklungen informiert. Mitarbeitergespräche finden systematisch statt. Konflikte werden als Chance erkannt. ☐	Regelmäßiger und strukturierter Wissensaustausch findet auf und zwischen allen Geschäftsbereichen und Ebenen des Unternehmens statt. Es herrscht eine offene Kommunikation, Konflikte werden frühzeitig angesprochen. ☐	Ein konstruktiver und aufrichtiger Informationsaustausch und Umgang kennzeichnen das Miteinander im Unternehmen und darüber hinaus. Es herrscht ein hohes Maß an Transparenz (Aushang, Intranet). ☐
Wir haben ein strukturiertes Verbesserungs- und Vorschlagswesen, in dem Verbesserungen unbürokratisch umgesetzt werden. Alle bringen sich ein. ☐	Alle Mitarbeiter erhöhen die Wirksamkeit des Unternehmens permanent durch Achtsamkeit, Mitdenken und aktives Umsetzen. ☐	Eine Kultur ständiger Verbesserung existiert. Veränderungen beziehen sich auf Großes und Kleines, und wir haben den Mut und die Fähigkeiten, auch ganze Systeme neu zu denken. ☐
Individuelles Entwicklungspotenzial der Mitarbeiter ist erkannt und ist die Basis für persönliche Weiterbildung. Mitarbeiter werden gemäß ihren Stärken eingesetzt. ☐	Das Unternehmen nutzt gezielt Weiterbildungsmaßnahmen. Diese werden individuell an das Unternehmen und die Mitarbeiter angepasst. ☐	Weiterbildungsmaßnahmen werden auf die Strategie des Unternehmens abgestimmt. Es findet ein gegenseitiges Fordern und Fördern zwischen allen Hierarchieebenen statt. Unsere Mitarbeiter entscheiden selbst. ☐
Unsere Mitarbeiter entscheiden in ihren Fachbereichen im Rahmen von Budgets und Kompetenzen allein. ☐	Alle Mitarbeiter dürfen ihren Bereich betreffende Entscheidungen selbst treffen. Ich als Unternehmer bin in operative Entscheidungen so gut wie nicht mehr eingebunden. ☐	Die Mitarbeiter treffen, nach Möglichkeit unter Einbeziehung aller Betroffenen, gut abgestimmte und hochwertige Entscheidungen. ☐
Die wichtigsten Geschäftsabläufe sind dokumentiert. Es existieren Vertretungsregelungen für die wichtigsten Bereiche. ☐	Unsere Mitarbeiter schulen sich gegenseitig und stellen ihr Wissen bereichsübergreifend zur Verfügung. Geschäftsabläufe sind durchgängig dokumentiert und schnell verfügbar. ☐	Schulungen werden von den Mitarbeitern laufend und selbst organisiert angepasst. Engpässe gibt es nicht, da Mitarbeiter nicht nur bereichsübergreifend einsetzbar sind, sondern unaufgefordert Lösungen erarbeiten und auf den Weg bringen. ☐
Alle Mitarbeiter partizipieren am Erfolg über eine regelmäßige Erfolgsbeteiligung oder regelmäßige Zuwendungen. Nicht nur der Einzelne, auch das Team profitiert. ☐	Unternehmerisches Denken ist die Basis des Handelns aller Mitarbeiter. Mit Ressourcen wird verantwortlich umgegangen, als wäre es die eigene Firma. Es wird eine Gemeinschaft gelebt und füreinander eingestanden. ☐	Die Identifikation ist so ausgerichtet, dass alle Höhen und Tiefen gemeinsam getragen werden. Ein Urlaubs- und Gehaltsverzicht „würde" im Falle einer Krise von 80 Prozent der Belegschaft mitgetragen werden. Es herrscht ein ausgeprägtes „Wir"-Gefühl. ☐
Die Mitarbeiter stehen mit ihren Wünschen und Bedürfnissen bewusst im Mittelpunkt. Die Führungskräfte sind Mutmacher. An einer gemeinsamen Wertebasis wird gearbeitet. ☐	Eine Kultur des Lobens, Förderns und Bewertens wird praktiziert. Eine gemeinsame Wertebasis ist die Grundlage der Personalarbeit. ☐	Lust an Leistung bedeutet nicht Arbeit nach Zeit, sondern dass Arbeit „nach Erreichung gemeinsamer Ziele" vollendet ist. Es gibt kein Gesundheitsmanagement. Loben und Wertschätzen sind als Unternehmensziele schriftlich verankert. ☐

Erfolgsfaktor 3: Mitarbeiter

Datum:	Note 6	Note 5	Note 4
	Fitnesszone III		**Fitnesszon**▪
Handlungs-feld P1 Ordnung halten	Man sieht, dass Schreibtische und Arbeitsplätze schon lange nicht mehr aufgeräumt wurden. Auslagen und Infotafeln sind teilweise veraltet. ☐	Das Bewusstsein für die Wichtigkeit von Ordnung nimmt zu. Es liegen momentan nicht benötigte Gegenstände herum. Arbeitsmittel werden nicht systematisch aufbewahrt. ☐	Alle benötigten Materialien un▪ Arbeitsmittel (Papier, Digital, Werkzeuge) werden übersichtlich aufbewahrt. Vereinzelt beginnen Mitarbeiter, selbstständig Ordnung zu halten. ☐
Handlungs-feld P2 Qualität verbessern	Wir arbeiten „wie immer". Fehler und Reklamationen werden behoben, ohne jedoch die Fehlerquelle zu beseitigen und sie zu dokumentieren. ☐	Die Erwartungshaltung des Kunden spielt kaum eine Rolle. Der Qualitätsgedanke ist mir als Führungskräften und mir als Chef bekannt. ☐	Wir machen uns aus Kundensicht systematisch Gedanken über Qualität und setzen einze▪ ne Maßnahmen gezielt um. Di▪ Qualität der Leistungserstellun▪ ist die Aufgabe aller Mitarbeite▪
Handlungs-feld P3 Termintreue steigern – Zuverlässigkeit leben	Lange Wartezeiten sind eher die Regel als eine Ausnahme und unsere Kunden sind aufgrund der Unzuverlässigkeit verärgert. ☐	Wir bemühen uns um Termintreue und diskutieren Verbesserungsmöglichkeiten. ☐	Zusagen und Absprachen geni▪ ßen hohe Priorität. Unsere Kur▪ den werden über Verspätunge▪ informiert. Das gilt auch für Projekte von Kollegen und innerhalb des Unternehmens. ☐
Handlungs-feld P4 Abläufe optimieren	Bestehende Arbeitsabläufe werden nicht hinterfragt. Reklamationen werden bearbeitet, sind aber kein Anlass zur Überprüfung der Abläufe. ☐	Einzelne Mitarbeiter haben erkannt, dass kontinuierliche Verbesserungen der internen Abläufe nötig sind, und beginnen in einzelnen Bereichen mit Optimierungen. ☐	Unsere Mitarbeiter erkennen zunehmend Verbesserungspotenzial in den Abläufen. Sie beginnen bewusst, von sich a▪ Abläufe zu optimieren. ☐
Handlungs-feld P5 Kapazitäten optimieren	Über vorhandene Kapazitäten wird nicht nachgedacht. Sie sind einfach da („Ist-eh-da"-Prinzip). ☐	Unkontrollierte Aktivitäten finden statt, ohne Abstimmung mit den vorhandenen Kapazitäten (Arbeitskräfte, Kapital, Technik). Dadurch werden intensive Diskussionen ausgelöst. ☐	Aktivitäten werden teilweise anhand der vorhandenen Kap▪ zitäten geplant. ☐
Handlungs-feld P6 Arbeitseffizienz messen	Das Tagesgeschäft gibt das Arbeitspensum vor. Die Arbeitseffizienz wird nicht gemessen. ☐	Die anfallenden Arbeiten werden anhand eingeschliffener Abläufe und Vorgehensweisen erledigt. Über Effizienzsteigerung wird nachgedacht. ☐	Die Arbeitseffizienz einiger Arbeitsplätze wird regelmäßig gemessen. Dazu wurden Kenn▪ zahlen erarbeitet. ☐
Handlungs-feld P7 Netzwerkbeziehungen entwickeln	Wir pflegen kaum Beziehungen zu anderen Unternehmen und Lieferanten. ☐	Wir haben erkannt, dass Netzwerke für die aktuellen Arbeitsbeziehungen wichtig sind, und wir tauschen uns darum gelegentlich aus. ☐	Wir intensivieren unsere Netzwerkbeziehungen. Wir sind Mitglied im Branchenfachverband und unsere bestehende▪ Partnerschaften werden inten▪ siv gepflegt. ☐

Note 3	Note 2	Note 1

Fitnesszone I

Materialien und Arbeitsmittel sind beschriftet und sortiert und werden von Beteiligten schnell gefunden. Diese beginnen, selbst ihr Arbeitsumfeld zu standardisieren. ☐	Es gibt Ordnungsstandards, die von der Mehrheit der Beteiligten umgesetzt werden. ☐	Die Ordnungsstandards sind optimal organisiert. Alle Beteiligten leben die Standards für Sauberkeit und Ordnung. ☐
Die Qualität der Leistungserstellung ist die Aufgabe aller Beteiligten. In regelmäßigen Besprechungen werden Fehler gesammelt, ausgewertet und Gegenmaßnahmen eingeleitet. ☐	Alle Beteiligten verstehen das Prinzip „Fehlervermeidung vor Fehlerbehebung". Jeder Fehler wird als Herausforderung zur Verbesserung gesehen und konsequent abgestellt. ☐	Höchste Qualität ist das Herzensanliegen aller Beteiligten. Systeme für fehlerfreie Leistungen werden für den gesamten Wertschöpfungsprozess angewandt. ☐
Zusagen und Absprachen werden in den meisten Fällen eingehalten. Bei Verzögerungen werden die Beteiligten vorab über Terminverschiebungen informiert. Planungen erfolgen systematisch. ☐	Die Terminzusagen orientieren sich an den Bedürfnissen unserer Kunden und werden in der Regel eingehalten. ☐	Unsere Termintreue gilt in der Branche als erstklassig. ☐
Beteiligte greifen Probleme auf, erarbeiten systematisch Lösungen und setzen diese nachhaltig um. Verbesserungspotenziale werden so genutzt. Reklamationen werden als Chance gesehen. ☐	Bei jeder Tätigkeit wird überprüft, ob sie zur Wertschöpfung beiträgt. Alle wichtigen Abläufe sind identifiziert, dokumentiert und werden gelebt. Verantwortliche sind benannt. ☐	Die Arbeitsabläufe sind so optimiert, dass sich Bearbeitungszeiten erheblich verkürzen. Reklamationen werden analysiert und dienen der Optimierung der Abläufe. Mitarbeiter entscheiden im Team über Anpassungen der Prozesse und Abweichungen. ☐
Es gibt eine verlässliche und aussagefähige Übersicht über vorhandene Kapazitäten. Aktivitäten werden darauf abgestimmt. ☐	Kapazitäten und Projekte sind sorgfältig aufeinander abgestimmt. Mögliche Engpässe werden rechtzeitig erkannt und durch eingeleitete Maßnahmen gelöst. ☐	Alle Kapazitäten sind gut ausgelastet (aber nicht überlastet!). Es gibt eine funktionierende Strategie zur Überwindung von Spitzen und Engpässen. ☐
Es gibt messbare Ziele zur Leistungssteigerung für alle Arbeitsplätze (auf Basis aussagekräftiger Kennzahlen). Alle Beteiligten möchten ständig besser werden. ☐	Alle Beteiligten erreichen kontinuierliche Leistungssteigerungen. Zur weiteren Verbesserung helfen wir uns gegenseitig durch offenes und konstruktives Feedback. ☐	Die Organisation vergleicht sich regelmäßig mit anderen, um weitere Denkanstöße zur Leistungssteigerung zu erhalten (externes Benchmarking). ☐
Partnerschaften werden von beiden Seiten gepflegt und wechselseitig ausgewertet. Es findet ein nachhaltiger und regelmäßiger Austausch auch über die Branchengrenzen hinaus statt. ☐	Durch erfolgreiche Kooperationen entstehen besondere Partnerschaften. Gute Netzwerkbeziehungen sind Standard. ☐	Unsere Mitarbeiter und Führungskräfte sind inner- und außerhalb der Branche bestens vernetzt. Netzwerkpartner werden in die eigenen Abläufe integriert. ☐

Erfolgsfaktor 4: Prozesse

Literatur- und Quellenverzeichnis

Diese Liste gibt Ihnen einen Überblick über die Literatur und Quellen zur Unternehmensentwicklung, die wir für dieses Buch genutzt haben und die ggf. auch für Sie von Interesse sind. Sie stellt nur eine Auswahl ohne Wertung dar. Wir haben deswegen bewusst die alphabetische Reihenfolge gewählt. Es handelt sich also um Bücher, die über den Buchhandel zu beziehen sind, oder um Artikel oder Websites, die eine sinnvolle Ergänzung zu diesem Buch darstellen.

Bücher

Birkner, Monika: *Wachstumsstrategien für Solo- und Kleinunternehmer*. Walhalla und Praetoria Verlag, Regensburg 2007

Brounstein, Marty: *Gute Teamarbeit für Dummies*. Wiley-VCH Verlag, Weinheim 2009

Collins, Jim; Hansen, Morten T.: *Oben bleiben. Immer*. Campus Verlag, Frankfurt am Main 2012

Covey, Stephen R.: *Die 7 Wege zur Effektivität. Prinzipien für persönlichen und beruflichen Erfolg*. GABAL Verlag, Offenbach, 37. Auflage 2005

Covey, Stephen R.: *Der 8. Weg. Mit Effektivität zu wahrer Größe*. GABAL Verlag, Offenbach, 9. Auflage 2006

DGQ (Hrsg.): *KVP – Der kontinuierliche Verbesserungsprozess. Praxisleitfaden für kleinere und mittlere Unternehmen*, Hanser Fachbuch, 2014

Donders, Paul Ch.; Hüger, Johannes: *Wertvoll und wirksam führen*. Vier-Türme-Verlag, Münsterschwarzach/Abtei 2011

Drosdek, Andreas: *Sokrates für Manager*. Campus Verlag, Frankfurt am Main 2007

Förster, Anja; Kreuz, Peter: *Nur Tote bleiben liegen*. Campus Verlag, Frankfurt am Main 2010

Franz, Joachim; Kreimeyer Christof; Kuntz, Uwe: *Das Hannibal-Prinzip*. Campus Verlag, Frankfurt am Main 2010

Frey, Jürgen: *Mein Freund, der Kunde. Ohne Tricks und Fallen Kunden gewinnen und behalten*. GABAL Verlag, Offenbach, 2. Auflage 2012

Friedrich, Kerstin; Malik, Fredmund; Seiwert, Lothar J.: *Das große 1 x 1 der Erfolgsstrategie*. GABAL Verlag, Offenbach, 19. Auflage 2009

Grün, Anselm: *Bleib deinen Träumen auf der Spur. Buch der Sehnsucht*. Herder-Spektrum, Freiburg, Basel, Wien, 13. Auflage 2004

Kirchner, Baldur: *Benedikt für Manager. Die geistigen Grundlagen des Führens*. Springer Gabler Verlag, Wiesbaden, 2. Auflage 2012

Knoblauch, Jörg W.; Hüger, Johannes; Mockler, Marcus: *Dem Leben Richtung geben. In drei Schritten zu einer selbstbestimmten Zukunft*. Heyne Verlag, München 2009 (Taschenbuchausgabe)

Knoblauch, Jörg; Kurz, Jürgen; Frey, Jürgen: *Die TEMP-Methode*. Campus Verlag, New York, Frankfurt am Main 2009

Knoblauch, Jörg; Kurz, Jürgen: *Die besten Mitarbeiter finden und halten*. Campus Verlag, New York, Frankfurt am Main 2007

Kotter, John; Rathgeber, Holger: *Das Pinguin-Prinzip. Wie Veränderung zum Erfolg führt*. Droemer Verlag, München 2011

Kurz, Jürgen: *Für immer aufgeräumt – auch digital*. GABAL Verlag, Offenbach, 3. Auflage 2014

Merath, Stefan: *Die Kunst, seine Kunden zu lieben. Neurostrategie für Unternehmer*. GABAL Verlag, Offenbach, 4. Auflage 2011

Merath, Stefan: *Der Weg zum erfolgreichen Unternehmer*. GABAL Verlag, Offenbach, 12. Auflage 2011

Mewes, Wolfgang: *Mit Nischenstrategie zur Marktführerschaft. Beratungshandbuch für mittelständische Unternehmen*. Orell-Füssli Verlag, Zürich 2001

Patzer, Moritz: *Führung und ihre Verantwortung unter den Bedingungen der Globalisierung*. Patzer Verlag, Berlin 2009

Precht, Richard David: *Wer bin ich und wenn ja, wie viele?* Goldmann Verlag, München 2012

Rogers, Carl R.: *Der neue Mensch*. Klett-Cotta, Stuttgart 2015 (Taschenbuchausgabe)

Rommert, Frank-Michael: *Ordnung ohne Stress*. GABAL Verlag, Offenbach 2010

Rudolf, Thomas: *Profilieren mit Methode*. Campus Verlag, Frankfurt am Main 1997

Seiwert, Lothar J.; Gay, Friedbert: *Das neue 1 x 1 der Persönlichkeit*. Graefe und Unzer, München, 14. Auflage 2009

Werner, Götz W.: *Womit ich nie gerechnet habe.* List Verlag, Berlin 2015 (Taschenbuchausgabe)

Websites, Vorträge und weitere Quellen

Beerheide, Emanuel; Seiler, Kai: *Wie tickt ein Kleinbetrieb?* Vortrag anlässlich des 5. DNBGF-Konferenz in Bonn, 2013

Blaeser-Benfer, Andreas: *Innovation managen – Erfolgsfaktoren für kleine und mittlere Unternehmen*. www.rkw-kompetenzzentrum, 2014

Fueglistaller, Urs; Fust, Alexander; Federer, Simon: *Kleinunternehmen in der Schweiz – dominant und unscheinbar zugleich*. BDO-Visura, Universität St. Gallen, 2007

Großheim, Kathrin: *Vortrag anlässlich der Tagung CHANGE in Papenburg*. www.rkw-kompetenzzentrum.de, 5. Mai 2015

INQA-Unternehmenscheck „Guter Mittelstand": www.inqa-unternehmen scheck.de/check/daten/mittelstand/index.htm

INQA-Unternehmenscheck „Personalführung": http://www.inqa-check-per sonalfuehrung.de/check-personal/daten/mittelstand/index.htm

Kuron, Ulrich: *Benchmarking zum Leistungspotenzial für mittelständische Unternehmen der Nordwest-Region*. Fakultät Wirtschaftswissenschaften, Universität Bremen 2014

Portmann, Christoph: *Als Unternehmen einzigartig und unverwechselbar bleiben*. In: KMU Magazin, S. 42–44, 2004

RKW Kompetenzzentrum – www.rkw-kompetenzzentrum.de

Wiener, Bettina; Winge, Susanne: *Planen mit Weitblick – Herausforderungen für kleine Unternehmen*. Forschungsberichte aus dem zsh6/04, Zentrum für Sozialforschung an der Martin-Luther-Universität Halle-Wittenberg, 2004

Danksagung

Wie bei den meisten unserer Projekte haben wir auch bei diesem Buch viele Anregungen, Tipps und konstruktive Kritik erfahren. Dafür möchten wir uns bei allen bedanken, die uns bei den Arbeiten an diesem Buch unterstützt haben. Zuallererst bei unseren Familien, die viele gemeinsame Stunden für dieses Werk geopfert haben. Dann bei unseren kritischen Testlesern Bodo Alberts, Johannes Hüger, Ralf Titzer, Prof. Klaus Peter Emde und Bernd Jürgens für die vielen hilfreichen Anmerkungen.

Besonders wertvoll ist für uns der Austausch mit den Menschen, die sich intensiv mit den Themen „Führung" und „Unternehmertum" beschäftigen. Hier ist es müßig, Namen aufzuführen, danke aber an die vielen engagierten Unternehmer, Mitarbeiter, Seminarbesucher, Beraterkollegen ... – es ist immer wieder faszinierend, gemeinsam mit anderen Menschen etwas auf die Beine zu stellen.

Auch dem TEMPUS-Team danken wir für die Unterstützung – und natürlich dem GABAL Verlag für den Mut, dieses Buch zu veröffentlichen.

Vielen Dank!

Jörg Baumhauer und Carsten Schmidt

Stichwortverzeichnis

Über die Autoren

Jörg Baumhauer arbeitet als Geschäftsführer in einem Kleinunternehmen und beschäftigt sich seit vielen Jahren mit dem Thema „Kommunikation". Vermitteln – Lösen – Entwickeln sind die Schwerpunkte seiner Arbeit, in die er seine Qualifikationen als Mediator und Trainer einbringt.

Er schreibt regelmäßig als Autor für Fachmagazine und Verlage und arbeitet als öffentlich bestellter und vereidigter Sachverständiger. Seiner Auffassung nach ist es die größte Herausforderung für Unternehmer, ihre Ziele stets im Auge zu behalten, ohne sich im Alltagsstress zu verlieren. Konsequenz, Achtsamkeit, Geduld und eine gehörige Portion Hartnäckigkeit gehören daher zur Grundausstattung jedes Unternehmers.

Kontakt zu Jörg Baumhauer
Telefon: 04326/98 60 1
E-Mail: Baumhauer@dieentwickler.biz
Internet: www.dieentwickler.biz

Carsten Schmidt (Fiersbach) führt seit vielen Jahren ein Kleinunternehmen. Er stellt sich hierbei den Herausforderungen, die diese Unternehmensform mit sich bringt, und hat bewährte Führungsmodelle an diese Betriebsgröße angepasst.

„Aus der Praxis – für die Praxis!" – das ist sein Motto, mit dem er auch an die Beratung und Begleitung anderer Unternehmer und Unternehmen herangeht. Als öffentlich bestellter Sachverständiger hat er regelmäßig mit herausfordernden Konfliktsituationen zu tun. Seine Erfahrungen stellt er in Veröffentlichungen und Seminaren vor. Sein Rat ist, sich in „guten Zeiten" mit den Fragen zu Führung und Strategie zu beschäftigen, um für eventuelle Krisen gerüstet zu sein. Dies ist deutlich wirkungsvoller, als in einer akuten Krisensituation vieles infrage zu stellen.

Empathie und die Fähigkeit, die gesetzten Ziele und Strategien ehrgeizig zu verfolgen, helfen dem Unternehmer, sein Alltagsgeschäft zu bewältigen.

Kontakt zu Carsten Schmidt
Telefon: 02686/98 88 63
E-Mail: schmidt@dieentwickler.de
Internet: www.dieentwickler.biz

Bei uns treffen Sie Gleichgesinnte ...

... weil sie sich für **persönliches Wachstum** interessieren, für **lebenslanges Lernen** und den Erfahrungsaustausch rund um das Thema Weiterbildung.

... und Andersdenkende,

weil sie aus unterschiedlichen Positionen kommen, unterschiedliche Lebenserfahrung mitbringen, mit unterschiedlichen Methoden arbeiten und in unterschiedlichen Unternehmenswelten zu Hause sind.

GABAL.
Wissen Vernetzen

Das nehmen Sie mit:

- Präsentation auf den GABAL Plattformen (GABAL-impulse, Newsletter und auf www.gabal.de) sowie auf relevanten Messen zu Sonderkonditionen

- Teilnahme an Regionalgruppenveranstaltungen und Kompetenzteams

- Sonderkonditionen bei den GABAL Impulstagen und Veranstaltungen unserer Partnerverbände

- Gratis-Abo der Fachzeitschrift wirtschaft + weiterbildung

- Gratis-Abo der Mitgliederzeitschrift GABAL-impulse

- Vergünstigungen bei zahlreichen Kooperationspartnern

- u.v.m.

Auf unseren Regionalgruppentreffen und Impulstagen entsteht daraus ein **lebendiger Austausch,** denn wir entwickeln gemeinsam **neue Ideen.** Dadurch entsteht ein **Methodenmix** für individuelle Erlebbarkeit in der jeweiligen Unternehmenswelt.

Durch Kontakt zu namhaften Hochschulen erhalten wir vom Nachwuchs spannende Impulse, die in die eigene Praxis eingebracht werden können.

Neugierig geworden?
Informieren Sie sich am
besten gleich unter:

www.gabal.de/leistungspakete.html

GABAL e.V.
Budenheimer Weg 67
D-55262 Heidesheim
Fon: 06132/5095090,
Mail:info@gabal.de